U0947174

Espaces Croisés

时空契阔

中欧学者论集

（第2辑）

端木美〔中〕于格·戴和特〔法〕主编

中国法国史研究会
中国华东师范大学
法国人文科学之家
法国巴黎第一大学
组编

华东师范大学出版社

目　录

前言 / 1
米歇尔·维韦约卡(Michel Wieviorka)/法国人文科学之家

序言 / 3
李宏图(Li Hongtu)/中国法国史研究会、上海复旦大学

第一部分　空间的表征 Les représentations de l'espace

中国传统思想中的空间观念 / 3
程艾蓝(Anne Cheng)/法兰西学院

前工业化时期的城市及其领地 / 11
多米妮柯·马尔凯拉兹(Dominique Margairaz)/巴黎第一大学

19 世纪欧洲通信的加速和文化表征形式的演变:1850—1914 年/ 20
克里斯托夫·夏尔勒(Christophe Charle)/巴黎第一大学

19 世纪欧洲国家之都城 / 38
克里斯托夫·夏尔勒(Christophe Charle)/巴黎第一大学

从人口统计数据看瑞士的国家空间表征 / 59
安娜-弗朗索瓦兹·普拉兹(Anne-Françoise Praz)/瑞士弗里堡大学

柏林,都城及其记忆 / 73
阿兰·克拉维安(Alain Clavien)/瑞士弗里堡大学

法语区空间的时间延伸 / 84
克劳德·奥泽尔(Claude Hauser)/瑞士弗里堡大学

中国与法国 18 世纪经济思想 / 90
多米妮柯·马尔凯拉兹(Dominique Margairaz)/巴黎第一大学

思考空间:美国对外政策的地缘政治:冷战的地缘政治缘起 / 101
尼古拉·维克布尔特(Nicolas Valcbourdt)/巴黎第一大学

第二部分　世博会与区域社会经济发展 L'Exposition universelle et le développement social et économique régional

城市并非城市化的城市 / 117
米歇尔·维韦约卡(Michel Wieviorka)/法国人文科学之家

数字城市与"公民社会的互联网":面临"电子民主"考验的城市 / 125
阿兰·迪利巴尔(Alain d'Iribarne)/法国国家科学研究中心、法国人文科学之家

欧洲城市与城市网络:长时段的观察 / 139
莫里斯·埃玛尔(Maurice Aymard)/法国高等社会科学研究院

中国文学空间与都市定向 / 150
安妮·贝尔吉-居里安(Annie Bergeret Curien)/法国国家科学研究中心、法国人文科学之家

以诗和视觉形象来再现城市的思考 / 158
梁秉钧(Leung Pingkwen)/香港岭南大学

我作品中的城市 / 174
让-菲利普·杜桑(Jean-Philippe Toussaint)/比利时作家

19 世纪书海中的巴黎 / 182
克里斯托夫·夏尔勒(Christophe Charle)/巴黎第一大学

一个欧洲大都会的变迁,公共交通及其活动 20 世纪的巴黎城市人口聚集 / 199
米歇尔·马尔盖拉兹(Michel Margairaz)/巴黎第一大学

首都城镇群的宏大承诺 / 208
布鲁诺·绍费尔·依瓦尔(Bruno Chauffert Yvart)/法国文化部建筑和遗产总监

凡尔赛宫:重新赢得公众 / 215
让-弗朗索瓦·卡贝斯坦(Jean-François Cabestan)/法国建筑师

巴黎大区的新城及建设多中心城市的意义 / 219
迪迪埃·戴斯彭兹(Didier Desponds)/塞尔日-蓬图瓦兹大学

拆毁,重建,新城:第二次世界大战对"大伦敦"概念的产生和演变的影响 / 226
克莱尔·桑德森(Claire Sanderson)/法国兰斯大学

区域发展与高科技:20 世纪 60 至 80 年代布列塔尼的电信研发 / 239
帕斯卡·格里塞(Pascal Griset)/巴黎第四大学

区域特征和价值重现——以安徽省查济村和山西省平遥梁村的联合设计为例 / 249
弗朗索瓦丝·热德(Françoise Ged),邵甬(Shao Yong)/法国-上海同济大学

长三角地区经济思想的历史特点 / 255
钟祥财(Zhong xiangcai)/上海社会科学院

试论高速铁路与中国长江三角洲地区新型城市化 / 260
汪建丰(Wang Jianfeng)/湖州师范学院

北京的新定位与城市发展的思考 / 270
端木美(Duanmu Mei)/中国社会科学院

近代南京城市化略论 / 278
潘兴明(Pan xingming)/华东师范大学

1949 年以来中国的城市发展与市民身份的变迁 / 287
王加丰(Wang Jiafeng)/浙江师范大学

结论 / 298
于格·戴和特(Hugues Tertrais)/巴黎第一大学

跋 / 302
沈坚(Shen Jian)中国法国史研究会、浙江大学

前　言

米歇尔·维韦约卡(Michel Wieviorka)/法国人文科学之家

中国令全世界着迷。这种诱惑力首先是经济和地缘政治的:它不是正在逐步赶超美国,称雄世界吗?在当今的全球化浪潮中,中国已经远非一个新兴国家,分析家需要把它从"金砖四国"(巴西、俄罗斯、印度、中国)中抽离出来,置于最为显要的位置加以讨论。

人们有时也会关心中国的历史和文化,关心它的思想方式、它那些没有因共产主义而完全消失的传统。人们怀着无比的好奇,观察着它的政治和社会生活:国家经济的惊人发展不会导致严重的社会和政治矛盾,加剧不平等现象,催生史无前例的抗议之声吗?

无论在何种情况下,中国似乎都代表了无与伦比的特殊性和新奇感,加之它同样无与伦比的庞大体量和众多人口,使得人们截然忘记了将它与其他社会进行对比。

而这正是本书及之前研讨会的意义所在:拒绝停留于单纯的惊奇感或原始的好奇心,去推动比较研究,或者更进一步,去寻求"交错的目光"——这是本项探索活动的创始者们的感言,其中首先包括法方的安妮·居里安女士、于格·戴和特先生,中方的端木美女士。读者因而可以从中国出发,怡然向欧洲徜徉,反之亦然。

本书的主题词也正在世界这两片不同的土地上为公众所热议。它涵盖了城市、领土、地区的概念,同时留意时间、记忆的作用,以便最终透过历史的纵深,解析那些塑造了我们与空间之关系的因素。在这一过程中,我们秉承的是兼容并蓄、多学科综合的精神,而这点在很大程度上得到了实现,因为与会人士中同时包括了文学家和社科学者，后者又包括了历史学家、社会学家、政治学家和经济学家。

这种“交错的目光”是来自不同国家、不同机构的众多学者集体努力的结晶。在此之前，已有多部论文集为之开辟了道路，而我们也有充分理由相信，未来还会有更多继往开来的成果问世。这种“交错的目光”，在如今民粹主义和闭关主义甚嚣尘上的世界中，呼吁人们加深相互的了解，这令人倍感欣慰。

（吴慧仪　译）

序　言

李宏图(Li Hongtu)/中国法国史研究会、复旦大学

创建于2004年的“中法历史文化研讨班”，经过中欧双方多年的合作和努力，到2008年时已持续5年而且进入了一个新的阶段。如何理解这一“新”的含义，在我看来，它首先表现为我们在学术主题的选择上又有了新的深化。早在2007年，中欧双方在上海、巴黎和瑞士等地就对以后的学术主题进行过多次的磋商和讨论，最后确立了2009—2010年度的研讨班主题：“空间的表征”。从学术的主题上来说，这是对以往，特别是前面两年“时间的表征”的主题之后又作出的推进，既有连续性，又有新的深化。从学术研究的角度来说，这一主题的确立也呼应着国际学术界新近的变化，历史既是时间的产物，又是空间的产物，因而，讨论人所置身于其中的空间，并又创造了自己的表征系统对于理解历史具有着重要的意义。同样，空间不再是均质的、静止和封闭的，而是开放的、流动的、不断被建构和表征的。因此自然科学如地理学和建筑学不再“独占”空间，社会学、人类学、符号学、文学和政治学等都“转向”空间，关注空间的复制、生产和表征。如果套用历史学的“语言转向”这样的词汇的话，我们也可以说，目前，历史也在经历着“空间转向”。同样，这一主题也具有鲜明的现实意义。2010年在上海召开的世界博览会，其主题词就是“城市：让生活更美好”(Better City, Better Life)。从现实的角度出发，上海世博会对于上海以及中国意义重大，标志着其进入新的历史发展阶段。这样，上海以及长三角乃至中国的城市空间促使着历史学家去思考，并对这一主题进行历史性的反思。而这样的反思又将会转化为一种推动未来城市发展的资源和力量。

正是基于这样的思考，我们倾尽力量，甚至不惜时间进行了实地考察后设计出一系列的学术日程。较之前几年，2009—2010 年学术活动也比以前更为丰富，围绕主题“空间的表征”欧洲历史学家们带来全新的对不同空间的历史表述。2009 年 9 月法国社会文化史领军人物、著名历史学家克里斯托夫·夏尔勒领衔一支多数第一次加盟研讨班的教授队伍，他本人也带来了视野开阔功力深厚的报告“19 世纪的欧洲国家之都城”。他以巴黎、柏林、维也纳、布鲁塞尔、布达佩斯等都城的不同空间的功能为例，图文并茂地对“空间的表征”做出最好的诠释，拉开研讨班新阶段的帷幕。2010 年 9 月，以著名汉学家安妮·贝尔吉·居里安教授主持的“两仪文舍”和以杨扬教授为代表的华东师范大学中文系进行了关于“文学与空间表征”的对话会，成为新一年大规模跨学科学术活动的序幕。随后历史学家、经济学家与文学家等学科的学者们会合一起前往浙江省湖州师范学院参加为期两天的与现代空间紧密相关的“上海世博会与长三角区域发展”的学术讨论会，并参观了江南古镇南浔，体会中国古代历史时空的遗韵。最后全体又移师上海华东师范大学国际关系研究院，继续进行一年一度为期一周的历史讲习班。在上海的学术活动如火如荼之时，不辞辛劳的欧洲教授们还见缝插针地分头奔赴杭州的浙江大学和金华的浙江师范大学举行学术报告。

这样前所未有多学科的参与成为这一阶段新的特色，和前几年相比达到了前所未有的程度，除了原有的历史学之外，还包括了经济学，涉及区域规划、贸易、金融、旅游等，以及文学、教育学、地理学、社会学、国际关系、建筑学等学科；既有来自大学和科研单位的学者，也有政府智库的研究人员，这样不同学科的学者从不同纬度展开讨论，学术研究和实际部门相互交流，取得了很好的效果。从参与的学生人数来说，也创下了历史的新纪录。更值得一提的是，这些学术活动还得到了很多单位的高度重视。巴黎第一大学的校长，法国人文之家基金会三任主任，法国蓬图瓦斯大学副校长，瑞士弗莱堡大学外办负责人，华东师范大学副校长、湖州师范学院院长、法国驻上海总领事都参加了这些学术活动。

2010 年 9 月，当我们在研讨“空间的表征”这一主题的时候，恰逢世界博览会在上海举行，这一在欧洲近代工业化时期首创的“空间表征”在经历了数百年的历史发展之后，第一次转到古老的新兴大国，因此也就格外具有意义。为此，作为历史学研究者，我们有了亲身观察上海世博会的机会，穿行在世博会的园区，在历史和现实的对话中感受不同国家对世博会的诠释，观察不同的空间表达，理解了“城市让生活更美好”的这一重要现实主题。

这些丰富的学术活动结束后留下高质量的学术研讨成果，中法合作双方学者及出版社一致赞同在2010年初成功地出版了2004—2008年研讨班的中法文版论文集《时空契阔》的基础上继续倾力合作出版文集。由于中文书名中已经精确地表达了“时间”与“空间”，所以再以相同书名出版这些学术成果的中文版续集以利于今后成一系列丛书，法文版第一部采用的是Temps croisés，强调了“时间”，这一部新书则采用了Espaces croisés，强调了“空间”。这样便有了新的中法文论文集的问世。

本论文集是从2009和2010年这样丰富多彩的学术活动和学者们所提交的学术成果中精选出来的，体现了中欧双方学者和研究人员对空间问题最新的思考，既有政府智库的阐释，又有纯粹的学术论文；既有理论层次的分析，又有实证的研究；既有宏观的概括，又有微观的调查解剖。这样从不同的层次进行的研究构成了本次论文集的丰富性，同时也具有较高的学术价值。在此，也要对积极参与这些学术活动的中欧双方的专家和学者们表示感谢，他们都是在百忙之中撰写论文，甚至是不远万里来到湖州和上海参加学术活动。上海社会科学院的两位专家钟祥财和郁鸿胜作为政府决策顾问，事务繁忙，但还是赶赴湖州参加学术会议，作了精彩的关于长三角地区发展的报告。像这样的事例还有很多，无法一一列举。

根据学术活动的多样性和主题的需要，本论文集分为两个部分，第一部分是以“空间的表征”为主题，汇集了学者们对这一问题的思考，就其特点来说，这一部分更多地带有历史学的纬度，并从很多视角来思考欧洲以及中国等问题，所涉及的范围也很广泛，既有中国古代关于空间的认识，也有近代欧洲城市空间，国家政治空间和文化空间的建构以及地缘政治空间的形成，其学术性更为鲜明。第二部分在“世博会与区域社会经济发展”主题下，收录了有关这一主题的多篇文章。区域发展，在中国正展现出新的活力，特别是长三角地区，这是中国经济的引擎和融入世界的窗口，因此，讨论世博会与长三角区域的发展，并不意味着仅仅只是孤立地局限于这一区域的问题，也是揭示在全球化过程中这一区域的发展与欧洲乃至与世界的互动关系。基于这样的认识，欧洲的经验无疑具有着启示的作用，从时间来说，它比长三角更早得到了发展，从空间来看，欧洲多个区域发展的多样性经验值得长三角地区吸纳。这部分的文章的特点更多是个案分析，而其体现出的普遍性意义和学理性更值得我们重视。

本论文集开篇是从中国古代的空间表征开始的。在这篇文章中，作为法兰西学院教授的程艾蓝（Anne Cheng）女士对中国古代的空间观念进行阐释。由于空间是一个空泛的概念，中国传统思想时间跨度太大，程教授选取了佛教传入之前（公元 1 世纪之前），中国人对空间的理解。随后，从中国转向欧洲，从古代移入近代，巴黎第一大学的克里斯托夫·夏尔勒（Christophe Charle）教授带来了对都城空间的表征意义的研究。他分析了巴黎巴士底狱广场、罗马威尼斯广场、布达佩斯议会大楼和德国国会大厦等建筑，通过对不同国家首都标志性建筑的历史考察，阐明这些都城如何在 19 世纪成为民族国家的政治中心空间。如果说，都城作为民族国家的政治空间表征的话，那么，巴黎第一大学教授多米妮柯·马尔凯拉兹（Dominique Margairaz）则研究了国家市场这一民族国家经济空间的形成，她以法国为个案，解析了在这一过程中，市场空间与民族国家空间的重合的历史演进。这一重合既要有民族国家的政治意愿，也需要结合消费者、生产者的期待。民族国家市场不是孤立的、绝缘的，而是与外部市场紧密关联。空间的表征不仅体现在政治和经济的纬度上，克里斯托夫·夏尔勒（Christophe Charles）还从 19 世纪（1850—1914）欧洲通信技术的加速发展对空间文化表征形式的演变进行了考察。19 世纪下半叶欧洲出现了覆盖全国的邮政网络，电报，批量发行的报刊和邮票。这些技术革命改变了人们对空间的文化表征，也改变了人类活动的条件。

讨论近代欧洲的空间，不能不涉及民族国家的空间形成，国家需要创造出让人民具有政治和文化认同的共同空间，以利民族国家的成长。瑞士弗里堡大学的安娜-弗朗索瓦兹·普拉兹（Anne-Françoise Praz）教授从人口统计的变迁解析了瑞士国家对其政治空间的构建和民族身份理解的变迁。1860 年瑞士联邦统计局建立，决定每十年进行一次人口普查，逐步建立起一个统一的统计标准。

通过国家统一的人口统计，为统一的司法体系、行政管理提供依据。增强生活在一个“共同框架”内民众对瑞士国家的认同，有利于行政管理的统一。由此可见，瑞士人口统计的发展过程与瑞士国家空间的统一过程是并行的。

在空间发生变革，特别是在激烈的社会转型时期空间的存废和人们的记忆密切相连，这样，空间和历史记忆就成为重要的学术问题和现实问题，人们势必会面临着如何管理城市记忆的问题。瑞士弗里堡大学文化史教授阿兰·克拉维安(Alain Clavien)以上个世纪90年代以来的柏林作为研究的个案，对空间和历史记忆作出了很好的研究。1991年，德国统一后，基督教民主联盟主导的新柏林参议院决定对柏林进行“消毒”。这种工作主要从四个方面展开：道路和广场的更名、消除街头雕塑、拆除建筑、改变一个街区。这一切已经超出城市规划问题，而是关乎更深意义上的历史记忆，因为任何一条道路和街区的名字都展示着一座城市的形象以及它与历史的关系。而在处理历史记忆的转型过程中，我们不难发现联邦德国力图把与民主德国历史相关的城市形象淹没在历史风云之中。

对空间的讨论，学者们不仅关注到了国家的空间这一视角，而且也开始超越国家，在更大的空间范围中来思考。例如，巴黎第一大学的尼古拉·维克布尔特(Nicolas Vaicbourdt)则从地缘政治的角度来讨论美国地缘政治空间的形成。他在“美国对外政策中的地缘政治”中，一方面探讨了美国建国以来地缘政治观的演变。同时，也将重点放在冷战时期，美国地缘政治的形成。二战后北约的建立则标志着美国长达两个世纪的外交政策的转变，即由孤立到全面介入世界事务。同样，在亚洲，在乔治·凯南的五极构想中，中国这一极被认为与美国利益无关，但朝鲜战争的爆发也使美国重新思考亚洲问题，加强了对这一地区的介入。随着冷战的加剧，这种意识形态式的地缘政治也变得越来越强烈。法国国家科研中心著名的汉学家弗朗索瓦·吉普鲁(Francois Gipouloux)先生曾为2009年研讨班作的题为“亚洲的地中海和中国传统海洋观”报告则将视线从美国移向了东亚，从大陆转到了海洋，探讨了东亚海洋空间的历史演变。瓦斯科·德·伽玛时代的终结，以及亚洲逐渐回归世界经济博弈的中心，中国是否正重新崛起为海洋大国？在此，吉普鲁教授提出了“亚洲的地中海”这一概念。

该空间在地理上包括黄海、渤海、东海、南中国海和日本海，是一个巨大的海上贸易空间。自西向东看，这个通道较为狭窄，然而自北向南看，则幅员辽阔。今日东亚的海上通道已构成一个海域空间极为重要的国际贸易区。它不仅具有一条制造业环形产业链，而且有结构完善的都市网络为依托。在“亚洲的地中海”形成过程中，中国是一个重要的参与者。历史上即如此，例如 18 世纪的南中国海，实际上构成了“亚洲的地中海”。在这一空间内，商贾网络叠加重合，并且形成了若干具有世界意义的港口城市。而到了今天，中国重新展现了重视海洋的姿态，其经济重心也由内陆转到了沿海地区。同时，中国在战略上也高度重视海外行动能力，如参与国际反海盗军事行动等。这些因素都促使中国建立强大的海军。当今中国在文化、经济和战略上的改变，实际上间接地回答了中国正在重新成为海上强国的现实。可惜因为种种原因，吉普鲁先生未及将他已经出版的《亚洲地中海》一书的这部分稿件放入本论文集，但我仍按捺不住要概述其精彩报告的要点以慰读者。

在本论文集的第二编中，我们选择了上海世博会与区域社会经济发展这个主题，这既与我们确立的“空间的表征”这一主题有关，也是 2010 年湖州会议的主题，并且与上海世博会紧密相连。2010 年上海世博会的主题是“城市让生活更美好”，这部分的论文也体现了这一主旨。这次的主题围绕着这样两个问题展开，一是如何建设一个更好的城市，二是如何获得一种更好的生活。对于第一个问题，很多学者从不同的角度进行了研究，努力追寻城市或区域发展的动力，建设起一个美好的城市。这些动力包括原有的历史文化传统，如法国高等社会科学研究院莫里斯・埃马尔先生的论文《欧洲城市与城市网络：长时段的观察》，上海社会科学院钟祥财研究员对长三角商业文化传统的挖掘；弗朗索瓦丝・热德和同济大学邵甬研究了区域文化特征对城市发展的影响，讨论如何在城市化过程中重新显现这一文化的价值；塞尔日・蓬图瓦兹大学的迪迪埃・戴斯彭兹教授以蓬图瓦兹大学为个案探讨大学在推动新城市发展中的作用；巴黎第四大学的帕斯卡・格里塞教授以 20 世纪 60 至 80 年代布列塔尼地区的电信研发为例讨论了高科技与区域发展之间的关系；法国兰斯大学的克莱尔・桑德森女士从第二次世界大战对“大伦敦”概念的产生和演变影响的视角论述了城市拆毁、重建、成为新城这一发展过程；相信这一历程会对现实有所启迪。而来自政府智库的上海社会科学院钟祥财研究员从国家战略的高度分析了未来中国的长三角地区的发展，从而可以看到政府在推进城市和区域发展中的直接作用。同样，作为法国文化部建筑与文化遗产保护总监的布鲁诺·绍费尔·依瓦尔(Bruno Chauffert Yvart)先生向人们展示了大巴黎计划规划中遇到的问题和解决方案，从中也可见政府的力量。但在具体规划和实施中，最关键的中心要点是如何处理好城市的过去、现在和未来，以及如何处理好全球化和地方化之间的紧张关系。

在这些力量的推动下，未来的城市发展是否一定变成了“好”的空间，这直接涉及城市类型个案的研究。令人欣喜地看到，在本论文集中，一些学者进行了细致的研究。中国社会科学院的端木美女士久居北京，从理论和实际的结合角度对北京新的定位作出了思考，这也是对未来城市发展的思考；华东师范大学国际关系研究院的潘兴明教授则从历史的纬度，选取近代南京城市来思考南京城市发展的特性与定位；浙江湖州师范学院汪建丰教授从目前中国正在发展的高速铁路出发来考察其对中国长江三角洲地区新型城市化的影响。浙江师范大学王加丰教授则从 1949 年以来中国的城市发展与市民身份的变迁这一新视角入手阐述城市发展与城乡关系。值得一提的是，文学家也通过他们独特的视野为人们描绘了他们心目中的城市类型。例如法国国家科学研究中心、法国人文科学之家基金会的安妮·贝尔吉-居里安女士所写的《中国文学空间与都市定向》，香港岭南大学的梁秉钧先生的文章，以诗和视觉形象来再现城市的思考，比利时作家让·费利普·杜桑先生的《我作品中的城市》，这些文章不仅都带有强烈的个体色彩，而且充满着对未来城市发展的关切。

城市的空间能否保证人们过上好的生活？什么样的城市生活方式才是真正好的生活方式。巴黎第一大学的克里斯托夫·夏尔勒教授的《19 世纪书海中的巴黎》的文章从历史解析了当城市空间和生活方式存在着严重不平等的分裂时，这不是一种好的生活、好的城市。法国建筑师让·弗朗索瓦·卡贝斯坦先生则通过凡尔赛宫的重新维修这一个案来论证了这一原来属于国王的宫殿现在要重新赢得公众，也就是说要更好地回到大众之中。法国人文科学之家基金会前主任阿兰·迪利巴尔先生从数字化视角进行了论证，期待着未来的城市既是数字化的城市，同时也是一个实现民主的公民社会，成为一个保障我们权利的社区共同体。

所有这些讨论都可以集中到这样一点，我们已经告别乡村生活转换到了城市生活，但如果我们不对未来的城市发展保持着一种高度的警醒，就像法国人文科学之家基金会主任米歇尔·维韦约卡先生在其文章中所告诫的那样，城市并非城市化的城市，并非要建成毫无历史传统和文化特性以及社会阶层对立的空间。的确，未来的城市生活，它应该是一种消灭了贫困之后的富裕的生活，也是一种平等，包括在空间布局上的平等的生活；当然理所应当是一种自由的生活，成为一种公民社会的空间。

在历史的进程中，城市空间的形成不是给定的，而是一种建构。面对着未来城市的发展，特别是中国城市化的运动，上述学者们对这些问题的讨论自当有其意义，相信这些学术讨论会所形成的一些学术共识将会成为一种不可或缺的呐喊，回荡在未来城市发展的历程中。

（本文由韦遨宇译成法文）

第一部分　空间的表征
Les représentations de l’espace

中国传统思想中的空间观念

程艾蓝(Anne Cheng)/法兰西学院

容我直说,空间的观念实在太广泛了。与其说它是一个话题,不如说它是一个主题。我在本文中将就空间这个话题表达一些我个人的浅思,其中有许多点只不过是提醒读者已经知道的。至于"中国传统思想",这也是一个无边无际的范畴,特别模糊难定;这点上,我将把探讨的范围粗略地设定在佛教传入中国之前的时期。佛教传入中国的过程是缓慢的,渐进的,它在公元1世纪左右传入中国,到3世纪的时候才真的融入了中国人的世界。

佛教传入中国在许多方面为中国历史开启了一个崭新的时代,不仅在宗教上,也在种种的表现形式上,包括表达空间的形式。① 我就只举佛塔为例,因为中国的佛塔是往上层层相叠的,呈现出一种当时的中国人前所未闻的特殊的建筑造型。我对建筑这一行涉猎不多,我的反省可以用下面这个问题来引出:中国人何以在佛教传入中国之前未曾感到有必要建造佛塔形的建筑物呢?

佛塔和古代美索不达米亚的星象台形庙塔、马雅人的金字塔以及欧洲中世纪的大教堂一样,在造型世界里传递了一股追求精神的生命力,一种欲望,企盼能超越人世而接近神圣,甚至与之会合。那是向上垂直的生命力,透露出心灵

① 关于佛教和印度对空间的表达的研究,参阅 Erik Zürcher, "Buddhist influence as reflected in early Taoist scriptures", *China: Continuity and Change* (*Papers of the 27th Congress of Chinese Studies*), Zürich, 1982, p. 78("从早期道藏中看佛教的影响"):"道教的结构乃是建立在中国传统的五行观念基础上,即四方加上中央,换句话说,其宗教仪式空间是以横向为基准的。在这点上,佛教传入中国带来了新的空间观念,如层层相叠的各种结构,虽然经过了多次的扭曲和误解,仍旧反映出佛教的二十八层结构。不过,早期道教的神仙世界整体上还是行云流水般地自在的,企图将佛教纵向的三层空间结构和另一个横向的空间结构(在这个横向的空间结构里,天堂和乐园甚至地狱都横向地分布在四个方向)结合起来。"

"升华"的追求。我们要勘查的正是中国人的精神层次上，至少传统思想上，是否也通过升华与纵向的造型来表达。我以这个问题为出发点，试着梳理出佛教未传入中国之前的中国思想中对空间的概念。

☆ ☆ ☆

纵向似乎是一切宗教思想、宗教仪式，尤其是使人与神灵上下交通的献祭仪式所共同拥有的一个恒常的特点。人类试图透过献祭能与神沟通，以获得他们的恩慈或者他们的介入。宗教思想因此代表了要建立某种关系的企图（这是拉丁文 religio 的原意），企图在两个原本各自独立的领域里建立某种关系，其中一个领域（属于神灵的，神圣的）虽然"不存在"也摸不着，却被认为优于另一个领域。

在中国，这种上下交通的企图最初是以卜卦的形式出现（即以出现在龟甲上或牛羊骨头上的裂痕作为卜卦问答的内容），卜卦是在献祭仪式当中举行的。汪德迈教授（Léon Vandermeersch）在他那部已成为里程碑的经典著作《王道》[①]中阐明了商殷——中国"历史上"第一个朝代（公元前 18 世纪？到公元前 11 世纪）——向大自然里被神化的力量（风、山、大地、河川特别是黄河等等）祭祀，我们可能会把那种祭祀视为宗教敬拜。但是，他也指出，殷人在这样的祭祀当中很早就祈求他们的祖先作为通灵者，甚至按照祖先的祭拜形式来举行祭礼。汪先生为了证明他的看法，特别研究了"帝"这个字。对殷人而言，"帝"是主宰大自然中所有力量的全能神的名称，"帝"对周人（公元前 11 世纪到公元前 3 世纪）而言则指众生原始共有的祖先。此处已出现了一种对神的称呼，那称呼事实上意谓祖先上帝，而且，同样的称呼还被帝制中国的君王用来称呼他们自己，从秦始皇帝开始，"秦朝第一位皇帝"，他在公元前 3 世纪统一了中国。这就是为什么中国宗教"很早就已经发展成为祭祀祖先而不是对神灵的敬拜"[②]，而且古文中用"神"来表示神灵、神化的自然力量、死人的鬼魂或者先人的灵魂，我们因此可以做出第一个观察结论：凡与神（再强调一遍，精神上的神）有关之事物

---

① *Wangdao ou la Voie royale : recherche sur l'esprit des institutions de la Chine archaïque*, Ecole Française d'Extrême-Orient, 1980, Vol. II.

② 同上，p. 357。

一开始就和祭祀祖先关系密切,并且祭祖似乎是中国文化的第一要素。

汪先生同时提出了另一个重要的观察,即商周之交(公元前11世纪)同时也是中国人对“帝”的概念有所改变的时候,“帝”逐渐被用作“上帝”,越来越被另一个更不具人性而且更宇宙化的概念所取代,那就是“天”(“天”这个字原意指巨人,亦即太帝)。汪先生从“天”取代“帝”一事当中,窥察出那是将祭祖宇宙化的一个信号。语汇的幽微变动与朝代的交替于此互相呼应。

周人在其祖先的京城南边向天献祭(起初在镐,东周时在成周)。南方是宇宙之中心,而京城是社会的中心。“献牲于圜丘之上,圜丘形似天”[①]这个天之祭祀随后按照战国时代发展出来的众所周知的五行,把天分为几个区域:东区属木,青色;南区属火,红色;西区属金,白色;北区属水,玄色;中区属土,黄色。我们也注意到周人的天划分为几个区域,但不是往上层层相叠的(这里没有“第七层天”,也不是但丁的世界观)。

祭天的同时也祭地,因为天与地在宇宙间是相对称的。“在夏至日举行祭地之礼,于北郊,水中筑一方块土堆上祭祀。”[②]的确,天是圆的而地是方的,地所承载的人世也被认为是方的。我们想到,中国的乡村最初就被认为是方的,因为“田”字指一个格子空间。《孟子》[③]里就提到古代周人实行“井田”制,这景象倒是有点理想化了。中国传统住宅也是采用方形格局(房舍围着天井而组成一个整体),中国北方,特别是北京,有名的四合院至今还保留着方形格局的痕迹。此外,每个家庭里的祖先灵牌都排成矩形的,那些灵牌是当家之主前四代祖先的。城市的规划也是以棋盘式的格子为基调,汉代和唐代的京城,即现在的西安,便是如此规划的,这点让人想到纽约。最后一个例子是“國”字,这个字是个方块里包含了象征武力的“戈”字。

方形因此可以说是最能代表俗世的和政治的(按这个字的最广义)一切组织,向土地祭祀的“社”(“示”加“土”)象征了这点。“社”有别于“禅”(地之祭

---

① *Wangdao ou la Voie royale: recherche sur l'esprit des institutions de la Chine archaïque*, Ecole Française d'Extrême-Orient, 1980, p. 372.

② 同上。

③ 参见《孟子》,III,A3。

祀），因为“社”所祭拜的土地是滋养众生的大地，而不是作为宇宙力量之一的大地。葛兰言（Marcel Granet）把社坛形容为“代表整个帝国的神圣方形”[①]，它真正象征了帝国的统一，既是领土的统一也是政治的统一，因为四方的诸侯们定期来此坛重申他们对天子的效忠，并且封地的授予典礼就是从该坛上取出一把土，然后把它递给受封的诸侯。此时的祭祀基本上是具有社会意义的，甚至是具有政治意义的。

与此同时，这个俗世权力的象征却又被赋予了宇宙力量的象征，因为社坛是顶端覆有黄土的土堆，根据五行之论，黄土代表地，象征中央；土堆的四边分别覆有青土、红土、白土和黑土，它们依循天上的区域，各自代表其他四种元素并且象征四个方位。我在此要引用一段有关礼仪的文献记载，它把诸侯群集于天子周围的景况活灵活现地呈现在读者眼前：

> 天子负斧依南乡而立；三公，中阶之前，北面东上。诸侯之位，阼阶之东，西面北上。诸伯之国，西阶之西，东面北上。诸子之国，门东，北面东上。诸男之国，门西，北面东上。九夷之国，东门之外，西面北上。八蛮之国，南门之外，北面东上。六戎之国，西门之外，东面南上。五狄之国，北门之外，南面东上。（第十四《明堂位》）[②]

方形的空间意味着某个文明化了的区域，所以是社会化的区域，被四海环绕着，四海代表四种夷族居住的不确定的边疆。由诸侯环绕天子而构成的方形象征中国的政治空间，四方交会于独一无二的中心点，即天子。天子乃作为天地人宇宙三才之间的轴心。后人以此来解释“王”字，尤其常见于汉代，认为“王”字里的三横笔画代表天地人三才，中间那一笔贯穿三才的竖笔代表天子。

对中国人而言，空间不是抽象的中立的单一概念，而是以两种主要的形态呈现：一种是宇宙的空间，中国人称之为天，是圆形的空间；另一种是世俗的空

---

① 本文原载：Marcel Granet, *La pensée chinoise*, rééd. Albin Michel, 1968, p. 81。

② 《礼记明堂位》（引自 *Wangdao*, II, pp. 392 - 393）。

间，中国人既称之为地也称之为人（作为宇宙中的一才），是方形的空间。这两种空间虽然性质不同，却共同组成一个大空间，因为它们在无止境的、多元而变化的关系网络里彼此呼应和对照：区域、方位、颜色等等的相通对照。在它们之间，天子扮演了中心轴和中介的角色，因为他同时是出于天又是它的祖先和众人的君王。正是他保证了天地人三才之间和谐的相通，他具体地重现了天地的运转和它们运转的节奏，《礼记》如此说：

> 天子者，与天地参。故德配天地，兼利万物，与日月并明，明照四海而不遗微小。其在朝廷，则道仁圣礼义之序。[①]

“明堂”礼制中对天子在人世间扮演着中介的角色有非常明确的记载。散发王德的明堂在周时甚至已成为中国王室的象征，人们认为君王基本上是礼制和宇宙的代表。于是，中国思想里认为世俗就是政治（再强调一次，最广义的政治），但是这个政治层面最初是由宇宙词汇来架构的。明堂的构图“完全符合宇宙观点，它建于京城围墙之外的南郊，如人所见，祀天之圜丘则为宇宙之极。明堂的茅屋顶圆如穹苍，而明堂的体则方似大地。明堂有四个部分，环绕着中央一所大厅，分别面东、面南、面北和面西。每个部分中间是一间大厅，左右两旁（以人站在大厅里眼睛朝外看来说）各有一间较小的厅，这整排三间厅的后面还有三间房间。四边加上中间就合成五个基本方位，五个月令，每一边的三间厅则与每一季节的三个月份对应。”[②]

君王就是在明堂里向诸侯们宣布新月，诸侯们随后各自在他们的先人祠[③]里宣布新月。那时代的君王在整个月里按礼坐位子，就是在明堂各厅中与时节对称的位子。如此顺着季节的更换，君王东西南北都面向过了，他在每一年的中间时期（即夏季最后一个月的最后 18 天）坐在大厅里，闰月的时候就坐在微开的门之间（阴历年比阳历年长）。周人因此发展了一套宇宙王权礼制，详尽记

---

① 《礼记经解》（引自 *Wangdao*，II，pp. 386－387）。

② *Wangdao*，II，pp. 383－384。

③ 这就是为什么明堂又被称作“历宅”，见 Granet，*La pensée chinoise*，p. 90 et *passim*。

载于《礼记月令》里。我们注意到，天子在明堂里的绕行之外，还有另一种规模更大的而且具有政治宇宙意义的绕行。每一年，天子轮流接见四方诸侯的觐见（向中央汇集的动作）。之后，第五年的时候，是天子本人驾访四方，随着季节的转换，春分驻足于东方，夏至停于南方，秋分止驾于西方，冬至憩于北方。

透过这种双重的绕行，天子本人确保了也代表了空间和时间。随着他的移驾，君王从空间的一个方位移到另一个方位，同时又从时间的一个季节转入另一个季节。或许更正确的说法是，并非君王在时空里移动，而是时空随着君王的移动而开展。空间和时间因此是分不开的，何况它们所提供的背景从来就不是抽象的或中立的。中国人的空间是"活生生的"空间，被四方（顺便一提，"四方"的方既是"方向"也是"方形"）凝聚成一个焦点，作为人之基形的天子便在这焦点上合情合理地坐位子。中国人的时间是生活过的时间，而且由四个季节来定节奏（"四时"的时既是"季节"也是"合时，吉时"）。

因此，空间在中国绝对不是一个空洞的舞台，任由人们"自由（武断）地"在上面演出他们的命运——我故意用这个词，因为该词遥指西方的自由意志。人类并没有创造知识上纯抽象的空间概念，他们很高兴能布置空间、占有它、住在其中，但从来没有破坏他们与周遭环境之间的有机关系。中国传统思想中对空间的观念因此是一种有机的合作关系，是自然界与人为的世界之间互动互应的关系。人是由类别和宇宙律动生成的。反之，宇宙一开始就是"属于人世间的"，一开始就被人性化了，就为人所居住。这点毫无疑问正是来自远古对祖先的祭祀，并且在祭祖的礼制上，天最后也被看作太祖了。

中国人的思想很可能相当早就脱离了探求一种与神灵"纯宗教性"的"纵向"沟通，转而寻求一种合作性的和谐关系，如音乐共鸣，会自我调适。可是，不永远地总是想要超越现实或追求绝对，认为那样才是"（精神的）升华"，并不表示中国人的思想只有横向而静止的层面。相反地，大家都知道中国人特别喜爱高山、石碑、垂挂的立轴书法和绘画等等。中国人的哲学和美学里纵向性处处可见。只不过在表现它的种种形式当中，至少在佛教进入中国之前，中国人似乎没有把纵向性表达成一股生命力，一种向上的、超越身体的涌现，以探索另一个世界。纵向性只是很单纯地在两个本质上为纵向的层次之间被用来"召唤空气”：天被想象成一种圆顶盖而地则作为方形的承载物体。所以祭祖的神牌是垂直挺立的并且被排成方阵；画轴也经常是垂挂的，但是画里的视野是高远加上平远；诗词里的对仗也常常使用纵向对仗，但是对仗还是在一个横向图上完成的。这些例子都显示了，中国人所寻求的不是升华而是合作的互动关系。

我们因此可以认为中国人的空间，不论它是多么地合乎宇宙观，仍然是令人窒息的，因为到处看得见人为的迹象，而且从来没有佛塔的塔顶或是大教堂的尖顶穿破中国人的空间，那样的顶尖指向无限，指向某个彼世。然而，使中国人的空间不至于“令人窒息”的方法，就是召唤空气，使空间生动的气息。即使中国人的空间无法用超越来形容，我们也不能因此说它不透气！

笔者再次提醒：中国传统思想中的天是圆的而地是方的。可是我们不应当只停留在方圆的几何图形的字面意义上，而要深入去看它们的象征意义：圆象征变化或者象征天体周期性的循回变革，方则象征人世间的组织，具有阶级性但围绕一个中心点而运作。我们绝对不能忘记，在中国人的世界观里，方和圆只象征性代表了一个人们生活的空间，这空间的活动则是由中国人的所有概念之中心——气——来推动的。

最后，我们或许可以说空间的观念是不存在的，唯有创造空间并且同时把生命注入空间的气存在。空间首先是一种活力，一种生命的动力，其中的一切总在成形当中，犹如中国的屋顶不是几何图形的盖子，而是带着翅膀的帷幕。屋顶的意象唤起了中文里用来表示全世界的那个极有诗意的字“宇宙”，宇和宙各自带有屋顶，指庇护车辆或是小船的华盖，像中国肖像里所见到的那个形象。庄子用意深远地诠释这个双重特性的字，表示整个时间与空间的宇宙，他写道：“有实而无乎处者，宇也。有长而无本剽者，宙也。”（《庄子集释》）

这段话当然让人看到道家作者向来偏爱的吊诡，不过，道家的吊诡言论总试图透过荒谬来彰显真相，而这些真相正好不是人的理智所编造出的类别所能归类的（比如时/空、真/假等等）。生命之活力，道家称为道，《易经》称作易。《易经》其实把形成空间观念的一切元素放在纯宇宙观上来重新叙述，我上文中已从礼制上描述过那些构成空间概念的元素。《易经》里的纵向轴存在于卦的内部变化当中，每一卦所涉及的不是空间而是其中的每一划处在什么样的“位”

上，每一划的“位”事实上决定了该卦在某个特定的时刻所显示的情势。这个纵向轴（这一卦）却立刻和一个横向轴（另一卦）结合，因为从这一卦到另一卦，卦相会改变，情势也随之变化：此处，与其说是时间问题，不如称之为“序”，即一种情势转为——顺向或逆向——另一种情势的变化秩序。不过，在一个抽象的纵座标与横座标的空间内，这两个纵横轴很不容易辨认得出来，他们却共同说明了一个唯一的变化过程，一种如气般的循回的演化动力。

在本文作结论之时，我们应该谈一谈“神”这个字的本义，“神”相当于西方人所称的“神圣的”或“精神的”；“神”的字根“示”，最初指放在先人祀庙里的祖先神灵的牌位，引申义指拉丁人所谓的“神”；“神”右边的“申”，双涡形图案，代表气息并且暗示阴阳。“神”字的本义提醒我们，在中国，神圣并非不可触及，并非绝对的，并非超越人世的，他是人类的祖先，精神与肉体是分不开的；神不是形而上的，神和体一样，是气。所以不需要设想必须使魂魄“升华”。中国人认为人的魂魄有两部分：在人死后，“魂”回到天上而“魄”回归地上。中国思想将神圣和精神的东西看作人性的一部分，与物质实体共为一体。这种神体合一的观点不是纯宗教的，它是一种互动关系的宇宙观。

参考书目

1. GRANET Marcel, *La pensée chinoise*, rééd. Albin Michel, 1968.

2. VANDERMEERSCH Léon, *Wangdao ou la Voie royale : recherches sur l'esprit des institutions de la Chine archaïque*, EFEO, 1980, Vol. II.

3. ZÜRCHER Erik, *Buddhist influence as reflected in early Taoist scriptures*, *China: Continuity and Change* (Papers of the 27th Congress of Chinese Studies), Zürich, 1982.

前工业化时期的城市及其领地

多米妮柯·马尔凯拉兹(Dominique Margairaz) /巴黎第一大学

本次讲座旨在分析现代城市特有的作为国土单元的能动性。我的分析将不只局限于城市的法律和行政辖区之内,也将探讨城市及其外部环境之间关系所包含的能动因素。

崛起于20世纪70年代的城市史专业主要集中于两个大方向上,一是探讨城市社会与城市权力部门之间的关系,二是探讨城市面貌,即人对城市空间的占用和整治的方式,无论这是在公权利还是在私人的推动下进行的。城市史学家,除了个别对经济史亦有借鉴之外(如 Pierre Deyon 和 Jean-Claude Perrot),大多数的视野和问题意识都局限于城市的框架内,很少跃出城郊以外。近年来,新兴国家的某些城市在全球化进程中发挥的作用重新激发了历史学界对那些“城即世界”的大城市的兴趣,如阿姆斯特丹、里斯本、伦敦这些对现代欧洲扩张起到了发动机作用的中心城市。在这一层面上,这些研究已然具有了更为深远的资本主义史的意味。不过即便在这一研究框架下,城市史学家首先关注的,依然是国际大市场对城市社会、经济和城市面貌的影响,这点从有关安特卫普、阿姆斯特丹或伦敦的研究中可见一斑。

我这里走的是一条折中路线,介于聚焦城市本身面貌的微观史和上述这种远程辐射的世界史之间。这最适合用于探讨现代城市占据和构造空间之方式的独特性。我的目的是超越单纯的分类和描述,去探讨这种特殊的占据和塑造空间的方式在不同层面上如何推动了城市以及受其影响的区域的发展。

这其实是个早已见诸古典和启蒙时代思想家笔端的老问题。重商主义或自由主义一脉的经济学思想早已关注到城市和城乡关系,并已经开始围绕“空间"展开论述。18世纪末，法国内政部长、农学家弗朗索瓦·德·纳沙托(François de Neufchâteau)以个人名义进行了一项调查，关于乡村地区在哪些方面"受惠"于城市。他坦承其目的是超越那些贯穿了当时一切理论著作和政治辩论(无论有关税收、道路政策还是经济现代化)的非此即彼的二元论。的确，城市自身供养不足，城市发展意味着剥夺乡村、扼制乡村生命力，这种思想是重农学派思想的基本要素。有产者的城中豪宅和挥金如土的生活方式在他们眼中都代表着乡村发展停滞的渊薮。相形之下，坎狄龙(Cantillon)较多地看到了问题的复杂性，不那么只顾一面不及其余。他在《商业本质总论》(*Essai sur la nature du commerce en général*)中思考了城市和城居有产者的经济带头作用。他从中提炼出的有关商业本质的思考和一个经济能动性模型中，城市消费取向及城乡交易渠道被赋予了决定乡村空间致富或趋贫的关键角色。

坎狄龙、魁奈以及稍后的米拉波、杜尔哥的思想发轫于这样一个时代背景之下：城市完全地统治着周边乡村，而这一局面不是市场机制调节的结果，而是政治体制赋予城市空间的特权。现代城市特有的介入空间的方式在一定程度上也源于这种特殊地位。所以，我们首先要审视所有这些对现代城市介入空间方式起过决定性作用的参量，之后才能进一步考察城市所蕴含的区域能动性，无论是针对城市内部还是依赖于它的周边区域。

现代欧洲城市与中世纪城市模式以及与当代工业城市模式都截然不同。中世纪城市是作为对封建领主权力的制衡力量而崛起并站稳脚跟的。无论是在强大王朝国家的建构过程中成为君主的盟友并取得特权宪章的城市，还是本身即是主权政治实体的城市(很多神圣罗马帝国城市皆如此，如美因茨)，它们在当时是受保护的自治区域，是庇护所，让商人和工匠的活动不受封建主掠夺。与之相反，现代城市则是放弃了农村传统居所的显贵(如资产阶级地主)所青睐的居住地，是将周边乡村都置于其影响下的新兴权力中心。城市享有各种特殊豁免权(免税、免于提供军队住宿、特许经营权、代表会议……)，同时拥有司法、裁判、强制权，特别是在其给养来源地拥有这些特权，保障了城市能够优先获得这些维持其生存不可或缺的资源，如谷物、牲畜、薪材、各类原料……城市通常还握有对河流水道的司法权。河流是维持城市居民补给的命脉，而这正是以城市警察力量为代表的公共秩序维护者的主要关切。尽管从 16 世纪起，在荷兰人推动下，海运的进步使美洲、亚洲的高附加值商品得以输往欧洲，也使得海港城市以及拥有便捷入海通道的城市在一定程度上摆脱了距离的限制，但陆上交通的技术稳定性使得城市依旧十分依赖其左近的给养来源地。这与 19 世纪铁路革命之后的条件不可同日而语。现代城市的另一个特点是第三产业在城市功能中占压倒性优势，这是以损害生产性活动为代价的，而后者曾是中世纪城市的核心，并在后来的工业化时代重新占据了这一地位。现代城市集中了政治司法功能、商业金融功能、文化功能（教育、印刷、戏剧……）及宗教功能，但也逐渐失去了一部分非技术性生产的潜力，这部分产业转移到了弗兰德尔的海边平原（plat pays）。最后，尽管在行政属性上自成一体，现代城市却逐渐摈弃了直到中世纪晚期依然是其身份象征的防御设施，向城郊和周边乡村前进。通过拆除城墙、改建环城大道、整饬道路，城市逐渐变为交通枢纽，融入了国家政治行政体系下的国土层级结构之中。有了以上这个极为笼统的框架，我们便可以进一步考察现代欧洲城市中活跃着的各种能动因素。现代欧洲城市可以解读为一种城市理念转化的集中体现，即从被规范的空间（espace régulée）到功能性空间（espace fonctionnelle）的转化，这也是空间中各种活动和关系重新布局过程的内在逻辑。

一、给养来源地的重新布局

从 16 世纪开始，欧洲大多数城市——罗马、马德里、巴塞罗那、那不勒斯、威尼斯、巴黎以及相对次要的城市如里昂、波尔多、布鲁塞尔、日内瓦、卡昂——通过自主制定或外界颁予的法规，都在城市周围划定了一个区域，在此范围内各种被认为是城市经济必需品的产品准入而不准出，尤其是谷物、牲畜、木材。从 17 世纪下半叶起，这些法规开始受到质疑和挑战，在下的基层不再被一以贯之地认真遵守，在上的当局对此一般也睁只眼闭只眼，只在危机时期才会被重新祭起，严加执行。规范性体制于是逐渐让位于产品采购的功能性组织，这种新体系随市场条件变化而伸缩，其涉及区域的边界与产品流通范围的边缘相吻合，即寻求采购成本与城市市场售价的平衡点。城市的影响范围于是可以划分为一系列不规则的、沿交通线发生扭曲的同心环带（这大致符合冯·屠能[Von Thünen]的模式），各环带间的食品或原材料价格呈递进关系。城市市场就是以这种方式指导着那些依赖于它的生产区域的专业化走向及其波动。18世纪的伦敦拥有全英国人口的10%，其自身给养能力的匮乏在很大程度上决定了英格兰北部专业化牧区的形成，而由于人口压力导致的价格居高不下的吸引力，使得伦敦谷物供给区的扩张甚至构成了对爱丁堡和格拉斯哥的竞争。再以巴黎为例，巴黎的谷物供给区直到1815年都受保护，而其实际供给来源范围远超出法定界限，甚至侵入了里昂的供给区。巴黎的木材供给则受两方面因素影响，一是资源本身状况，二是是否存在可供放排的河道。

城市就是这样影响着地区空间结构，使之与各地的生产能力和交通条件相适应。随着产品交易日渐自由化，经济理性逐渐压倒了政治行政理性，从此市场成为了主导，根据城市的需求重新构造着那些依赖于它的空间。这种地区对城市的依赖关系表现为同一同心环带内不同市场价格趋同，且市场运作的时间表趋向一致。

二、工业生产空间的重整

它遵循泾渭分明的两股趋势。

第一股趋势可以解读为空间迎合城市精英的价值体系所逐步进行的理性化调整，这里所说的精英包括官僚精英和力图插手城市行政管理的商业精英，他们欣赏的是安全、整洁、清晰、道路畅通，厌恶堆积、肮脏、拥挤、空间层次不清，以及住宅区和生产区的犬牙交错。总体来看，这种导向具体体现为一大批预防性措施：日益严格的有关道路、“淤泥”（boues）和秽物的清除、动物和屠宰场的管理条例，或是将公墓迁出城外的决定。大规模城市改造工程破土动工，以便对空间进行理性化重组、提高其开阔度、改善饮用水运输，或鼓励商品流通，如规划沿河堤岸或仓库、拓宽对城市交通起决定性作用的入城道路和城市主干道、铺设下水道及饮用水输水管……有关生产性活动。我们在伦敦、布鲁塞尔、巴黎、汉堡以及其他诸多城市观察到的总体趋势是，危害居民生活的手工业和工业活动被逐渐驱逐出城，迁往城市周边地带。由于受到开明精英阶层的压力，也由于频繁的投诉和生产事故，开采性活动或被禁止（石料、石灰、石膏）或受到严格监控（硝石）；产生烟雾或其他令人不适或有毒挥发物的（苏打碱以及其他早期化工产品），以及排放有毒物质（使用水银的制镜业、皮革业）或被认为有火灾风险的活动（冶金、陶瓷）被勒令迁出城外。城市精英更关心的是生产活动对邻近居民的影响而非工人的命运，尽管后者才是首当其冲的受害者。他们对空间进行了重新分配，赢得了新的住宅区，而当污染性活动无法被彻底逐出城外时（这主要是由于工场主的压力），他们会力图将其禁锢在特定街区之内。事实上，某些对水土污染严重的活动，如印染，依然我行我素地留在城内。产业空间从此开始了重新布局。

第二个趋势应当被解读为国际市场扩张，生产商间、国家间的市场竞争加剧的结果，其中尤以纺织品市场为甚。我们在整个欧洲都能看到工业活动（纺织，但也包括小型冶金、机械）的重新部署，其中非技术工种和技术工种出现了分流，非技术工种从 17 世纪末开始退出城市，散布郊区，而技术工种则坚守着市中心。这一分流的内在逻辑不难理解。在技术基本一成不变的前提下，竞争只能围绕着劳动力成本展开，而农村的劳动力是相对廉价的。此外，不能忽略的重要因素是，农村通常以农业活动为主，工业活动只是其补充（农村纯粹的无产者数量极少），而工人这种一盘散沙的状态使得他们不易产生利益同盟，提出诉求。农村长久以来有供自我消费的手工业传统，而人口普遍增长又增加了养家糊口的压力，这使得农村劳动力不仅相对驯顺，而且有足够的技术完成纺纱、织布的工作，以供给质量要求较低的殖民地市场。就我们的观察，农村的生产活动有两种组织形式：一是以农村传统手工业为基础，农民把自产的纤维掂成线或在当地市场购买纱线织成布匹，之后将亚麻、羊毛、麻或丝质的线或布匹在市场上转卖给控制了商业网络的城市商人。二是由城市工商业主直接支配这些亦工亦农的劳动力，分派原材料（尤其是进口原材料，如棉花），回收半成品。无论采取哪种模式，漂白、染色、收尾和上浆的工作依然在城内完成，因为技术工人大量聚居于此。这些下游工序决定了制成品的质量优劣，无怪乎那些将 50％的成本投入昂贵原材料的商人极其在意对这些工序的监控，将处理这些材料的作坊置于严密监控之下。我们由此看到，城市资本以及对销售市场的把握或原材料的供给引导着城市工业地带的延伸，远远超出城市本身地形的限制。尽管这一体系并不能产生最大的附加值，但它的灵活性使得它可以应对市场的波动而不必为此支付社会成本。欧洲的大片地区，从英格兰北部到意大利，从加泰罗尼亚到瑞士或是中欧，都参与了这次城乡关系的重大调整，它重塑了那些依赖于城市的地区，并改变了那些决定其面貌的城乡互动关系的性质。

三、土地和交通

通过之前的实例，我们看到，欧洲现代史上最大的转折可以解读为一种静态向动态的转变：城市配套设施的兴建和城市规划的调整、供给区域和工业地带的重新布局的直接目的或首要途径都是交通的重新组织。我们可以以一块毛呢或染色布的生产为例，想象它需要在城市与其他参与生产的地区间折返多少趟：原材料在农村纺成纱线（某些原材料，如蚕丝或羊毛，还需要首先在城市接受一道预处理，以获得恰到好处的湿度），然后运回城市整经，再返回农村织成布匹，最后再一次运回城市完成最后工序，制成成品。同理，城市内部空间分化、越来越多的生产活动转移到城郊，这些都意味着企业主和劳动力的流动。传统上，精英阶层从城市中的一地动身到另一地，或从城内去往城外，主要有以下目的：在巴黎和凡尔赛之间，或在巴黎和王室的其他行宫（如马尔利[Marly]或枫丹白露）之间穿梭；照管城外产业或在城外小住；在某些特定场所进行休闲活动。进入现代以来，由于生产性活动的重新布局，以及各个平行功能区之间逐渐形成的畛隔，精英阶层在此之外又有了新的目的地。而人在城内以及城郊之间的移动机会的增加，又促进了公共当局监督下的客运体系的形成。早在1654年，伦敦就有了凭执照（hacquennee cabs）运营的马车租赁业务。而随着城市交通需求的增长，这种执照的数量也快速上升，从1654年克伦威尔签发的200份，上升到1688年的700份，再到1760年前后突破1000份。巴黎的发展与伦敦完全同步，第一份经营此项业务的特权也正是在1654年签发，到旧制度结束时，约有1200辆供租赁的马车。城内和城郊交通的迅猛发展也影响到了城市空间的结构，以及国家和城市当局对城市结构的考量方式。从巴黎、巴黎郊区及其左近乡村的整体上看，交通的发展促使当局重视整合和联结巴黎的近程交通(方圆5法里内的马车交通)与远程交通(邮传)的呼吁。这也促进了另一种意识的萌芽,即有必要统一整个城市区域内的交通,以保证这项服务平等地向所有居民敞开。于是,垄断便有了经济、技术和空间的合理性,20世纪整合公共交通企业的思路可以追溯到这里。与此同时,随着城市交通的规范化,一批行业法规应运而生:禁止车夫向乘客索取超出行业规定的高价;禁止绕道、拒载;禁止将乘客遗落在车中的物品据为己有;禁止使用老化失修的车辆设备;禁止车主雇用无专业技能的人员,如出现危险驾车、酿成事故,将追究车主责任;禁止阻碍房屋或店铺门前的交通……由于此类"宰客"行为频繁发生,不断接到乘客或第三方投诉的城市治安当局也紧随法律部门出台了越来越明确和富有约束性的规章条例,以保证这一行业的服务质量和公共道路的秩序。

我们由此看到,在某种意义上,交通既是乘客、企业和行政部门之间新互动形式的产物,又是其促进因素,而后三者又在此过程中和土地之间建立了新的关系,学会了以新的方式去占据、把握土地并在其上活动。

四、城市:掠夺者还是发展龙头?

我们至此为止采取的视角明确反映了城市如何侵占周边地区的利益,开发后者的资源为己所用。这些资源包括劳动力、食品、原材料、从农民耕作的土地上收取的地租——50%的土地所有者都是城市贵族或资产阶级。这样的城市就像一个掠夺者,只知索取不知回馈。这一认识似乎与主张农村现代化、抨击城市劫掠财富的重农学派不谋而合。现在,让我们换一个角度,从农村的视角出发去尝试理解来自城市的刺激,以及推动了农村空间有机发展的各种不同的城乡互动关系。消费是一个与一般常识相悖的反例,近年来这方面的研究带来了重要的史学革新。

初看之下,各种因素都会使得前工业时代的城市和乡村的生活和消费方式截然相对。城市汇集了物质财富、权力、知识,是交通枢纽、物质和非物质传播的场所。所有这些特点使得城市在建立之初就是一个开放、交流和创新的空间。事实上,从17世纪起,城市也名副其实地履行着这一职能:它是一切对需求产生颠覆性作用的创新的策源地,是新行为方式的试验场,是时尚的传播中心，是发明出那些能够激发和塑造消费者需求与期待的企业运作技巧的地方。然而早在17世纪上半叶，例如在弗里斯兰的乡村，农民早已经开始了大规模的生产专业化，生产投资的增长与生活环境的变迁并行不悖。家具的精致化，室内舒适度的提高，器物的极大丰富，一些物品（如摆钟和镜子）第一次出现在农家，这些现象要与农民介入市场程度的加深联系起来看，无论他们介入市场是为了出售产品还是购买食品和制成品。让·德·弗里耶（Jan De Vries）认为，这些模仿城市物质世界的元素毫无疑问地表明，弗里斯兰农村已逐渐为城市的文化标准所同化。不只是联省共和国这个繁荣的孤岛如此，17、18世纪整个欧洲乡村的消费模式都在城市的推动下发生着变化：自给自足的消费方式衰落；某些为生活舒适服务的物品或装饰品进入农家；衬衣、内衣、手帕以及餐桌用织物的消费与日俱增；家具的品种多样化；厨具及餐具数量大增，质地也由锡质和木质变为了玻璃和珐琅……这些新鲜事物的传播不是一个偶然（尽管受财富和各家各户地位所限，它们的分配并不均等），而是城乡交流剧增的直接结果。城市对这些消费区的引导和塑造有几条途径：首先是通过人的流动：在城市工作过的仆佣、选择回归田园或偶然下乡短住的资产阶级、亦农亦商者或返乡的流动人员，他们都与城市保持着持续或经常的联系，发挥着将城市风尚品味传入乡村的媒介作用。其次还有商业途径：通过商贾云集的乡村集市、通过流动商贩或需要从批发商处进货的农村店主，城市把新产品（其实有时已经是过气产品）推销给农村，控制、刺激其流通，从而影响着农村的消费选择。最后是资金渠道。这包括三种形式：农民在原工业化制度下兼事工业生产而获取的工资（这是他们的补充性收入）；农民生产销售食品而取得的收入（农产品在城市的售价总是更有利可图）；由流动商贩和小店主建立的信贷网络（他们依赖于上游城市商人同意给予他们的信贷额）。就这样，一些产品和时尚的流布区域逐渐在现代城市的周围形成，而这在某些历史学家看来，又进一步影响了“劳作”在人们心目中的定位，导致一个家庭决定将富余的时间或精力用于额外的劳动，以获取更多的物质财富。

我们在某种意义上又回到了坎狄龙的模式，即将城市看作金字塔尖，而乡村、城郊依次构成了金字塔的底层和中层，这么多的节点层层传递着城市的影响，从而将一片领土有机地组织起来。尽管坎狄龙设想的规律的几何图形无法反映城市领土面貌的复杂性，但必须承认，他为我们提供了一个相当出色的功能模型。

（吴蕙仪　译）

19 世纪欧洲通信的加速和文化表征形式的演变：1850—1914 年

克里斯托夫·夏尔勒(Christophe Charle)/巴黎第一大学

1832 年，法国空想社会主义者亨利·德·圣西门的主要门生之一，米歇尔·舍瓦利埃(Michel Chevalier)这样描述在他看来正发生在人与空间关系中的一场决定性革命：

> 陆上铁路纵横，海上汽船疾行，这不仅是一场工业革命，更是一场政治革命。通过它们，再佐以其他一些现代发明，例如电报，人们将可以轻而易举地同时、统一地治理地中海周边的绝大部分土地，如同在今天的法国一样。①

这段文字以先知式的口吻归纳了我们今天讲座的主旨：技术革命改变了人们对空间的文化表征，也改变了人类活动的条件。而这将带来重大的政治影响，"这不仅是一场工业革命，更是一场政治革命"。一些我们今天司空见惯、乃至习而不察的事物在他生活的年代还绝非如此。当舍瓦利埃写下这些文字时，他所提及的各项发明(铁路、电报、汽船)才刚开始对西欧产生影响，波及范围也十分有限，大部分欧洲人尚不知其为何物，更遑论其他大洲的居民。如果考虑到那些决定性的新型交通通信网络正是在 19 世纪下半叶建立起来的话，那么这段文字就更显出其先见之明了。这些物质或非物质形态的网络(如蒸汽机船和海底缆线)在相当程度上缩短了西欧与欧洲其他地区、欧洲与世界其他国家之间的时空

① Michel Chevalier, *Système de la Méditerranée*, Religion saint-simonienne, *Politique industrielle et système de la Méditerranée*, Paris, rue Monsigny, 1832, p. 133.

距离，虽然并未彻底消除它们。这20年间，整个欧洲，欧洲之外的北美、南美、俄罗斯，稍后的大洋洲、日本、亚洲以及非洲的零星地区都卷入了这史无前例而又不可逆转的文化变革过程。这些途径理论上是对所有人敞开的，任何人都可以藉此亲身前往世界其他地区或得到来自世界其他地区的信息。这个过程首先波及一个地区，一个国家，然后扩展到整个欧洲，直到把不同大洲连成一体。

20和21世纪只是继续深化、推广着这一进程，这一方面是通过各种新出现的技术，另一方面是通过一些大型组织对这些交通网络的控制和推动（无论是公共或私营性质的组织）。

当今世界拥有的各种远程信息手段，除了两项之外，全部诞生在19世纪：邮政网络虽然出现在中世纪晚期，但直到19世纪才形成真正覆盖全国的公共服务网；[①]电报发明于1837年；最早大批量发行的报刊基本都出现于这段时间（吉拉尔丹[Girardin]的《媒体》[*La Presse*]，1836年；《小日报》[*Le Petit journal*]，1863年）；英国于1839年，法国于1848年相继开始发行邮票，这大大便利了私人信件的流通。加快了信件和包裹投递速度的铁路于1830年至1880年间陆续在欧洲各大国开始兴建。1865年，海底电报缆线开始铺设，将欧洲与世界其他地区连为了一体。[②] 1876年出现了电话，1899年第一批无线电开始播报。1895年放映了第一批电影。最后，在1914年一战爆发前夕，第一批飞机和飞艇飞向了天空。这之后，直到20世纪下半叶，最后两个远程信息传输网络——电视和电脑——才姗姗来迟。电视大大提高了音像信息的普及程度，而电脑则通过无线电波或电话线，建立了国际互联网。

一、缩小空间的前提条件

19世纪下半叶信息和通信方式的激烈现代化的基础，是三场互为因果、水涨船高的变革：①从马匹到电波的速度提升；②覆盖全球的网络；③现代化手段向更广泛的民众敞开。

---

① Muriel Le Roux (dir.), *Postes d'Europe, XVIIIe–XXIe siècle: jalons d'une histoire comparée*, Comité pour l'histoire de La Poste(IHMC), 2007.

② Wolfgang Kaschuba, *Die Überwindung der Distanz, Zeit und Raum in der europäischen Moderne*, Francfort/M, Fischertaschenbuch Verlag, 2004, p. 80 et s. et p. 127 et s.

1. 从马匹到电波的速度提升

新闻的传播的确受制于技术因素，但同时也受制于政治、经济和社会因素。在19世纪的大半个世纪中，马依然是欧洲传递公共或私人信息最快捷的方式。[①]越是深入东欧、南欧和北欧，马作为最快交通工具的地位就越是不可动摇。水路速度极慢，而铁路只连通大城市，并且越往东行，铁路网的密度就越低。

的确，技术革新是从西欧开始的（英国、法国、比利时），这加深了欧洲内部的社会不平等，因为欧洲大部分地区直至19世纪80年代都停留在农业时代。[②]所以，在19世纪的大部分时间，信息的传播是以不同的节奏进行的，因为一旦离开了现代化网络，人们就不得不回归那些迟缓的旧式交通工具（乘马、步行，后来又有了次级邮传网络上邮差的自行车）。直到两次世界大战间歇，汽车才在农村地区更广泛地普及，从而缩小了空间的不平等。

所以，首先获利于电报、铁路和其他快速交通方式带来的通向外部世界的便利条件和速度优势的，是行政部门和富裕阶层。最后享受到这一便利的是东欧的农民，他们中的大多数依然目不识丁，与世隔绝。然而，技术的进步仍然间接地影响着广大下层民众与空间的关系。如果没有口耳相传、廉价媒体、先行一步的移民寄回的书信等途径把新大陆现已向欧洲最弱势的阶层敞开怀抱的消息传播开来的话，那么1848年加利福尼亚和1860年代澳大利亚的淘金热、以及19世纪40到90年代间爱尔兰、苏格兰、英格兰人以及稍后的德国、意大利和东欧犹太人的大规模赴美移民潮也就不会出现。19世纪40年代，横跨大西洋需要14天，这一航程到1870年缩短至8天，到1907年进一步缩短为5天。而远渡澳大利亚的航程，1830年需120天，1870年需100天，到世纪末已被缩短至57天。[③]

---

① Daniel Roche, *La Culture équestre de l'Occident XVIe - XIXe siècle, l'ombre du cheval, le cheval moteur*, Paris, Fayard, 2008, p. 49.

② Robin A. Butlin & Robert A. Dodgshon, *An Historical Geography of Europe*, Oxford, Oxford U. P., 1998, p. 326; Norman J. G. Pounds, *An Historical Geography of Europe 1800 - 1914*, Cambridge, Cambridge U. P., 1985, pp. 450 - 452; Rondo Cameron, *La France et le développement économique de l'Europe*, Paris, Le Seuil, 1971.

③ Helen R. Woolcock,《通行权：十九世纪澳大利亚移民潮》(*Rights of passage. Emigration to Australia in the Nineteenth Century*), Londres, New York, Tavistock, 1986, pp. 50 - 59,引自Philippe Rygiel,《白人移民潮的时代：西方的人口流动(*1840 - 1940*)》*Le temps des migrations blanches, Migrer en Occident* (*1840 - 1940*), Montreuil, Aux lieux d'être, 2007, p. 56.

比较一些信息传递速度数据可以让我们更充分地感受到新技术条件带来的速度提升。在铁路和电报线开通前，最快捷的信息传递途径是邮传驿马。通过驿站接力、快马疾驰以及道路条件的改善，邮传的速度在 1814 年到 1839 年间翻了一倍，从 6.6 公里/时提高到 13 公里/时。[①] 在此条件下，一封信 18 点从巴黎出发，第二天早晨就可抵达布鲁瓦、欧塞尔、特鲁瓦或兰斯，下午就可以送到昂热、穆兰、第戎、南锡或梅兹的收信人手中。不过信在 36 小时后才能送抵里昂、米卢斯或斯特拉斯堡，整整两天后才能到达南部的瓦朗斯，两天半后到达图卢兹，3 天零 16 小时后才跨过国境，进入意大利或西班牙。

而到了 1850—1870 年间，随着第一批铁路的建成，私人信函和报纸的递送速度跃升至 40 公里/时，是原先的三倍。[②] 如果涉及战略要闻，[③]通过电报，对方几乎可以在同一时间接收到信息。

如此日新月异的速度也令当时的人们瞠目结舌：铁路把速度乘以三，电报则把速度乘以无穷大。新技术的崇拜者很早就为铁路和汽船所开启的无限可能欢欣鼓舞。法国、英国、稍后的德国、大西洋和地中海都“缩小”了。康斯坦丁・贝魁尔（Constantin Pecqueur）[④]在《季度评论》（*Quarterly Review*）上写道，随着交通速度的提升，法国不久将缩小成法兰西岛，而地中海将变成地中湖。1843 年，当“铁路狂飙”（railway mania）[⑤]在法国兴起时，海因里希・海涅未等铁路线建成就已经如此畅想零距离的未来：

> 我似乎看到全世界各国的山峦和森林向巴黎走来，我已经闻到了德国

---

① Christophe Studeny，《速度的发明》（*L'Invention de la vitesse*），Paris，Gallimard，1995，p. 183.

② C. Studeny，*ibid.*，p. 235.

③ Catherine Bertho，《电报和电话，从瓦尔密到微处理器》（*Télégraphes et téléphones，de Valmy au microprocesseur*），Paris，Livre de poche，1981；Pascal Griset，《企业、科技和主权：法国的跨大西洋通信（19 – 20 世纪）》（*Entreprise，technologie et souveraineté：les télécommunications transatlantiques de la France*（*XIXe – XXe siècles*），Paris，Editions rive droite，1996，p. 41 – 42.

④ 1801—1887 年，法国经济学家，“法国社会主义之父”，对马克思影响很深，《资本论》多处引用其著作。——译注

⑤ 19 世纪 40 年代最初出现在英国的铁路公司股票投机狂潮。投机泡沫破灭后，盲目规划的铁路里程 1/3 胎死腹中。——译注

椴树的香沁；在我门前，北海的波涛汹涌，激起碎雪缤纷。①

但切实享受到铁路服务、感受到时空界限取消的只是少数人。他们有能力支付邮资或者更为昂贵的电报，而且，更重要的是，他们必须居住在有便捷的铁路交通的地方，即主要是大城市的富裕阶层。1852 年他们派发了 48000 份电报，次年这一数字达到 150000。而被远远排除在这场现代化速度革命之外的，除了乡村及小城市，还有欧洲的整个中、南、东部，这里直到世纪末才终于建成了铁路网。

2. 铁路和电报线网络

40 年后，一场新的变革带来了新的鸿沟。此时欧洲已经拥有了两级铁路网，欧洲各国首都间有直达线路联结（巴黎—柏林—华沙—莫斯科线；巴黎—伦敦线；巴黎—罗马—那不勒斯线；伦敦—君士坦丁堡线［即东方快车］），同时本国各地区间也有次级铁路网相连。铁路网密度向东向南明显下降（见表 1 和表 2）。

表 1　欧洲各国 1850—1902 年间铁路网的发展（以公里计）

	1850 年	1880 年	1910 年
德国	6044	33838	61148
法国	3083	26189	49385
英国	10653	28854	37579
奥匈帝国	1579	18512	44371
俄罗斯	601	23857	59559
意大利	427	8715	15942
西班牙	28	7481	14994

数据来源：W. Fischer, *Handbuch der europäischen Wirtschafts-und Sozialgeschichte*, Stuttgart, Klett-Cotta, 1985, vol. 5, p. 157.

---

① Constantin Pecqueur，《社会经济学：在蒸汽、固定机械、铁路、汽船等影响下的商业、工业、农业和总体的人类文明利益》（*Economie sociale : des intérêts du commerce, de l'industrie, de l'agriculture et de la civilisation en général, sous l'influence des applications de la vapeur, machines fixes, chemins de fer, bateaux à vapeur*, etc...），Paris, Désessart, 1839; *Quarterly Review*, 1839, volume 63, p. 23; H. Heine《吕泰斯》（*Lutèce*），第二卷，第 LVI 节（1843 年 5 月 7 日）引自 Heinrich Heine，《校注本全集》（*Historisch-kritische Gesamtausgabe der Werke*），Band 14/1, Hambourg, Hofmann und Campe, 1990, p. 191；引文分别来自 Wolfgang Schivelbusch，《铁路旅行的历史》（*Histoire des voyages en train*），法译本，Paris, Le Promeneur, 1990，40、23、43 页。

表 2　欧洲各国铁路网密度(每 100 平方公里土地上的铁路公里数)

国家	1850	1896—1897
英国	3. 4	10. 8
比利时	2. 8	15
德国	1. 1	8. 8
法国	0. 6	7. 6
瑞士	0. 6	8. 9
荷兰	0. 5	8. 1
奥地利和波西米亚	0. 5	5. 8
意大利	0. 2	5. 6
匈牙利	0. 1	1. 7
波兰王国	0	2. 9
西班牙	0. 0006	2. 6
瑞典	0	2. 4

数据来源：Norman J. G. Pounds，*An Historical Geography of Europe*（*1800 – 1914*）*op. cit.*，p. 450.

尽管所有的欧洲国家都陆续兴建了铁路，但不同国家铁路网的密度相差悬殊：1896 年匈牙利和比利时的铁路网密度比是 1∶10，意大利和英国的差距也达到 1∶2。这个数据虽不精确，却能直观地反映欧洲不同地区间现代化程度的差异。同样的方法也适用于比较美国的大洋沿岸和中部地区，或亚非拉地区的沿海与内陆。

与铁路网的深化建设同步的，是干线运行速度的进一步提升。干线的平均速度（即邮件运输的速度）又翻了一番：1914 年，法国铁路干线上的平均时速达到了 91 公里，柏林—汉堡线达到了 80 公里/时，伦敦—爱丁堡线达 84 公里/时。[①] 1900 年前后，一封信从巴黎到伦敦单程只需 7 小时 20 分。如果一切顺利，晚上寄出的信件第二天一早就可以寄达收件人手中，而且邮政系统星期天照常工作。

① C. Studeny *op. cit.*，p. 263.

随着交通工具的发展，邮政服务在欧洲遍地开花，尤其是19世纪60到80年代间：1882年，德国拥有12500家邮政所，1903年增至47100家；同一时期，这一数字在法国从6700增长到12500，在英国从15400增长到22800，在意大利则从3500增至8600。[①]

用于瞬时通信的电报，在此期间作为紧急通信的保障手段，也已在欧洲各地深入人心。1862年，法国电报网拥有3万公里线路，传送了150万封电报。[②]发生重大公众新闻时，民众与外部世界，尤其是与国家政治生活、与精英阶层生活之间的关系已完全不同于以往了。普通民众隔绝于国家政治生活之外，二者各自拥有不同的历史时间量度、不同步运转的时代，正在逐渐一去不复返。

这种民众与国家政治生活的时空关系变化在1870年9月这一历史时刻体现得淋漓尽致。9月2日法军在色当惨败、拿破仑三世被俘的消息9月3日就传到了巴黎当局。长期受共和主义的反对派鼓动的首都民众9月4日几乎在听到消息的第一时间就做出了反应。街头的压力促使反对派放弃挽救已经群龙无首的政府的妥协方案，在市政厅仓促宣布成立共和国，在几个小时内组建了国民自卫政府。就这样，信息的快速传播使得巴黎在外敌压境的情况下用极短时间完成了政体变革。可资对照的是，1848年，巴黎2月24日革命直到2月底3月初才在德国（在柏林、维也纳和莱茵兰）产生反响，因为信息需要足够的时间从政治当局逐层传递给资产阶级和普通民众。

的确，电报网的发展与铁路线的延伸、邮政所的设置是同步并行的。但不同的是，在电报发展的初期，率先掌握了这一缩短时空距离工具的，是那些将时间视作金钱的人群：时刻紧盯着世界主要期货交易所动态或商品行情走势的企业家、商人、银行家，忧心国内外动态的政治领袖以及以点评前两者活动为业的记者。先人一步掌握关键信息，自古都是商场、政坛或战场制胜的不二法门。在这种新技术开启的时代，制胜的时间已不再以日或时，而是以分钟计了。

---

① 《法国统计年鉴》(*Annuaire statistique de la France*)，1904年，p. 142 - 143。

② P. Griset, *op. cit.*, p. 42.

3. 普及性

在我们这些对一个世纪以来的快节奏信息传播习以为常的人看来，这种新的时空关系自然是任何人都乐于接受、或者至少不会加以抵制的。但我们必须记住，当时的政治社会环境对这些新技术发展并不有利，即便它们萌芽于欧洲城市化、自由化程度最高的地区。

如同历史上任何一个变革时期一样，新技术带来的利益归谁所有是一个引发激烈争议的问题：游戏的主导权应当归国家还是归市场？19 世纪 40 年代的大多数欧洲国家都还是相对专制的君主政体，其念念不忘的是如何不让法国大革命和拿破仑帝国的噩梦重演。信息，在当权者眼中，是可能为反对派所用的潜在不稳定因素。一名保守派议员在决定是否向公众开放电报服务的议会辩论中这样表达他的担忧：

> 开放使用电报无异会让乱党利用，让那些可憎的阴谋流布起来更加畅行无阻。①

此外，现代市场经济活动只涉及小部分人口，此时绝大多数欧洲人都还在乡村过着自给自足的生活。将他们与城市连接起来的是受当局监控的流动商贩。有足够实力支持这一技术革新并为己所用的大工商业主为数尚少，在主要出自地主贵族的领导层精英中比率很低，即便在英国也是如此。

而且，1830 年和 1848 年席卷欧洲的革命似乎证实了统治阶层的这种担心：一地发生动乱的消息一旦传开，其他地区也会闻风而动。对于新闻和报刊的流通，政治阻力可能是比技术瓶颈更难以破除的障碍。当报纸刊载的新闻令执政当局神经紧张时，为了限制其发行，税收手段（地税、邮政费、保证金）是最有效的武器，远甚于横行中东欧地区的吹毛求疵的书报检查制度。通过这种手段提高报纸的价格，便在无形中利用社会阶层壁垒将大多数民众隔绝在了新闻之外。②

---

① 勒·维里耶(Le Verrier)报告，1850 年 6 月 18 日，引自 P. Griset, *op. cit.*, p. 41.

② C. Charle,《媒体的世纪》(*Le Siècle de la presse (1830 – 1939)*), Paris, Le Seuil, 2004, 第一、二章.

这重政治樊篱之外，还有同样不可小视的物质和文化障碍。直到 19 世纪 60 年代，法国的识字率都不及人口一半，这种局面在意大利一直持续到 19 世纪末，在东欧和西班牙更是持续到一战前夜。这就使得一大部分成年人口无法通信或阅读报纸，从而无法将视野拓宽到触目可及的世界之外。此外还要考虑到农村或某些地区由地理因素造成的贫困闭塞，使得那里的居民长期隔绝于中央信息网络之外。而与现代化手段的缺乏接触，又巩固了人们对它们的不信任。即便在铁路网建成后，大多数的旅行依然局限在短途之内：1869 年，欧洲人的平均出行半径是 37.8 公里，1882 年是 35.2 公里。①

罗杰·塔博（Roger Thabault）②这样描述他的故乡，德塞夫勒省（Deux-Sèvres）那个叫做马济耶尔—昂加蒂讷（Mazières-en-Gatine）的村庄在 19 世纪 50 年代的生活：

> 旅行是件少有人为的稀罕事。
>
> 居住在镇上的手工艺人或商人……几乎从不离家。农民有时上尚德尼耶（Champdeniers）或帕尔特奈（Parthenay）赶集，富人骑马，穷人步行。星期天"到镇上去"便被认为是出了一趟非同小可的"远门"，因为要去教堂所以不得已而为之，而这个"镇"，我之前说过，也只是比"村"稍大一些而已。
>
> 人们的想象力几乎超不出本县或邻县的边界……③

识文断字，并且客观上存在获取新闻的手段，这只是进入现代世界的必要条件，但还不是充分条件。与此同样重要的是主观上对新闻"有用"的认识，这

---

① François Caron，《法国铁路史，1740—1883 年》（*Histoire des chemins de fer en France，1740 - 1883*），Paris，Fayard，1997，第一卷，p. 591。

② 法国教育学家，这里引用的《我的村庄》是描述 19、20 世纪现代化冲击下的法国乡村的社会学经典。——译注

③ Roger Thabault，《我的村庄，村民、道路和乡村学校，1848—1914 年，民众的崛起》（*Mon village，ses hommes，ses routes，son école 1848 - 1914，l'ascension d'un peuple*）（1943），Paris，Presses de la FNSP，*Références*，1993 年再版，p. 64.

种“用处”可以是直接的，和阅读者的社会活动有关，也可以是间接的，缘于他的品味或他对一个有示范作用的群体的认同感。这就解释了为什么占压倒性多数的新闻读者是受过良好教育、在社会文化交流网络中拥有相当地位的城市人。[①]

二、供给的逐步开放

1. 媒体的爆发

19 世纪下半叶，越来越迅捷的通信手段（电报、海底电缆）伴随着媒体的大发展，为其提供着便利条件。但媒体的成功，决定性因素是其价格的下降，这点要归功于税收的逐步取消、纸张价格下降（木纸浆的发明）、印刷业生产力的发展以及送报速度的提高。邮政网络的发展方便了印刷品的流通（通过订阅），也使得书写文化为越来越多的阶层所认同。

现代社会引发的人类迁移形式的多样化同时也带来了新的维持远距离联系的方式：别墅度假（明信片的普及）、大众化的旅游、兵役、农村人口暂时或永久的外迁，以及海外移民。这些人口迁移都源于现代社会掌握空间能力的加强，同时也催生了大规模的通信活动：19 世纪的移民中有 450 万德国人（相当于 1900 年德国人口的 8%）、480 万奥匈帝国人（总人口的 10.7%）、940 万意大利人（1900 年人口的 29.2%）。至于英国，据估计 1853—1900 年间有 896000 苏格兰人、4675100 英格兰和威尔士人移民国外，也就是说，英伦三岛每年平均移民 11.8 万人。考虑到爱尔兰直到 1922 年都属于联合王国的一部分，在这个数字基础上还要加上 19 世纪的 730 万爱尔兰移民，特别是 1847 年大饥荒后。[②] 法

---

① R. Chartier 主编，《十九世纪的通信及其功用》（*La correspondance*, *Les usages de la lettre au XIXᵉ siècle*）Paris, Fayard, 1991 年，pp. 42 - 60.

② D. Baines，《成熟经济体下的移民。1861—1900 年英格兰和威尔士人口的外流和内部迁徙》（*Migration in a Mature Economy. Emigration and Internal Migration in England and Wales, 1861 - 1900*），Cambridge, Cambridge U. P., 1985 年，p. 63 - 64；D. Baines，《1815—1930 年间的欧洲对外移民》（*Emigration from Europe 1815 - 1930*），Londres, Mac Millan, 1991 年，p. 9；Philippe Rygiel，《白种人移民的时代。1840—1940 年的西方移民现象》（*Le temps des migrations blanches*, *Migrer en Occident*（*1840 - 1940*）），Montreuil, Aux lieux d'être, 2007 年.

国的这一数字低得多，仅为497000人，相当于1900年全国人口的1.3%，[①]尽管它拥有庞大的殖民帝国。为了与故乡通信，这些移民都是潜在的邮政服务对象。

这段时期，欧洲各地报刊发行数目的增长（无论是日报、周报、评论杂志、流行杂志还是学术杂志）都在10倍到20倍之间。这种灵活性强、发行面广的印刷品（它比书籍廉价，发行量也大得多）以最直观的方式证明了印刷品无处不在，现代世界的触角已伸进越来越多人的日常生活。的确，书籍依然与某些特定的、尤其是城市性的地点相连（图书馆、书房、私人空间）。相反，廉价报刊则代表着另一类印刷品，与之相连的是街道、公共空间、迁徙、大众普及、泄密（惊悚新闻）、图像、斗争（政治新闻）。它是口语的延伸（新闻），给予它固定的形式（专栏），进一步激发它的传播（在咖啡馆、阅报栏前或传递报纸时的聊天）。一部分面向大众的书籍为吸引更多读者也借鉴了杂志的形式（一集集分册出版、拆散发送或采取征订的销售方式）。

于是，书籍的最大印量记录从1850年的数千册跃升至世纪末的数十万册，而报纸的印量则从19世纪初的数千份提高到中期的数万份乃至某些国家的数十万份，而法国最主要的报纸如《小日报》或《小巴黎人报》(*Le Petit Parisien*)更是在20世纪初突破百万份。

1914年一战前夜，法国的媒体发展远远领先于邻国，1913年法国平均6.5人拥有一份报纸或期刊，英国为8人，德国9—10人，意大利12人。然而在这四国中，法国无论就国民富裕程度、城市化水平还是教育水准而论，都无优势可言。法国媒体的一枝独秀显示出民主和政治自由对于现代媒体在国家空间中的传播的重要作用（这与舍瓦利埃的工业、空间革命与政治革命关系论不谋而合）。在欧洲新教国家，阅读圣经的传统、某些特殊日期的宗教禁忌[②]、新闻自由的限制、以及选举制度的局限都阻碍人们对报纸的接受，而在更自由化、世俗化的法国，激烈的政治交锋各派都亟须以报纸为阵地来宣传自己的观点。1914

① 德国、意大利和法国的数据来自 Norman J. G. Pounds, *op. cit.*, p. 87，表3.4。

② 如某些特定日期只允许阅读圣经、出入宗教场所，复活节前斋期的文化、戏剧活动都受到严格限制。——译注

年，三分之一的英国工人还不参加投票，而1911年，报纸的印量据估计还只相当于选民人数的一半。①

技术和人口的变化并不能彻底消除现代化信息条件下的地域不平等，所有国家的贫困乡村、山区和边区的城市化水平以及通信网络的覆盖密度都相对较低。这使得这些地区成为了印刷文化时代的孤岛，保留了古老的口头文化传统以及依靠流动商贩传播的出版物文化。

2. 媒体的分化

所谓"分化"，也是文化进步不彻底造成的信息不平等的结果：刚刚通过扫盲的新读者群还深深保留着口语和视觉文化的习惯，需要这些辅助阅读的手段。因此，某些形式的媒体为了满足这类读者的要求，逐渐在文字中插入了图片、版刻，后来又加入了照片。所以可以说，20世纪初存在着数个不同的欧洲，表面上通过信息和交通网连接为一体，但不同人群对新媒体及其最现代化内容的认知能力是极不平等的，在对邮政网络的利用能力上，这种不平等反映得尤为明显。

此时，教育革命还方兴未艾，因为全民扫盲运动，特别是针对在前一时期最不受重视的农村和女性人口的扫盲，是与印刷品的发展完全同步进行的。然而从教育系统的建成到它深入这些阶层、教会独立使用这些新形式印刷品，其间必然有一个时间差。法国大众媒体的爆发开始于19世纪60年代，它享用的是19世纪30年代教育促进政策的果实。而一战前"黄金时代"几份发行量过百万的报纸的读者，则是从19世纪80年代茹费里的公立学校走出来的孩子。

欧洲不同地区之间的时间差也是很明显的。即便是德意志最发达的几个邦国，特别是其教育模式足以为其他邦国乃至法国、英国和意大利垂范的普鲁士，直到1870年也没能完全扫除文盲现象。② 欧洲其他地区的情况只能等而下

---

① A. J. Lee，《英格兰大众媒体的起源，*1855—1914*》(*The Origins of the Popular Press in England 1855 -1914*)，Londres，Croom Helm，Totowa (New Jersey)，Rowman and Littlefield，1976，p. 186.

② Rudolf Schenda，《无书之民——1770—1910年大众读物的社会史研究》(*Volk ohne Buch. Studien zur Sozialgeschichte der populçren Lesestoffe 1770 -1910*)，Francfort/Main，Vittorio Klostermann，1970，p. 444.

之了。普鲁士以下,识字率从德意志其他邦国到英格兰、法国和爱尔兰每况愈下,及至意大利和西班牙情形已和德国截然相反:全国只有20%的人口真正拥有阅读能力,此外还存在严重的地区间差异。

直到进入20世纪,除德意志之外的所有国家,男女识字率都存在巨大的不平等。据统计,法国整个19世纪下半叶,缺乏最基本发蒙教育的妇女都比男性多出一半。英格兰直至1900年,结婚时统计的男女识字率都相差一倍。20世纪初的意大利,女性的教育只及男性1880年的水平。就吸收现代印刷品文化的能力而言,这种性别差异是决定性的。当新文化只是少数高阶层人士的专利时,女性的低教育水平造成的影响还不显见,而到了20世纪初,当印刷品文化已经成为全体男性的共同基准时,这种差异就显出影响了。它使得两性间在文化、政治问题的理解上产生了障碍。在所有国家,女性这种知识的欠缺都使得她们在现代政治生活中的边缘化地位更加根深蒂固(除了在萌发了女权主义运动的资产阶级和无产阶级精英中),同时也强化了阅读习惯的差异。获得阅读能力不久的平民阶层女性更青睐那些浅显易懂的读物,这反而使得长久以来对女性的刻板偏见进一步延续而不是逐渐消除(由此发展出了专门的女性媒体以及大批抚慰心灵、赚人眼泪的廉价文学读物)。

3. 国家对信息控制力的削弱

现代信息网络是伴随着市场力量的扩张而建成的。市场力图取得对信息网络的控制权,这一方面是出于需要,另一方面也受到利益回报的吸引。国家曾试图抵抗这种力量,保持对政治新闻的控制,但最终选择了与市场结盟。这首先是由于接近商业和自由主义思想的新精英阶层在英格兰、法国、意大利以及稍后在中东欧跻身政府领导层,但也是由于面对信息网络的日益国际化,旧有的控制手段已不再有效。此时更明智的选择是与市场力量妥协,将中产阶级和平民阶层纳入正在建设中的国家统一体中,并尝试利用这些新的信息渠道去影响他们。媒体推动了新兴国家如德国和意大利的民族统一进程,帮助法国调和了城乡对立,而在奥地利、匈牙利或俄罗斯则强化了主导民族在多民族国家中的地位或它对其他民族的文化控制。另外,几乎在欧洲任何一个国家,选举权的推广使印刷品成为塑造民意和政治宣传不可或缺的利器。几部重大的法律象征着政府对媒体控制的解除以及印刷品世界的统一，这种统一的根源是印刷品在整个西欧的政治和民族国家建构中发挥的重要作用。

三、第一次文化全球化？

1880—1914年间，各种交通网络的形成与书面文化的普及相互促进、水涨船高，与此相伴的是世界信息与文化的"欧洲化"，甚至可以说是首次全球化运动。尤其值得注意的是，这波全球化运动也涵盖了美洲。此时乘坐汽船，一个星期就能从西欧抵达纽约，只略长于横跨欧洲东西部的旅行（当时到伊斯坦布尔乘东方快车需68小时，乘船需140小时）。[①]

1. "新闻"的发明

国际新闻报道诞生于这一时期，新创立的大通信社派驻的通信员和记者在世界各地追踪着最有震撼力的国际新闻。克里米亚战争（1853—1856年）成为第一场被现代媒体报道的战争。交战各方的确是欧洲首屈一指的强国（英国、法国、意大利、俄罗斯）。德国和意大利统一战争以及1870—1871年的普法战争都受到了媒体的实时追踪报道。史无前例的是，法国新闻检控机关行动不力甚至成了敌军利用的突破口，传说普鲁士前锋部队是从法军随手丢弃的报纸上读到有关法军最高统帅部战略的详解，从而把握其动向的。普法战争在通信手段上颇有创新，如用气球和信鸽取代被中断了的常规通信网络，维系巴黎等地与未遭侵略的领土间的联系。[②]

普法战争是法国人长久无法忘怀的痛史，它向法国人证明，在现代战争中，有效的信息网络、快速传达命令的手段具有多么重要的战略意义。

记者在现代社会俨然成了新的英雄。他们把异国风物和冒险传奇栩栩如

---

① 《黄皮旅行手册丛书：巴黎到君士坦丁堡》（*Collection des guides Joanne. De Paris à Constantinople*），Paris，Hachette，1902；Jean des Cars 和 Jean-Paul Caracalla，《东方快车：一个世纪的铁路传奇》（*L'Orient-Express：un siècle d'aventures ferroviaires*），Paris，Denoël，1995，二者均引自即将出版的D. Roche等主编的《欧洲文明史词典》（*Dictionnaire d'histoire de la civilisation européenne*）（Paris，Fayard），Edhem Eldem 撰"东方快车"（Orient-Express）条。

② Aimé Dupuy，《1870—1871，普法战争、巴黎公社和媒体》（*1870－1871，la guerre，la Commune et la presse*），Paris，A. Colin，*Kiosque*，1959年.

生地描述给每一个读者，给他们有亲历“大历史”的幻觉，尽管他们的现实生活正越来越陷入城市工业社会的单调和整齐划一的处境。

20世纪的头几年在步入现代化之后，反而又见证了书报检查和虚假新闻的死灰复燃，这也为1914年后的大规模洗脑做着铺垫。19世纪末已经有人幻灭地呼吁人们警惕大众媒体，认为这是麻醉人民的新型鸦片的发展。批判者认为，大众报纸这种新的信息形式不但没有引领大众进入全新现代化时空，反而传播着浅薄无聊的内容（类型化的连载小说、社会新闻、娱乐和体育栏目），阻碍政治思考和公民辩论，而且煽动着读者的原始身份本能（沙文主义、排外思想）。

总而言之，通过各种新的消息传播网络，西欧的城市居民和一部分美国东海岸大城市居民在1914年一战爆发前夜已经基本生活在同一时空中了。但农村居民和贫困阶层与其联系依然十分微弱，并不认为这些他们无法理解和掌握的“新闻”与其有切身关系。然而，以下三种情形可能使他们走出原有局限，投入这场波及全欧洲的运动：当19世纪末几乎所有国家都建立了义务兵役制度时；当他们在暂时或长期地与对外移民潮发生关系而特别需要获得信息时；最后，当他们获得投票权时。

2. 获取远程通信的手段

读写活动的频繁化，反映为19、20世纪之交的邮传数量直线上升。

表3　19世纪末20世纪初英国邮政服务量的发展

	英格兰/威尔士	苏格兰	爱尔兰	大不列颠	年份
信件数/居民数	50 60 66 75	37 46 50 58	25 31 35 42	46 55 61 70	1895 1901 1905 1912
明信片数/居民数	18.2 21.5	18.7 18.6	7 8.7	17.1 20	1905 1912
包裹和书籍数/居民数	21	19.7	9.5	19.7	1905
报纸数/居民数	4.1 4.2	4.7 5.1	4.6 4.8	4.2 4.4	1905 1912

表 8　以百万计的居民平均收发信件数(1850—1910)

	1850 (单位:百万)	1910 (百万)	1850 (单位:/人)	1882 (/人)	1903 (/人)
法国	122	3758	5	16	25
英国	? ?	5161 ?	? ?	? 40	59 76
德国	85.9	5677	2.5	17	53
意大利	108(1861)	1239	4.3	7	9

数据来源:《政治家年鉴》(*The Statesman's Yearbook*), 1906, p. 96;《法国统计年鉴》(*Annuaire statistique de la France*), R51, 1904.
W. Fischer (hg.),《欧洲社会文化史手册》(*Handbuch europäischen Wirtschafts-und Sozialgeschichte*), Stuttgart, Klett-Cotta, 1985, vol. 5, p. 166.

20 年间(1882—1903),德国的人均邮政量(书信和明信片)翻了 3 倍,比起 50 年前则翻了 55 倍。这一数字在法国虽然在 19 世纪的最后 20 年间只增长了 50%,但在整个 19 世纪下半叶的增幅依然达到了 5 倍。意大利的增长更慢(19 世纪下半叶的 50 年间翻了 1 倍,最后 20 年只增长了 20%)。扫盲进度的迟缓,加之农村人口的比率较大,使得亚平宁半岛的居民难以也无十分必要,经常性地使用书写这种现代文化的手段去交流信息。① 德国的基础设施建设是相邻几国中最完善的,每 1500 人便拥有一个邮政所。英国由于城市化起步和经济腾飞较早,起点比其他国家高,它的人均邮政量增长介于以上几国之间(1.9 倍),平均 1900 人拥有一个邮政所。

当然,受这波文化统一运动影响最深的是资产者或先锋派的圈子,他们从此可以通过杂志、媒体或日常通信,共同分享有关文艺圈动态的信息。

3. 首次文化全球化

新闻和更广义的印刷品文化的全球化发轫于欧洲,与之相伴的是视觉文化借助开放的或廉价的载体,日益广泛的流传,这在一定程度上弥补了城市低教育阶层的文化缺陷。城市的墙壁和围栏上贴满招贴广告,广告上图像的位置日益显著,文字相形之下越来越无足轻重。除招贴广告之外,图像还以照片、版

---

① 《统计年鉴》(*Annuaire statistique*)p. 142－143。

画、明信片的形式，在越来越大的受众群体中以百万计的规模发行。城市同时还是戏剧、音乐剧、集市演出以及稍后出现的电影的最佳场所，这些现代文化产品发挥的是雅俗共赏的“娱乐”功能，这起初被称为“群氓文化”（culture des foules），不久即改称“大众文化”（culture de masse）。简而言之，19 世纪末的文化现代性表现在满足某些共同期待的文化产品的流通日益广泛，而与此并行不悖的是某些地区开始强调其地方独特性，一些地方传统被重新挖掘出来，旧酒装入新瓶，供城市人赏玩，如加泰罗尼亚运动、凯尔特运动、弗雷德里克（Félibrige）学社，①这先是被视为“民俗情调”（folklore），此后逐渐登堂入室被改称为“民间传统艺术”，开始被供奉在博物馆中。② 信息交流日益频繁使得过去互不相干的空间第一次有了接触，而这接触中又往往充斥着鸡同鸭讲的误解，在此背景下，一位葡萄牙观察家的话幽默而相当确切地概括了这种时空错位的新文化现象：

> ……不消多时，世界上将再无值得一游的废墟或古迹：每座城市、每个国家都在努力消灭自己的独特传统，从礼仪到建筑、从风俗教化到珠宝店橱窗，全盘引进巴黎风格。历代哈里发所在的古城开罗将遍布马比尔夜总会（Mabille）的复制品；乌莱玛（les oulémas）③们忘却了波斯诗人的精妙比喻，转而奉《费加罗报》的字句为圭臬；踏入耶路撒冷城门，率先敲击我耳鼓的是“美丽的海伦”④的康康舞曲，而从拉比的居所中走出的是基督圣教的博士。约旦河畔，耶稣曾经驻足的金色沙滩上，我捡到了两个纸质立领——“史密斯”牌的。我明白这不是救世主，也不是追随他的先驱留下的

---

① 1854 年以 Frédéric Mistral 为首的七名法国诗人组建的学社，旨在振兴、发扬普罗旺斯语及广义的法国南部奥克语文化，为这些语言确定语法、正字法等。——译注

② 参见 Eric Hobsbawm 和 Terence Ranger 主编，《传统的发明》（*L'Invention de la tradition*），（1983）法译本，Paris，Amsterdam，2006；Anne-Marie Thiesse，《欧洲 18—20 世纪民族认同感的产生》（*La création des identités nationale. Europe XVIIIe – XXe siècles*），Paris，Le Seuil，2000。

③ 伊斯兰教学者，不同时期、不同国家、不同教派对其品阶的定义不尽一致，有时也指学者团体。——译注

④ 奥芬巴赫的轻歌剧。——译注

遗物，唯一可以确认的是，它们躺在那里，大大减损了这神圣河岸的诗意。

整个世界都在一点点变成巴黎林荫大道和伦敦摄政街(Regent Street)的复制品。这两个城市的模式如此难以抵挡，以至于一个民族越是失去其特性、越是在法国或英国式的假面之下迷失自我，就越觉得自己终于跻身于文明国家之林，值得《时代周刊》喝彩。[①]

经过整个19世纪下半叶人与时空关系的改造，到了19世纪末，这种全球文化与地方文化之间的矛盾已经十分明显了(只是那时“全球化”意味着接受英法两国的影响，而今天，则成了“美国化”的代名词)。

(吴蕙仪　译)

① Eça de Queiroz,《巴黎书简》(*Lettres de Paris*)，法译本 Paris, Minos La Différence, 2006, p. 18－19(这段文字写于1880年6月6日)。

19世纪欧洲国家之都城

克里斯托夫·夏尔勒(Christophe Charle)/巴黎第一大学

欧洲都城就其今日之定义而言，于19世纪表现得最为淋漓尽致。其时，欧洲处于殖民时代，经济扩张，人口急剧增长，新兴民族国家不断崛起，其都城作为凝聚横跨各大陆殖民帝国国力之理想政治形态，不仅在国内而且在国际上亦扮演了极其重要之角色。在此，我们可以以一系列重要参数来说明此一时代独一无二之特征。19世纪前，欧洲大部分疆域均被分割为众多幅员有限之小国或公国，其都城作为一国君主之居住地，几无战略意义，且常常落伍于以商贸、大学或金融为其支柱之其他城市。彼时整个日耳曼区域，意大利之大部即是如此形态，而在中欧及东欧，恰恰是那些作为横跨诸洲之帝国之外围都市，如维也纳或伊斯坦布尔，却在深刻地影响着未来将诞生之民族国家。即使是那些老牌欧洲王国，其都城亦远未达到中央集权所企望之水平：巴黎尚需与凡尔赛分享其作为政治中心之角色，伦敦在人文科学与教育机构的设置方面受到爱丁堡、剑桥、牛津诸城市挑战，而西班牙首都马德里，即便从欧洲角度而言，也只是一个在19世纪前仅拥有20万人口小城市而已。[①] 因此我们将在第一部分里尝试理解促使欧洲新兴城市崛起并迅速扩张以及出现以往都城未曾有过之繁荣景象之历史缘故。在第二部分里我们将考察欧洲19世纪这些具有标志性意义之都城就其整体而言所具有之特性以及共同之功能。在第三部分我们将研究其发展变化对于都城居民所产生之社会学意义上的影响、文化意义上之影响及象征

① V. Pinto Crespo主编，《马德里：1850至1939年间都城之历史地图与沿革》，Madrid，Lunwerg，2001，第398页。

意义上之影响，以及对于欧洲民族国家间关系之影响。

. 第一部分：都市之世纪

欧洲都城于19世纪之崛起既有其普遍意义上之缘由，亦因其各自在国内国际政治上独特地位之个别因素使然，因之每个都市的扩张进程皆各具特色。最为明显的特征即是欧洲整体城市化进程之加速。此一过程实际上自西向东发展，由英法两国东渐至德国与中欧诸国，随即延伸至北欧与南欧。在此之前，除伦敦、巴黎和那不勒斯以外，欧洲不少国家之都城皆非大城市，在一些国家如德国，君主居住之城市规模有时甚至远不及其国内诸多并不具备政治功能之港口城市或商贾云集之城市。直至19世纪人口密集的大都市才渐次成为一国乃至跨国政治控制之中心。这显然是一种合乎逻辑之发展。

至18世纪末，巴黎、伦敦和那不勒斯即已经成为各自国家的最大城市，而且也是其政治经济与文化之首都。19世纪期间，欧洲其他国家之都城始向其看齐。比如柏林原为小国普鲁士王国之都，仅用50年的时间即一跃而成为欧陆第三大都市并紧紧控制着于1871年实现全境统一、国土面积几与法国相当之德意志帝国。马德里原是菲利普二世于16世纪始建之都城，至1910年便发展成拥有60万人口，并不逊色于欧洲其他国家都市之大都市。除行政管理中心之政治功能外，它还集中了印刷、出版、大学教育、银行、工业制造等行业。意大利于1870年实现统一之时，罗马只是一个外省小城而已，因其拒绝与19世纪时代变革之梵蒂冈教廷的密切联系而显得十分落后。在晋升为意大利国王的皮埃蒙特王国君主艾曼努尔的推动下，罗马才结束了长期沉睡的状态。自此，罗马人口迅速增长，远非昔日天主教都城可比。罗马作为新兴都城崛起之同时，意大利其他大城市如佛罗伦萨、都灵、那不勒斯和米兰依然保持其经济文化中心的传统优势。①

此一欧洲都城的迅速扩张与其现代化进程之加速在欧洲边缘地带亦可看

---

① V. Vidotto，《罗马历史：自古及今》，Bari，Laterza，2002，第137—156页；I. Insolera，《意大利新兴城市》。罗马。Bari，Laterza，1981，第370页.

出。匈牙利于19世纪初叶尚为奥匈帝国之属国,布达、奥布达与佩斯原为多瑙河两岸三座相互间隔的城市,然而到1873年,三城即合并为一座都市。1867年《谅解备忘录》达成之后,匈牙利几乎成为自治国家,其都城布达佩斯迅速进入扩张期。[①] 一方面布达佩斯将大部分匈牙利现代行政管理功能与三分之一工业设施纳入其中,另一方面又不断向东扩展其城市边界。[②] 即使是新兴巴尔干国家,其都城亦将所应有之功能一并纳入囊中。因此,索菲亚、布加勒斯特、贝尔格莱德于19世纪初叶尚处于现代城市萌芽阶段时即已拥有大学、剧院和博物馆。在斯堪的纳维亚诸国与俄罗斯,其都城在数十年间亦发展成为大型都市,故其近现代特征较为明显。这些都城不仅掌握一国之政治权力,拱卫王室宫殿,而且拥有现代经济产业。它们不仅在文学艺术,而且在政治科学方面亦凸显出初生牛犊与虎虎生气之前卫特征。因此,圣彼得堡在1890年前后随着资本主义之腾飞不仅郊区迅速拓展为工业重镇,而且该城本身亦变成政治反对派云集之大本营。[③]

表一　欧洲主要都城人口增长态势

	1800年代	1850年代	1870年代	1910年代	占全国人口之百分比
伦敦(英国)	948000	2.236百万	3.2百万	4.5百万	11.2
巴黎(法国)	5500000	1053000	1.8百万	2.8百万	7.1
维也纳(奥地利)	247000	431000	833000	2031000	7.1
柏林(德国)	172000	437000	825000	2071000	3.2
圣彼得堡(俄罗斯)	220000	524000	696000	1900000	1.1
布达佩斯(匈牙利)	50000	161000	300000	880000	4.4

① J. Lukacs,《1900年之布达佩斯》,Paris, Quai Voltaire,第199页.

② C. Horel,《布达佩斯之历史》,Paris, Fayard, 1999,第169页。

③ E. Bérard,《圣彼得堡与莫斯科:文化之都或精神之都?多重象征体系中的俄罗斯君主专制政体》,见C. Charle与D. Roche(主编):《文化都城与象征之都城:十八世纪至二十世纪巴黎与欧洲都城之实践》,Paris,索邦大学出版社,2002,详见第117页;参见W. Berelowitch与O. Medvekova主编:《圣彼得堡之历史》,Paris, Fayard, 1996,第350—359页;亦可参见E. Bérard主编:《1900至1935年之圣彼得堡:俄罗斯打开之一扇窗户》,Paris,人文科学之家出版社,2000,详见第119—123页及第149—154页。

续　表

	1800 年代	1850 年代	1870 年代	1910 年代	占全国人口之百分比
马德里(西班牙)	168000	281000	332000	615000	3.2
阿姆斯特丹(荷兰)	217000	225000	264000	574000	9.8
里斯本(葡萄牙)	195000	240000	254000	435000	7.9
罗马(意大利)	153000	175000	214000	542000	1.5
布鲁塞尔(比利时)	66000	132000	177000	665000	10
斯德哥尔摩(瑞典)	76000	93000	136000	342000	6.2
雅典(希腊)	12000	30000	45000	167000	6.3

资料来源:1800—1850 年代:见 P. Bairoch, J. Batou, P. Chèvre:《800 至 1850 年欧洲城市人口增长状况》,Genève, Droz, 1988;其他年代:见 B. R. Mitchell:《1750 至 1970 年间欧洲历史统计数据》,Londres, Mac Millan, 1978;见 W. Berelowitch 与 O. Medvekova 合编:《圣彼得堡之历史》,前引版本第 259 与第 336 页;参见 Cyril Buffet:《柏林》,Paris, Fayard, 1993;参见 Jean-Paul Bled:《维也纳之历史》,Paris, Fayard, 1998;参见 Catherine Horel:《布达佩斯之历》,Paris, Fayard, 1999;参见 L. Chevalier:《十九世纪巴黎人口之构成》,Paris,法国大学出版社,1952;《国务活动家年鉴》,1912, Londres, Mac Millan, 1912。

这种迅速增长之原因在于为都城所特有之丰富多彩之活动吸引了社会各阶层人士,他们或从乡村,或从其他城市纷纷涌至首都,在此他们可以找到与普通城市无法比拟之就业与职业发展机会。常年或一年中大部分时间内身居都城之统治阶级由于其丰厚之收入与极尽奢华之生活方式促使一系列商业活动得以发展,如酒店业、旅馆业、时装业、艺术表演业、书店及出版业等,此外还有具有高附加值之特殊产品之加工制造业,如服装业、钻石珠宝业、车辆制造业、武器制造业等等,亦随之发展起来。他们还雇用大量的劳动者,如佣人、管家、厨师、马夫、随从、浣衣女工、家庭教师等,此不仅使其衣食无忧、生活闲逸,亦可标明其优渥之社会地位。由于模仿效应,资产阶级与中产阶级新成员不仅由于其身居商务活动与商品流通之中心而获益于工商业及金融业之扩张,而且自身也相应地再生产出对精致商品与优质服务之消费需求。一方面国家之扩张伴随着新兴民族国家之成长,另一方面古老国家与古老城市之快速发展要求雇用更多各种学历与能力之行政管理人才,要求拥有其他城市根本无法与其比肩之武装力量与警察宪兵队伍以确保其对城市之控制功能。

多样性之职业种类促使教育培训业务应运而生，导致小学、中学、专业技术学校与高等院校如雨后春笋般涌现。由于寄宿制出现，此类教育机构能够接纳来自偏远地区之年轻人。城市扩张最终还刺激了市政建设之发展，居住型楼房与经济活动型楼房之建筑导致成千上万工人涌入建筑与公共工程行业以及与之相关之工业，如采石业、木材加工业、建筑材料制造业、运输业等。由于靠近大众多样化消费市场，一些工业企业便选择距极具优势之中心城市最近之地设厂。此番工业化常与第二次工业革命之标志性产业联系在一起，如化学工业、电力、现代机械工业、食品加工业等，其特征为需要愈来愈多之资本投入，一如国家与城市市政当局亦需要愈来愈多之资金来投资新兴产业一样。这促使面向个人消费者之客户与准备向新兴工业进行投资或向公共基金进行投资之客户之新型储蓄信贷银行与商业银行迅速诞生与发展。伦敦、巴黎、维也纳、柏林、布达佩斯、圣彼得堡，还有马德里，甚至连罗马均变成金融之都并将 19 世纪初叶闻名于世之以传统大型银行与大宗贸易为支柱之大城市远抛其后。这些新型商业信贷银行总部矗立于都市之现代化林荫大道两旁，其美轮美奂之建筑及装饰象征其在国内与国际市场之金融实力，一如与之比邻而立之大型百货公司。在巴黎奥斯曼大道和意大利人大道上，不仅矗立着巴黎春天百货公司与拉法耶特百货公司，而且也矗立着里昂信贷银行与兴业银行总部。在里沃利大街，不仅有卢浮宫和诸家商店，还有拉莎玛丽丹百货公司以及市政厅百货公司。在马德里，大型商业银行均集中于拉卡拉德阿尔卡拉大街；在柏林波茨坦广场，陶恩庆大街两旁，大型百货公司之橱窗琳琅满目，如维特姆百货公司和卡德维百货公司。在布达佩斯，大型百货公司名为巴黎女郎，着实引人玩味。[①] 在维也纳，诸家大型百货公司分别位于老城市中心格拉本大街或者卡尔特纳大街一带及环城大道以外新建林荫大道一带，如玛丽亚赫菲尔大街两旁之格恩格罗斯百货商店，赫尔兹曼斯基百货商店与大作坊百货商店。[②]

毫无疑问，这一理想模式并未在欧洲各国都城遍地开花，然而在主要国家

---

① V. Pinto Crespo，《马德里》，Madrid，Lunwerg，2001，第 416 页；J. Lukacs，《1900 年的布达佩斯》，Paris，Quai Voltaire，第 85 页。

② J.-P. Bled，《维也纳之历史》，Paris，Fayard，1998，第 254—256 页。

首都和那些中央集权程度很高并最具经济活力之国家，此一模式却屡试不爽。就业结构在18世纪都城作为王室居住地时典型地向非生产性服务业倾斜，而19世纪就业结构在欧洲各国新型都市中开始找到平衡：生产性服务行业、手工业与技术含量较高之工业企业在就业结构中分量愈来愈重。由于都城中心地价成本不断增加之趋势使然，市中心经济活动愈来愈集中于高附加值产业与经济周期较短之行业，如金融、银行、服装、食品加工，及文化类稀缺产品制造业，如印刷厂、出版社、报刊、文艺演出等。而重工业由于污染程度较高或占地面积较大，或需要靠近现代交通工具，如火车、运河和港口之企业，均搬迁至郊区或大都市正式边界之外。如巴黎，它们分布在铁路沿线或运河沿岸或河流两岸之近郊或远郊，向北则有圣德尼；向东北有拉维莱特、沃贝维利耶；向东南有贝尔西、伊夫里；向西南则有比杨古，雷诺汽车即在那里设厂。[①]在伦敦，工业布局亦遵循相同原则，或向东港口码头区域一带或在泰晤士河南岸一带设厂。在布达佩斯，面粉厂、肉类屠宰场、大型铁路交通企业或大型军火工业均被排挤至最为边缘之第十区。[②]

至此，我们推理之依据似乎是人口扩张之自然趋势，如人口流动、经济发展、行政管理需求、生活文化需求等等，似与政府之意愿无关。诚然，管理欧洲诸都城之统治集团仅凭自身力量并无力左右都城扩张之发展方向，尽管历史上不乏由于一个国家之意愿甚至一个君主之意愿便造就一座人造都城之先例。在19世纪，政治领袖们仍在幻想控制与左右上述诸种普遍自然之发展趋势。然而，若将小国寡民时代之统治与控制手段加诸人口达数十万甚至数百万之大都会，则无异于痴人说梦。政治领导人与都城市政长官深知迅速扩张之城市将累积诸多管理层面上之问题与社会风险，这在城市生活用品供应方面出现困难时，在经济增长放缓导致大量人群失业时就更具危险。巴黎自法国大革命起直至巴黎公社（1830、1848、1870—1871）就一直以频繁发生之动乱与暴动著称于世。伦敦历史上政治动荡与社会风潮也常此起彼伏，19世纪上半叶之宪章运动

---

① J. Bastié,《巴黎郊区的扩张》，Paris，法国大学出版社，1964； A. Faure（主编），《第一代城郊市民》，Paris，Créaphis，1990。

② J. Lukacs,《1900年的布达佩斯》Paris，Quai Voltaire，第93—94页。

与1880年末之社会运动。[1] 1848年前后柏林、维也纳、布拉格、布达佩斯、罗马和米兰先后爆发革命，其中既有成功者，亦有功亏一篑者。还有1905年圣彼得堡之革命等等，这一系列革命均爆发于理论上都是最高权力所在地之中心都市，又都在不断提醒政治领袖们其政治权力是如此之不堪一击。因此，政治领袖们在不同时期制定雄心勃勃之城市建设规划时通常基于以下双重考虑：一方面，既要保持旧体制下城市规划之连续性，以展现作为辉煌历史与经济实力之象征之大都市风采，另一方面又要应对由于大量人口之聚集对中央政权形成之威胁。

此类城市规划之策略突出体现于1840年至1880年间，而此一阶段恰恰是大都市人口压力、社会压力与政治压力因都市扩张过快而达至顶点之际。自1862年起伦敦开始兴建铁路网和城市网，通过拆除一批危旧房屋，通过大规模城郊建设，终于减轻了人口压力，降低了人口密度。[2] 在巴黎，拿破仑三世及其巴黎行政总署署长奥斯曼决定自1852年起对巴黎进行大规模市政建设与改造，并于1860年将近郊纳入都城范围，以此减缓中心街区之人口压力。而在19世纪上半叶，恰恰是此类中心街区构成了城市暴动与流行疾病之温床。在柏林，都城扩展至1861年划定之城墙之外，时至1868年，则干脆拆除了城墙。[3] 维也纳自1858年至1875年将都城四周之城堡推平，利用由此而腾出之空地新建环城大道，并在其两侧实施大规模市政建设。1870年罗马围绕中央火车站一带与梵蒂冈以北一带兴建新城区。马德里则修建了一些通衢大道，在老城区四周通过对天主教会街区之改建，兴建了一批公共建筑，由此使欧洲主要都城之发展模式在西班牙开花结果。同样，雅典、布加勒斯特、布达佩斯都在19世纪末借鉴奥斯曼市政建设规划之思路进行大规模市政建设与改造，并修建了一批环形通道将新建城区加以连接。在此一阶段，欧洲各国之都城亦加速兴建了一批政治纪念性建筑和公共建筑，以便使这些都城具有国内政治之功能。

---

① F. Sheppard,《伦敦之历史,[7]1808—1870年之伦敦：令人恐怖之扩张》, Londres, Secker & Warburg, 1971; G. Stedman Jones, Oxford, Clarendon Press, 1971.

② D. J. Olsen,《维多利亚时代伦敦之成长》, Londres, Batsford, 1976.

③ C. Buffet,《柏林之历史》, Paris, Fayard, 1993, 第215页。

旨在对人口流动和市政功能进行重新布局之市政建设规划政策，如将行政、商贸和金融中心配置于市中心，而将工业布局于郊区，根据社会阶层之区别建设各具特色之住宅，在郊区兴建别墅群等等影响深远，至今欧洲各大都城不仅依然保留此一政策之特征，而且这些政策特征导致的相对一致之建筑风格还获得了历史价值。然而彼时亦有诸多持传统观点之人士，对此种以行政手段实施城市规划建设之做法极为不满，因为此种做法导致人们强行拆毁诸如教堂、公馆及私人住宅之类古建筑，将整片风景如画之街区从地图上抹去，代之以千篇一律之新建街区以及仿古伪艺术建筑，用以充作教堂或公共建筑。

维也纳之环城大道两旁新建城区将此种伪古典主义建筑风格推向了顶点。19 世纪奥地利建筑师一方面对本民族起源之历史深感自卑，另一方面又向往现代主义艺术，因而在都城建设过程中很自然地选择了仿古风格：议会大厦设计形式为古希腊神殿，市政厅则选择了中世纪哥特式建筑风格，歌剧院、维也纳大学和艺术史博物馆采用了文艺复兴时代建筑形式，而市政厅大剧院却体现巴洛克之建筑艺术风格。① 其他国家之都城建设则未如维也纳那般大刀阔斧，然而艺术建筑亦多自古典艺术汲取灵感，如 1902 年于布达佩斯落成之议会大厦，坐落于多瑙河畔，为新哥特式建筑，完全模仿伦敦沿泰晤士河修建之议会大厦；② 而雅典与赫尔辛基之市中心街区建设，则选择了新古典主义风格；1861 年由拿破仑三世奠基兴建，于 1875 年建成之巴黎歌剧院亦不能例外。此艺术建筑由夏尔勒·卡尼埃(Carles Carnier)设计，在极尽奢华之巴洛克主体艺术风格中融入了多种其他艺术风格，使此一上流社会高级娱乐场所名副其实。

如今，这诸多因时间之作用而带有古典青铜锈迹之建筑常令今人匪夷所思，一方面因其极尽奢华之色彩炫耀，另一方面亦因其年岁远不如真正古代建

---

① C. Schorske,《世纪末之维也纳》，Paris, Le Seuil 出版社，1983 年，以及《维也纳及其他都市》，Paris, Fayard 出版社，2000 年，第七章；M. Steinhauser,《德国十九世纪戏剧及城市戏剧化发展：公共剧场之案例》，见 C. Charle 与 D. Roche 主编，《文化之都，象征之都》，Paris，索邦大学出版社，第 205—206 页。

② John Lukacs,《1900 年的布达佩斯》，Paris, Quai Voltaire，第 76 页。

筑之长久。然而这亦不应使我们忽略非常重要之一点，即令居民能够享受到现代化都市真正舒适生活之质量的各种不易为人所察觉的设施。须知于19世纪初叶，绝大部分欧洲之都城并不拥有此等设施：如人行道；如定期清洗与重新铺设沥青之路面；如雨水排放系统；如愈来愈完善之城市下水道系统不仅能够排放各种污水，甚至包括居民私人住宅之生活用水；如公共道路与场所之照明系统，其早期采用煤气照明，后改用电灯，愈发卓有成效；再如城市多样性之街道标识系统：招贴、街道名称、门牌号码、报亭；供行人休息设施，如长凳以及供人们在休闲出行时刻享受之公园、广场、火车站、豪华宾馆；便捷交通工具，如公共汽车、有轨电车以及大都市常见之地铁等等，此等设施已经愈来愈惠及普通民众。这些现代城市所具有之特征，尤其是将经济实力展现于作为一国橱窗之都城的做法，至19世纪下半叶已成普遍之现象。各国以及各都市领导人皆以城市规划建设之规模作为社会进步之标志以展示其卓越的城市管理模式，故而每一项市政建设之统计数据皆不断被刷新改写，如公共汽车开通之线路条数、地下污水排泄系统之公里数、天然气照明灯之盏数、自来水消费之立方米数、公共广场喷泉之数目、消防装置之数目、医院诊所之覆盖密度、邮局之数目、贫民救济所之多少，还有屠宰场、公共市场、墓地、火车站之数量、以及警力之人数、监狱数量。

尽管都城以一国之橱窗而领先于其他城市，然而社会之不平等，亦在此充分表现出来，此亦为19世纪欧洲各国社会之共同特征。如不同街区之居民，其待遇亦不相同。第一批安装服务设施且设施质量最佳之街区为领导阶层居住之街区。自巴黎至伦敦，自柏林至维也纳，市中心及条件最优渥之住宅区无一不在都市西区，不仅各种服务设施齐全，而且全无19世纪各国都城普通居民之诸种困扰。尤其是，在众多城市中，诸种服务设施皆由私营企业经营，故此，企业家深知应当优先向那些具有支付与清偿能力之居民所居住之街区提供煤气及电力，深知如何才能收回一条公共交通线路之投资，深知向哪些阶层优先供水以满足其健康卫生之需求。即使是在市政当局与国家以国有化之方式收回市政服务设施管理权之后，欧洲绝大部分都城服务设施管理之非民主化特征使利益攸关之领导阶层与特权阶层得以继续将城市服务设施建设首先朝着满足其居住空间需求之方向发展。

巴黎在阿尔方推动下于第二帝国时期开始城市绿化空间建设，西部街区有布劳涅森林，北部有朔梦山公园，东部有文森森林，南部则有幼鼠山公园。初看时，此绿化空间似乎平等分布于城区各部分，然而细看却会发现，原来各地绿化面积之分配显然向富裕街区倾斜。富裕街区不仅拥有八区之蒙梭公园，八区之香榭丽舍花园，七区之战神广场花园，更拥有毗邻十六区之布劳涅森林。柏林与之相同，其梯耶公园便是大资产者居住街区最佳之休闲场所，此后市政当局亦将柏林西部开辟出格鲁恩瓦尔德森林，随后还建起海水浴疗养胜地，通过铁路系统使之与柏林市中心连接起来。直至后来市政当局始在普鲁士首都柏林之南部与西南部为平民街区开辟出两座公园，分别为哈森海德公园与特雷普多夫公园。英国首都伦敦西区亦拥有数座大型公园，如占地 37 公顷之圣詹姆士公园，占地 147 公顷之海德公园，占地 190 公顷之摄政王公园以及占地 111 公顷之肯欣顿花园。[①] 然而伦敦工业重镇与港口区域之东区却为市政当局所忽略：占地 87 公顷，为分别麇集在贝斯那格林、哈克奈与泡普拉三座小镇之平民服务之维多利亚公园直至 1887 年始建成并对公众开放。[②] 维也纳之居民则近可以前往环城路附近之大众公园休闲，或去拥有各种娱乐设施之普拉特公园，远则可以前往拥有诸多露天小酒馆之乡间小镇，或去遍布郊外四周之维也纳森林里远足。布达佩斯居民散步休闲之场所位于安德拉斯大道尽头之新城公园，而马德里居民则可以在炎炎夏日在莱迪罗公园之树荫下纳凉。[③] 19 世纪末，几乎欧洲所有国家之首都皆效仿伦敦之模式，在郊区建起一座座颇有乡村田园风味、遍布别墅及高级住宅之花园城市，以安置企盼远离现代都市污染及噪音之有产阶级人士，因为现代都市之有轨电车及私人汽车不仅陡增城市噪音，而且大大提高了城区空气污染之程度。

---

① 伦敦市议会，伦敦统计数据，第 16 卷，1905—1906 年，第 150—153 页：1 英亩等于 4046 平方米，若换算为公顷数，只需将数字大约除以二，及分别为 46 公顷，170 公顷，240 公顷，135 公顷与 105 公顷。

② 伦敦统计数据，同上，第 152 页。

③ 此公园四周环绕有高档别墅街区，一如沿布劳涅森林而建之巴黎近郊集中了高级别墅住宅之纳伊市（J. Lukacs，《1900 年的布达佩斯》，Paris，Quai Voltaire 第 69 页）。

第二部分：作为国内城市之欧洲都城

19世纪欧洲都市之扩张，其设施之齐全、其城市空间之合理布局使各都市之风景呈趋同之势，尽管每座城市皆原有其自身独特之历史。这使我们得以描述一幅欧洲都城之整体图像。其共同特征之一为：除都市规模之大足以令人迷路之外，即使在权力中心所在地四周之某些街区也呈现出专业化倾向。此不足为奇，因为自18世纪起，在欧洲最古老之都城中心，即已形成每一波市政建设之内核：国王与宫廷之宫殿，为治国所必需之行政管理机构之建筑群，以及为王室提供各种服务之人员之寓所。如伦敦之威斯敏斯特与议会两院，巴黎之圣日耳曼大道与杜伊勒里王宫，柏林位于威廉大道之国王城堡及位于弗雷德里希大道之政府各部门，维也纳之市政厅[①]，圣彼得堡位于涅瓦河畔之冬宫与政府部门所在地，及马德里之王宫，莫不如此。[②] 对都城之改造不仅从未抹去这种明显的旧王朝内核具有的功能性特征，反而将此加以突出表现，如在巴黎，里沃丽大街之开通，杜伊勒里王宫附近的平民街区之拆除，卢浮宫未完成之侧殿的落成以迁入财政部，均使拿破仑三世皇帝威风有增无减，并使皇宫与城区拉开距离。在维也纳，环城大道之修建亦使往日淹没于老城要塞城堡之间之政府公共建筑大放异彩。伦敦摄政王大道之开通使得昔日颇显拥挤之上流社会街区更显宽敞。在马德里19世纪末建成之各部大楼由于两侧之通衢大道而倍显风光。[③] 随着19世纪国家之重要性日益彰显，欧洲各都城新建之政府办公大楼在旧体制权力中心附近不断占据新建空间，因此逐渐形成国家行政管理中心街区。其时欧洲及世界上新兴民族国家纷纷崛起，故而都城亦促成使馆区之诞生，各国使馆通过不断渗透作用逐渐占据与权力中心相邻之最富丽街区。

至此都城依然遵循传统模式发展。而19世纪独特之处，乃是将都市空间以及都市中某些具象征意义的空间演变成具有综合意义的符号系统这一政治

---

① J.-P. Bled, Paris, Fayard, 1998，第194—219页

② W. Berelowitch与O. Medvedkova主编，《圣彼得堡之历史》，Paris, Fayard, 1996，第261与306页。

③ V. Pinto Crespo，《国都马德里：十九世纪救助机构，科研机构与文化机构》，见C. Charle与D. Roche主编，《文化之都，象征之都》，Paris，索邦大学出版社，第271—285页。

意愿。此一符号系统不复仅仅为君主之表征，因为随着时代进步，君主须与其他权力部门如议会分享其原有权力；其亦非仅作为行政管理中心的都城之表征，而是作为整个民族国家空间之表征。事实上，人群在地区层面上、国家层面上及国际层面上愈来愈快速及愈来愈大规模之流动，使都城演变为各种社会群体因政治、经济、文化教育甚至休闲的原因前往之会合点。今日已成大众消费产品的旅游指南即在所欲造访的空间上简明扼要地以某些深具象征意义场所概括一国之历史，阐明一日的游客或经常逗留之专业人士必须访谒之原因。由一条河流或一条中心轴线穿越的都城往往能够将具有国家历史象征意义之纪念场所集中于其两岸或附近，有利于设计出一条既体现历史纵深感又有市政建设发展恢宏前景的旅游观光必由之路，并由该河流似镜像一般折射出来。如伦敦之白金汉宫、议会大厦、安葬有英国名流之威斯敏斯特大教堂、特拉法加广场、纳尔逊纪念柱、圣保罗大教堂和伦敦塔这样一条路线便能使观光客通过走马观花般的游览对英国历史有一个大致了解。再如巴黎，东西向轴线与塞纳河平行，从法国大革命之发源地巴士底广场出发直至向拿破仑及其大军致敬之凯旋门广场，途中经过法国革命时期人民政权所在地之市政厅、大法院、卢浮宫与法国君主的杜伊勒里王宫，由象征各行省之女神之雕塑簇拥着并集中表现了法兰西民族空间的协和广场，与之形成对称关系，坐落于塞纳河对岸之前的波旁王宫，现今的国民议会大厦。此一中轴线亦重现了法国历史特别是法国革命历史之重大事件。在柏林，椴树林荫大道上，自勃兰登堡起直至王宫，途中经由柏林大学、国家图书馆、歌剧院、新卫队所在地以及天主教大教堂，此一观光线路使人重温普鲁士形成之历史；同时，在博物馆岛文化中心落成后，人们不仅可以重温整个德意志文化，还可以欣赏到自古代德意志直至 19 世纪德国统一后此文明国家所收藏并向公众开放的艺术珍品。[①]

而在罗马，都市空间在展示全民族空间的功能方面显得步履维艰。原因如下：罗马的空间早已布满了诸如罗马废墟与公众会议广场一类数量惊人的罗马

① Th. W. Gaehtgens，《柏林之博物馆之岛》，见《艺术无疆界，巴黎与柏林之艺术联系》，Paris，袖珍版，1999，第 45—97 页。

帝国历史纪念建筑，而且还有自中世纪及文艺复兴以来由教廷在罗马建设之数不胜数之历史与艺术建筑，如罗马圣彼得大教堂、天使堡及无数教堂。来自远方皮埃蒙特地区的意大利新任国王由于与教皇龃龉不和，试图使意大利人民淡忘教廷之影响并以世俗眼光重新审视意大利民族历史与民族命运。其领导下新建之庞大的维克多·艾曼努尔纪念建筑，不仅用于纪念19世纪意大利全境之统一，而且用于强调萨瓦王朝在统一过程中之巨大作用。然而如此恢宏之建筑仍无法与圣彼得大教堂以及数百座天主教堂匹敌，因为后者依旧每年吸引来自意大利与欧洲数十万天主教朝圣者。[①]

新兴民族国家的都城试图模仿其前辈，亦广为兴建象征其民族文化特性之纪念性建筑。然而对一地域空间的眷恋及对集体记忆的认同，难以一蹴而就，需时间春风化雨，需循循善诱，需一定的机缘以使民众情绪升华并自发凝聚于纪念性建筑周围。仅有政治家改天换地的热情不足以成其事。如在巴黎，第三共和国就曾遇到1870年意大利王国所面临之相同问题。公共空间已经遍布由法兰西王朝与法兰西帝国留下的纪念性建筑，而第二共和国政治家们所继承之法国大革命，仅留下一座可供持久纪念的巴士底广场。该广场空空荡荡，中央仅有一装饰性铜柱，1830年由路易·菲利普王朝所建，而该王朝于1848年亦被推翻，由此而诞生第二共和国。虽然1885年6月1日民族诗人维克多·雨果的国葬旨在向共和体制预言家致敬并重新赋予先贤祠以纪念法兰西伟人的世俗性与革命性功能，虽然参加葬礼人数有百万之众，然而第三共和国仍未能够将这座于18世纪所建造的地理位置象征性地偏离都城中心的新古典主义大教堂成功地演变为支持共和国体制之强有力阵地。[②] 由七月王朝修建之荣军院拿破仑陵墓，作为纪念法兰西民族荣耀之圣地，一如既往地吸引着参观之人群，其人数远超参观原来由路易十五专为巴黎守护女神圣热纳维也芙所建大教堂之人数。

1871年统一后之德国同样无法认同前述存在于普鲁士王朝的首都柏林的纪念性建筑。由于德意志帝国的联邦性质，德国统一前诸多小王朝的都城继续作为

---

① C. Brice，《罗马政治与公共建筑物：维克多埃玛努埃尔》，Rome，罗马法兰西学院，1998年。

② M. Ozouf，"先贤祠"，见 P. Nora（主编）：《记忆之地 I. 共和国》，Paris，Gallimard，1984年，第139—166页。

地方权力中心而存在下去。它们依旧保留着象征德国各地区文化特色之空间。如美茵河畔的法兰克福城市之圣保罗大教堂，此地曾是指定为神圣罗马帝国皇帝的教堂，亦是1848年首届德国全国议会举行之地；如多亏19世纪德国全国认购债券才得以最终建成的科隆大教堂；如慕尼黑的王宫及其周围城区；如德累斯顿萨克森王朝的王宫及城堡；再如汉堡、不来梅、吕贝克、但泽等诸重镇之市政厅及巨大港口设施，还有诸多位于小城镇或位于市镇之外之历史胜地。[①] 因此，毋宁说那些遍布德国的地方性象征性纪念建筑，由人民自发捐助建造起来的新纪念建筑，却比柏林所拥有的纪念性建筑物更能够体现德国之民族精神，如俾斯麦纪念柱以及第二帝国末期人们于俾斯麦逝世后大量建造之纪念性雕塑。[②]

19世纪欧洲各国公民虽然对历史对民族充满自豪感，然而他们在其都城亦希望能够寻觅到历史记忆与爱国情怀以外的东西。官方仪式虽然调节着都城生活节奏，然而各国仪式都不相同，故难以令本地居民或外地游客感到满足。真正令都城居民或外地游客心向往者，乃是新出现的社会交往空间：娱乐场所、教育文化设施。而欧洲大都市因其规模巨大，因其资源丰厚，既有国家支持又有富裕阶层居民赞助，因而能够将丰富多彩之文艺活动与休闲活动令其他城市无可比拟地高度集中于都城。自18世纪始，伦敦与巴黎即已因其丰富多彩的社会活动，因其遍地林立的咖啡馆、饭店酒吧、职业俱乐部、民间协会社团、各种科学院、门类繁多的科研学术组织、读书俱乐部与剧院等所营造的巨大社交空间而蜚声欧洲诸国。因此巴黎市中心王宫一带街区在19世纪初叶因其咖啡馆、时装店、读书俱乐部、报馆而享有盛名。伦敦舰队街与报馆林立的街区，集中了形形色色俱乐部与剧院等，政治文化精英从事社交活动的西部街区亦同样令人向往。巴黎北部街区的通衢大道既是休闲散步场所亦是娱乐活动集中之地，很快就取代王宫街区而成翘楚。那里云集了大大小小的剧院，大型咖啡馆与引领时尚潮流的餐馆。不仅街道皆有煤气灯照明，街道两旁排满奢侈品商

---

① 参见 E. François 与 H. Schulze（合编），《Deutsche 德国 Erinnerungsorte》，Munich，Beck，2001—2003，3卷本。

② S. Kott，《俾斯麦》，Paris，政治科学出版社，2003，第2与第3章；G. Mosse，《对大众实行之国有化策略》，New York，Howard Fertig 出版社，1975。

店，还远离城市之喧嚣与纷扰。在城市边缘亦有一些专为过路客提供性服务的场所如妓院；也有一些娱乐设施如小酒吧、音乐厅、赌场、马戏团、游乐园、可供跳舞的小咖啡馆等，不一而足。此类特殊社交场所及街区应运而生，实在是得益于旧城市之大规模扩张，城市中大量有闲阶层人士或途经此地的外埠客商随时均可找到令其满意的消磨时光方式。随着其他国家都城日渐以伦敦巴黎为楷模，类似街区专业化分工之现象亦一一出现。如维也纳的报馆街区，某些以咖啡馆和剧院为中心的街区；在柏林弗雷德里希大街附近，不仅有一座大型火车站，更有剧院、宾馆、酒店或咖啡馆；在马德里一些街区亦集中了一批歌舞剧院等文艺表演场所。①

表二　巴黎、柏林、布达佩斯、伦敦、马德里、罗马、维也纳剧院数量之发展

剧院	1850	1874	1880	1891	1900	1910	1913
巴黎	21	40	26	33	36	47	46
柏林	?	10	13	20	22	30	38
布达佩斯	?	?	?	8	10	10	?
伦敦	22	25 (1866)	?	?	38(市内) 23 郊区	?	42 + 9
马德里	8	13	?	?	22	35	?
罗马	4	?	?	?	?	8 + ?	?
维也纳	?	6	10	10	10	16	17

资料来源：布达佩斯：《布达佩斯市统计年鉴》；马德里：Virgilio Pinto Crespo（主编），《马德里剧院之历史地图集 1850—1939》，Madrid，Lunwerg，2001，第 342—349 页；佛罗伦萨，那不勒斯，罗马：Carlotta Sorba，《剧院与意大利戏剧 nell' età del Risorgimento》，Bologne，Il Mulino，2000，第 269 页；伦敦：Allardyce Nicoll，A《19 世纪下半叶戏剧史 1850—1900》，Cambridge，剑桥大学出版社，1962 年再版，卷 5，第 28—29 页；《伦敦统计年鉴 1904/05》，et 1912/13，第 264 页；巴黎，柏林，维也纳：C. Charle，《1860—1914 年间巴黎，柏林及维也纳之剧院及其观众》，见 C. Charle 与 D. Roche（主编），《文化之都，象征之都，18 世纪至 20 世纪之巴黎与欧洲之实验》，Paris，索邦出版社，2002，第 404 页。

---

① 有关巴黎，柏林与维也纳之剧院云集之街区，请参考 C. Charle，《都城之剧院，1860 至 1914 年间巴黎，柏林，伦敦与维也纳表演团体之诞生》，Paris，Albin Michel，2008，第 1 与第 7 章。关于小酒吧与新型演出形式，请参见 P. Jelavich，《柏林小酒店》，Cambridge(Mass.)，哈佛大学出版社，1997；Vanessa R. Schwartz，《戏剧化之现实，世纪末巴黎早期之大众文化》，伯克莱加州大学出版社，1998；关于马德里，请参见 V. Pinto Crespo，马德里，Madrid，Lunwerg，2001 第 342—349 页；《关于集中与太阳之子广场的咖啡馆》，参见该书第 363—366 页。

第三部分：都城与国家特征

都城由于其特殊地位而将其市区功能进行专业化分工之做法，使其反过来与欧洲其他国家之都城形成竞争关系，而不复与本国其他城市构成如此关系，一如其都城地位及规模未定之时那样。旅游指南、游记、报刊报道、雕塑及绘画作品、小摆设饰件等旅游纪念品等早已使各国都城之一般形象传遍他国，人们不免会时时对古老都城与新兴都城，对欧洲中心都城与其边缘都城品头论足，较其短长。传统上以地理气候条件分析而推导各民族性格特征，此时取而代之的是以 19 世纪盛行的大众文学艺术作品，诸如戏剧作品、悲喜剧、小说、游记、报刊文章、流行歌曲、轻歌剧、讽刺作品及漫画等推导各国都城居民的性格特征。诸如此类之文学艺术作品不仅突出了各都城之间之差异，亦进一步确认了都城之于其他城市之优越地位。巴尔扎克在其《人间喜剧》中，便将巴黎生活场景与外省生活场景对立起来；欧仁苏于 1842 至 1843 年间写下了《巴黎之秘密》；翌年即有保罗费瓦之《伦敦之秘密》问世；而德国人奥古斯特・布拉斯亦步亦趋，写下了《柏林之秘密》。① 斯克里布所写的喜剧闻名全欧，梅因哈克与哈乐维在奥芬巴赫合作下创作出蜚声世界之轻歌剧《巴黎人之生活》。遑论成百上千的穷酸文人或蹩脚记者乐此不疲地炮制出逸闻趣事或八卦作品。这一切均奠定了久久镌刻在欧洲人想象中有关巴黎神话的坚实基础。统计数据表明，时至今日，这对于旅游促销效应仍不输当年。② 由于巴黎亦为全欧数千文人艺术家所钟情，故巴黎神话之视觉艺术形象与文学形象变得天下独步。其中既有海涅以法德两种文字发表的《巴黎遗事》，亦有因爱慕法国文化而在塞纳河畔勾留过或因国内专制原因而在法国避难过的英国、俄罗斯、德国、波兰、捷克、希腊及意大利文人雅士所撰的回忆录，皆为踵事增华之作。③

---

① C. Buffet, Paris, Fayard, 1993，第 209 页：August Brass（1818 - 1876），《柏林之秘密》，Berlin, Reichardt, 1844; Sir Francis Trolopp 笔名.（真名为 Paul Féval.），《伦敦之秘密》，Paris, 1844，11 卷。

② Cf. C. Hancock，《十九世纪游记与旅游指南中之巴黎与伦敦形象》，Paris，国家科研中心出版社，2003; D. Oster 与 J. Goulemot 合著，《巴黎之生活：十九世纪巴黎风情概览》，Paris, Sand, Conti, 1989 年。

③ C. Charle，《十九世纪欧洲知识分子》(1996)，第二版，Paris, Le Seuil 出版社，2001 年。

伦敦亦是赋予画家与文学家及专栏作家诸多灵感之都市，然而其形象与其居民之形象却有些许模糊与不定之处，此是因为其城市各街区及其特有之文化于空间上之分界不甚明显，如伦敦东区、伦敦西区、伦敦金融中心街区、南部及北部郊区以及港口地区等等。剧作家奥斯卡·王尔德与萧伯纳笔下所展现的伦敦上流社会、与小说家狄更斯笔下的伦敦底层社会、与社会学家梅赫与布斯通过社会调查所展示的社会现实、与轰动当时杰克系列凶杀案以及侦探小说家福尔摩斯所描绘的状况之间，究竟有何共同之处？[①] 1907年白德克出版之《伦敦导游指南》开门见山地指出了难以综合表述之多样性：

> 五十年中伦敦人口几乎增长了一倍，新建道路之总长度约有两千英里。居住于伦敦之苏格兰人数多于爱丁堡，爱尔兰人数多于都柏林，以色列人数多于巴勒斯坦，伦敦之天主教徒人数多于罗马。每年仅行政管理费即需1470万英镑，而1903年之债务即高达5850万英镑。对一个即使是永不知疲倦的游人而言，若想走马观花地了解一下伦敦及其周边郊区情况，两周即足矣。若能合理分配时间，其效果将更佳。[②]

柏林展示给外人的形象亦具双重特征。作为普鲁士王朝都城，柏林刻板而守旧；作为统一的德国首都，柏林则是美国式新兴工业化城市；在文化创新上已经具备向历史更为悠久的慕尼黑与德累斯顿挑战的实力。柏林开始聚集大批艺术家，新建了一批剧院，出现了为数众多之出版商与收藏家，以及如雨后春笋般的艺术画廊：

> 呜呼！约莫三十年前柏林城了无生气。条条街道皆不相同，座座房屋

① Ph. Chassaigne,《1840至1914年：维多利亚时代英国城市暴力犯罪与社会阶层之对立冲突问题》，Paris，索邦大学出版社，2004年；R. Marx，《剖腹杀人累犯杰克与维多利亚时代之暴力犯罪倾向》(*Jack l'éventreur et les fantasmes victorien*)，Bruxelles，Complexe出版社，1987年。

② K. Baedeker，《伦敦及其郊区，游客手册》，第11版，Leipzig，Baedeker出版社，Paris，Ollendorff出版社，1907年版，第56页。

参差不齐。任何一条公共道路都会令人想起被暴雨冲刷后干涸之河床。今日柏林的巨变如同沧海桑田。每座房屋皆凸显其与众不同之处;道路皆铺满石块或铺上沥青,其四通八达犹如棋盘。往日竟无一家大型百货商店,如今却商场林立,巴黎之卢浮宫商业中心与吉市商场在柏林维特姆商城中若隐若现。[①]

同样,我们不应忘记柏林东部及北部工业区内矗立的高大住宅楼群,配以同样比例之庭院与通道,用以安置数十万就业于纺织厂、钢铁厂、铁路运输企业与电力企业的工业无产者大军,此类新兴工业企业群,如伯希格公司、西门子公司、AEG 电器设备公司等巨头,均诞生于柏林传统市中心之边缘地带。[②]

此类都城之形象建设工程虽各有差异,亦于国外产生不同反响,然而其形象内涵仍不脱人们对各都城所代表的国家民族之传统成见之烙印,同时此类形象亦反映出各国政府建设、城市建设的勃勃雄心以及在国家形象问题上的激烈竞争态势。如法国与英国领袖争相举办世界博览会,实际上乃是将欧洲各国都城国际形象的竞争纳入了与期货交易市场相同的范畴。一方面,举办世博会具有欧洲都城之间实力竞争的性质,具有将拥有令人企羡的国际大都市地位的前景,另一方面,欧洲各国大部分精英阶层皆利用此一机会前往国际性大都市聚首。再者,此一机会亦促使每一举办世博会之都城得以改善其基础设施,提升其接待大型国际会展的能力。对于参观世博会人数的统计,对其国籍多样性的分析,对参展人数及企业数量的统计,对各参展国及各参展企业所获得的奖牌或奖金的数量之对比,对世博会期间临时性或永久性建筑的规模或出版物数量统计,均构成主办国举办世博会、弘扬民族文化特性的补充性理由,而且无论是主办国抑或是参展国均能通过世博会提高其国际知名度。1851 至 1870 年间,世博会主办权之竞争仅限于法英两国间决斗,自 1870 年始,便形成全欧范围内各国都城之间激烈角逐的态势。然而与各国都城相比,巴黎总是无可争辩地远

---

① V. Cambon,《德国劳工》,Paris, Pierre Roger 出版社,1909 年第 149 页。

② W. Ribbe 主编,《柏林之历史》,Munich, Beck 出版社 1987 年,卷 2,第 713—727 页。

远胜出，并先后主办了 1855 年、1867 年、1878 年、1889 年及 1900 年五届世博会，而伦敦仅先后主办过 1851 年及 1862 年两届世博会，布鲁塞尔亦紧随其后主办过 1897 年与 1910 年两届世博会，维也纳仅主办过 1873 年一届世博会，而柏林在 1900 年与巴黎竞争世博会主办权，结果惨遭失败，无缘主办此等盛事。南欧诸国都城则更因此而饮恨不已：1888 年充满勃勃生机之加泰卢尼亚地区首府巴塞罗那一举击败西班牙都城马德里，赢得世博会主办权；1906 年工业之都米兰在与意大利都城罗马竞争世博会主办权时胜出，使罗马蒙羞。[①] 奥匈帝国统治下的匈牙利都城布达佩斯尚不完全具备都城之地位，与 1896 年世博会主办权痛失交臂之后，只好通过举办一场大规模国内博览会来庆祝建城千年之禧并聊以自慰。此次博览会由奥匈帝国约瑟夫皇帝与伊丽莎白皇后亲临揭幕，云集了 600 万参观者，庶几与 1873 年维也纳世博会参观人数旗鼓相当。而维也纳当年主办世博会期间，股市狂泻，加之霍乱肆虐，可谓天不助也。[②]

因此，欧洲各国都城愈来愈演变为对国内与国际上开放的大都市，得益于交通运输网络及信息传播网络之完善，欧洲都城发展愈来愈快，因而诸种社会实践方式及语言之传播，诸社会阶层生活方式之流布亦愈来愈快。一方面，一个国家中具有多元种族的大都市里各阶层所使用的语言呈多样性，如维也纳与布达佩斯；另一方面，标新立异与趋时附势之生活模式各领风骚于一时，同时此种交替亦不断被展现在国际舞台上。在人口快速增长与社会生活方式多元化的特殊催化作用下，各种激进与保守势力的起落呈此起彼伏各不相让之态。

19 世纪上半叶文学创作与通俗戏剧的吸引力逐渐让位于民众对社会调查结果与城市统计数据的关注。自 1840 年始，此类数据使得民众能够更为深入地了解居住于超大型都城的大多数居民的平均期望寿命，并表明 19 世纪肆虐于各大都城的诸种社会痼疾尚未进入高峰期。遍布各地愈来愈完善的各级行政管理机构，愈来愈多的中产阶级与富裕阶级成员，都使建立财富再分配机制

---

① B. Schroeder-Gudehus 与 A. Rasmussen，《Les Fastes du Progrès 社会进步之盛典：1851 至 1992 年世界博览会指南》，Paris，Flammarion 出版社，1992 年，第 84 页。

② J. Lukacs，《1900 年的布达佩斯》，Paris，Quai Voltaire，第 106—108 页；J. Pemsel，《1873 年维也纳世界博览会，维也纳宪政体制之转折点》，Vienne，Cologne，Böhlau 出版社，1989 年。

以帮助贫困阶层纾困成为可能。失业者待业时间稍长时，政府便会启动一批公共工程项目。对贫困阶层的救助、慈善活动的组织扶持，孤儿院、救济所与医院集中兴建，对生活必需品实行课税制以防止农产品歉收时市场出现暴力抢夺现象发生，在都城率先实行公共卫生措施以预防疾病等等，这一切皆有助于建立一个公共安全系统，尽管此系统在都城社会周边其他地区尚付阙如。19 世纪末由于都城管理当局在卫生设施方面所作出之巨大投入，由于其市政建设政策更加注重所有社会阶层福利之提升，欧洲各都城皆大幅度改善了其基础设施，与其国内其他城市相比皆居遥遥领先之地位，并以此预示了 20 世纪中叶欧洲普遍建立的国家保障制度诞生。缘于此，伦敦平均人口死亡率从 1894 至 1903 年间的 19.2‰，降至 1904 年的 17.4‰。与此同时，利物浦人口死亡率降至 24.2‰，曼彻斯特为 23.8‰，伯明翰则为 21.4‰。同样，伦敦平均人口死亡率略低于巴黎的 17.4‰水平，亦低于柏林的 16.6‰，维也纳的 18.3‰，罗马的 18.7‰的水平。[①]

因此欧洲诸国都城在经历强盛并崛起过程之后，皆比国内其他城市更为出色地实现了全国乃至全民族之整合，不仅肩负起政治中心的重任，而且在文化与社会进步方面一跃而为首善之地，此一特征在欧洲现代化程度最高之国家有最充分的体现。

结论部分

在 1914 年第一次世界大战前夜，欧洲各国都城就其国内与国际影响力而言均已达到高峰。然而其主导作用在 20 世纪中由于地缘政治持久性变化而于两个方面受到削弱。根据 1919 年和平停战协定而诞生的新一代民族国家之都城因历史原因而废除了王政体制。维也纳在奥匈帝国于 1918 年分崩离析之后失去了对原有广袤地缘政治空间的控制权。而布达佩斯亦只能满足于成为代表原有国土 2/3 之残疾都城。[②] 1919 年柏林陷入内战，又于第二次世界大战中

---

① 《伦敦统计年鉴》，卷 16，1905 至 1906 年，第 34 页。

② J. Lukacs，《1900 年的布达佩斯》，Paris，Quai Voltaire，第 295 页。

被轰炸机夷为平地，且于1949年后沦为横亘于东西欧洲间之分界城市，1961年至1989年间柏林墙更象征着该城分裂为二的现实。即使是那些传统上拥有统治地位的老都城，如伦敦、巴黎与马德里等，亦饱经被围困、被轰炸之厄运，亦曾因20世纪这一悲惨世纪中屡见不鲜之内战而元气大伤。[①] 更为严重者，乃是这些都城在全球范围内曾经拥有首屈一指的地位，并目睹美洲与亚洲新兴大都市之崛起，如纽约、东京、墨西哥城、上海、北京与莫斯科等，并开始愈来愈间接地在经济、金融、地缘政治，甚至文化上与新兴都城形成依赖关系。20世纪下半叶因为西班牙、法国与英国中央政府不断向地区政府分权，地区的重要性日显，亦因为欧洲建设进程不可逆转，欧洲各国都城甚至发现其作为民族国家代表的合法性亦被减弱。欧洲统一之结果竟然使民众不无荒谬地对欧盟总部所在地布鲁塞尔、欧盟诸法院所在地卢森堡与欧洲议会所在地斯特拉斯堡形成认同关系。小国的都城终于向大国都城报了一箭之仇，如此沧海桑田之变亦为小国所始料不及。

（韦遨宇　译）

① 马德里于内战时期亦成为炮火纷飞之战场。1944年8月巴黎解放之时亦曾筑有街垒。

从人口统计数据看瑞士的国家空间表征

安娜-弗朗索瓦兹·普拉兹(Anne-Françoise Praz)/瑞士弗里堡大学

一、导言

从19世纪中叶开始,欧洲各国逐步建立了越来越复杂精密的程序,以获取有关人口的各项数据。由于现代国家被认为负有服务公众利益、追求更高效率之责,所以对它们而言,了解本国人口状况,就成了引导政治管理决策的不可或缺的工具。尽管直到18世纪末,人口统计都仅限于简单的人口数目清点,服务于不定时的、功利性的需求(掌握其治下有赋税义务或精壮健全、可征入伍的人丁数量,衡量国家财富总量——人口也是国家财富的组成部分),但19世纪的各国政府已不再满足于此。它们开始注意以结婚率、出生率和死亡率的波动为信息和预测的工具,从而掌握人口的动态发展。此外,随着旧制度下的贵族政权向更为民主的国家形式过渡,各国政府开始需要向其国民述职,证明其领导国家的能力。在这层意义上,有关人口波动的数据也是其治下之人民是否安居乐业、治国之策是否得当的指标:死亡率下降表明公共卫生措施行之有效,结婚率上升意味着国家拥有良好的经济和法律环境,使得年轻人可以建立家庭,维持生计。

各国政府所依赖的工具和概念,来自一门正在国际上蓬勃发展的新兴科学——人口统计学。特别是通过国际统计学大会,它已经逐步建立起了各种国际通用的数据采集和计算方法。国家统计数据从其诞生之日起,就同时服从着科学规范和现代国家政治需求,后者需要的是对复杂现象的概括性描述。但这种描述并非绝对中立，不带主观色彩的。现代国家及其行政部门的一个职能，就是确定数据采集所使用的各个范畴，即用于将无数参差多态的个体进行分类的标准。[①] 国家以这种方式强制推行了它对人口和人口变迁过程的看法，并随着其政治关切的变化，有选择地强调其中的某些元素。

对于19世纪下半叶的瑞士而言，政治关切的重中之重是建设一体化的民族国家空间。1848年，瑞士从一个由主权国家（州）组成的松散邦联转型为联邦制国家。1848年宪法从经济上统一了全国领土（推行单一货币、取消各州间的关税壁垒），建立了联邦一级的议会和政府。但这个新生国家由于其不同群体的势力盘根错节，依然饱受内部纷争的困扰。瑞士的独特之处在于，按不同标准划分的势力版图并不完全重合，这就迫使各方谋求妥协之道。

首先看看从政治角度划分的势力版图。1848年宪法在中央国家权力和过去的各国（州）主权之间建立了微妙的平衡，各州保留了一些重要职能，尤其是税收和自主预算。但各州之间，以及各州内部的不同政治派系之间，对于是否应当继续推进政治中央集权、赋予联邦国家更多的权力，依然各持己见。这种政治分歧存在于瑞士的三大语言区（德语区、法语区和意大利语区）内部。瑞士国内还存在天主教和新教这两大主流宗教派别之间的宗教信仰分歧，其分界线也横贯三大语言区，因而避免了语言和宗教因素相互冲突而加剧政治两极对峙。不过，宗教分歧和政治分歧之间的关联性相对较高：主张加强中央集权的多为信仰新教的州，它们经济较为发达，也是1848年统一进程的推动者。

由于种种错综复杂的分歧，瑞士民族国家空间的建构仍是前路坎坷，争议不息。从这个角度而言，瑞士的国家人口统计数据的产生是一个值得探究的话题，它不仅是这一进程艰难之处的反映，同时也是联邦国家一手建立的工具，旨在从现实和表征层面双管齐下，加速统一进程。一方面，由于联邦国家要求各州采取统一的人口清点和数据采集程序，强制推行其确定的数据范畴，人口数据也就为国家领土的标准化做出了贡献。这一过程远不只是一个单纯的行政

---

① 参见 Alain Desrosières, *La politique des grands nombres. Histoire de la raison statistique*, Paris: La Découverte., 2000.

问题，它同时也在政治和法律层面产生了一系列影响。另一方面，发表有关领土全境的数据，这也就暗示这片领土是一个统一空间。这就巩固了这样一个观念，即瑞士人口确实是一个有机的整体，它在人口学意义上的各种表现正在逐渐褪去各州的地方色彩，体现出全国共性的因素，而这些因素是可以被科学地解释，被国家调控所左右的。

本文将着重关心瑞士有关人口变迁的统计数据的产生。文章的第一部分将回顾这一领域几位思想过于超前的先驱在其所处政治环境下的遭遇；随后，我们将追溯1848年建国以来的瑞士这个新兴联邦国家如何逐步建成了这套数据体系，其间又遭遇了哪些阻力；最后，我们将以婚姻数据为例，证明对这一数据的呈现方法如何为瑞士的国土和国家人口建构了统一、同质的形象。

二、作为善治指标的人口变迁：一位先驱的遭遇

瑞士的第一部讨论人口变迁的著作是1766年发表的《论沃地的人口状况》（*Mémoire sur l'état de la population dans le Pays de Vaud*），作者是让-路易·缪雷（Jean-Louis Muret）牧师（1715—1796）。该著作在科学和政治双重意义上具有划时代的创新意义。

为了建立数据资料，缪雷仔细梳理了50多个教区的教会纪录。在整个基督教统治下的欧洲，自15世纪以来，各地（或各教区）的天主教的本堂神甫和之后的新教牧师孜孜不倦地将标志每个个体人生阶段节点的事件记录在案：出生记录在洗礼登记册上——洗礼是接纳每个新生婴儿加入宗教共同体的仪式；随后还有结婚登记册和葬仪登记册。这些登记册兼具宗教和民事作用：它证明了人的宗教信仰、年龄、宗族谱系、亲属关系。它第一次被作为群体状况资料用于科学目的是在1662年的英国。在人口学科的一部奠基之作《对伦敦城的死亡报表的自然和政治考察》（*Observations naturelles et politiques sur les bulletins de mortalité de la ville de Londres*）中，约翰·格朗特（John Graunt）和威廉·佩蒂（William Petty）以洗礼和葬仪纪录为依据，追问死亡人数的波动情况及其原因，并制作了目前已知的最早一份死亡率表。缪雷牧师是继他们之后使用宗教资料进行此类科学研究的第一人，并且极大地发展了人口学研究技巧。他计算

了人口平均寿命、婴儿存活率，在一个 30 年的时间段内统计了各教区的出生、结婚和死亡情况，这是有史以来第一份有关人口变迁的统计数据。他还创立了出生率、结婚率和死亡率这些概念，尽管他使用的不是这些术语。

所有这些计算都是为了回答一个学术的，同时也是政治的问题：沃地的人口是否正在流失？这个问题非同小可，因为当时的主流政治经济理论认为人口数量是一个国家财富的基石。以其计算结果为依据，缪雷认为他能够证明沃地的人口流失。他还指出，沃地存在严重的人口外迁、晚婚，大量年轻人迫于生计无法成家，并由此含沙射影地指责当时统治沃地的伯尔尼州（canton/Etat de Berne）及其由门阀贵族把持的政府施政不力。这种以人口变迁衡量善治与否的做法在政治上开了先河，也被伯尔尼当局视为触犯其利益的不臣之论。他们指控作者擅用了由伯尔尼主持的人口普查的数据，并越俎代庖地插手"政府才有权过问的问题"。应该指出的是，缪雷牧师比他的苏黎世同行约翰·海因里希·瓦瑟（Johann Heinrich Waser）（1742 – 1780）幸运得多。后者于 1780 年 3 月 27 日被以叛国罪的罪名在苏黎世斩首，他被指控的主要罪名是泄露数据：瓦瑟此前在一份德国杂志上发表了苏黎世市的人口数据，并结合人口数据、对苏黎世建筑用地的调查和苏黎世住房价格的演变，批评了城市当局对投入房地产部门的公共资金管理不善。

缪雷牧师的遭遇典型地反映了旧制度下人口与政治的关系。对于旧制度下的当政者而言，人口数据必须保密，归统治者一家所有，让潜在的敌人了解这些情报或为反对派提供指摘其统治的口实都不符合其利益。随着旧制度向以服务人民利益和提高效率为己任的现代国家过渡，人口数据保密的观念逐渐淡出历史舞台。比较一下伯尔尼政府和瑞典政府在国家人口流失问题上的不同反映是很有意思的。18 世纪 40 年代，瑞典出现了一系列在这个问题上忧心忡忡的文章，并借机批评政府行动不力。王国政府无法压制住这些批评，因为瑞典是君主立宪制政体，而辩论的走向掌握在议员们手中。恰在此时，一位地方上的学者宣称，没有证据表明国家人口正在下降，并向瑞典议会提交了一份基于某一主教区所辖各教区纪录的人口出生死亡数据。政府从这份数据中得到启发，要求教会从此每年向政府提交洗礼、结婚和死亡的资料。不过国王认为，出于国家安全的考虑，这些资料应当保密。但议会对此的反对之声越来越强烈，瑞典科学院也站在了议会一边。1761 年，瑞典政府建立了王家统计委员会，负责每年制作和发表有关国家人口变迁的数据。此举开了所有欧洲国家的先河。

瑞士的旧制度权力模式和人口数据保密制度的结束是在 1798 年。这年法国革命军队建立了海尔维第共和国(République Helvétique)。新政权希望将瑞士建成一个政治统一的空间(包括度量衡、货币、军队、法律制度统一)，建立中央政府，把各州变为无任何权力的单纯行政单位。为了重新确定行政区划，新政权进行了瑞士的首次人口数目统计。统计结果公开发表，用于证明新的行政区划的合理性，这一点是符合这个以人民主权之代表自命、以权利机制透明为号召的新政权的立国原则的。由于和瑞士政治传统不符，以及当时动荡不安的欧洲局势，这个照搬法国模式的宏伟的领土标准化方案没有成功。1803 年，各州恢复了主权。直到 1848 年联邦国家成立之日，建立全国人口统计数据才重新被提上了议事日程。

三、编纂全国性人口资料:学术要求和政治考量

1848 年成立的新兴联邦国家领导人希望赋予统计数据以现代化的用途，即一方面作为知识之工具，以科学规范为依托，另一方面作为政治管理之手段，为其提供有用数据。联邦政府及其各部门的文书中，科学与政治这两个概念也反复出现，用以证明发展和规范人口统计数据的必要性。然而，这种以科学的信息手段达到善治目的的理想模式，在政治上遭到了强烈的抵制。一方面，人们对中央集权化的抵触，使得统计活动是否应由国家组织成为矛盾的焦点，因为这将使联邦国家的职能扩张到新的领域。另一方面，统计数字的规范化远不只是一个简单的技术问题，它触动了教会在传统上对那些标志人生阶段节点的事件(出生、婚姻、死亡)的垄断。由于多方面的阻力，瑞士人口统计数据的规范化进程和总体上的人口统计学发展都步履迟缓。

1850 年，瑞士联邦议事院参事(conseiller fédéral)、瑞士统计学先驱斯蒂法诺·弗兰西尼(Stefano Franscini)(1796 - 1857)提议组织瑞士第一次全联邦人

口普查。他所秉持的是现代化的统计观:普查的目的是"为行政部门及所有公共立法机构提供一整套有关国家状况的珍贵情报"①。这次行动所依据的,是19世纪40年代在比利时由凯特勒(Quételet)首创、被历届国际统计学会推广普及的一套规范:全境使用统一式样表格,采用实名制,细化栏目,数据在同一日内由受过统一培训的人员进行采集。② 以这种方法采集的这些重要数据让我们第一次得以了解瑞士人口的结构,包括性别、年龄、居住地和职业。然而,弗兰西尼只是以行政部门的当下所需为由(划分选区、确立军队建制),才从议会获得了组织普查所需的拨款。而他提出的另一项拨款要求——对全部数据进行彻底分析——就没能通过。

经过弗兰西尼的推动,在他去世后的1860年,联邦议事会提议成立联邦统计局(Bureau fédéral de la statistique, BFS)。在致函议会时,联邦议事会使用的仍是统计数据可以为善治服务的论据:"政治的主要目的无疑是国家整体、以及每个公民的物质和精神之福祉"。科学恰好指明了政治干预的用武之地:"展现来自自然力量及行政规则两方面的影响,纠正对国家力量使用方式的判断。"③同类论断直到19世纪末都反复重现:统计学可帮助人们厘清哪些因素是"普遍的、即与人类本性密切相连的",哪些又是"局限于特定的一时一地(……),多少可以被改造的"④。就这点而言,有关人口的数据具有至关重要的意义,而联邦议事会在致函中也强调了每十年组织一次人口普查的必要性:"正如国力有涨落,人口数目也会根据一定的规律变动(……)而了解这些变化背后的法则及其原因,毫无疑问,对行政部门具有重要意义。"⑤另一个常见的、而且已见于1860年首份文件的论据是,对于一个致力于推动进步的国家而言,对数据统计的全

① 联邦议事会1859年2月12日致各州政府通令(*Circulaire du Conseil fédéral aux gouvernements de tous les cantons*, 12 février 1850)。

② Thomas Busset), *Pour une histoire du recensement fédéral suisse*. Office fédéral de la statistique, Berne. ,1993.

③ *Message du Conseil fédéral à la haute Assemblée fédérale concernant l'organisation d'une statistique nationale suisse*, *9 janvier* 1860, p. 261.

④ *Mariages, naissances et décès en Suisse de* 1871 *à* 1890, Bureau fédéral de la statistique, Berne1895, p. 9.

⑤ *Rapport du Conseil fédéral à la haute Assemblée fédérale sur l'opération d'un recensement périodique*, *le* 28. 1. 1860, *FF* 1860/7, p. 290.

国性统筹是不可或缺的:"(……)欧洲各民族,尤其是文明和进步程度最高的民族,如法国、英国、普鲁士、奥地利、比利时、荷兰,均拥有十分丰富和深厚的统计学知识。"[①]成立国家统计局的议案投票通过了,但由于反中央集权力量的存在,统计局的工作困难重重:整个19世纪,拨给统计局的款项时常不足以对采集的数据进行充分研究,或在新的领域展开调查。[②]

斯蒂法诺·弗兰西尼也是建立有关人口变迁的国家统计数据的第一人。1852年,各州被要求提供数据,而各州间数据采集系统的参差不齐、与通行科学规范不符的问题也随之暴露出来。半数的州此时还未建立每年一度的出生、婚姻、死亡统计制度。某些信奉新教的州已建立了世俗化的户籍系统,但数据采集的方式仍因州而异。信奉天主教的各州依然由本堂神甫负责在教区登记册上记录洗礼、婚姻和死亡。由于教区登记册首先是为宗教服务的,这使得它从人口学角度看来存在诸多疏漏和不确:自杀者由于无权享受宗教葬仪,其死亡也就始终不被记录在案;死产婴儿会被登记为活产婴儿,使其能接受洗礼;在教区外举行的婚礼、母亲避走外乡分娩的非婚生儿童都没有被登记,等等。这种各州数据多有疏漏、参差不齐的状况持续了很多年。1866年,瑞士联邦统计局召集各州代表开会讨论制定统一表格,登记人口的出生、婚姻、死亡情况。一些州依然采取消极不合作的态度,借口人力成本过高,批评联邦统计局的要求是"纠缠琐屑,劳民伤财"(le luxe de détails)。仅举一例:他们认为将不满周岁婴儿的夭折年龄记录精确到月没有意义,而当时的人口学家和卫生学者已经证明,这项数据对确定婴儿夭折的原因,是具有重要意义的。

1870年,联邦统计局发表了第一份有关瑞士人口变迁的文献,文中对其数据的疏漏缺失表示遗憾,并重申了拥有一套翔实的统计数据、为政治行动服务的必要性。在著者看来,瑞士别无选择,必须向现代化国家看齐:"所有文明

---

① *Rapport sur la question de l'établissement d'un bureau statistique*, *présenté par la Commission du Conseil national*), le 13. 1. 1860.

② Jost, Hans Ulrich, *Des chiffres et du pouvoir-Statisticiens*, *statistique et autorités politiques en Suisse du XVIIIe au XXe siècles*, (1995). 瑞士统计站联盟(l'Union des offices suisses de statistique)成立75周年《统计论坛》(*Forum Statisticum*)专刊。

国家均公认，对人口变迁状况的了解，是判断一国一地社会经济状况的最有力指南。"[①]而政府政策也可以影响人口趋势，因为"恶法、重税、权利关系的不确定性以及社会风气的败坏，与灾荒饥馑和物价高涨一样，对人口数据的改善极为不利"[②]。立法机关的使命是"保障公共利益"，无论面对"某一年中儿童、老人、残障人士的死亡率大幅上升，还是另一年中出生率和结婚率的优异纪录，均不能无动于衷，等闲视之"[③]。立法机关难道不应致力降低人口死亡率，尤其是儿童死亡率，以"增加民族有生力量这一宝贵财富"[④]？这些论据都已经见诸于联邦议事会的报告。它们最终发生了效果：同年联邦政府终于成功地说服议会投票通过法律，要求各州必须向联邦统计局提供数据。

强制要求各州提供数据已经实现了，但要求它们采取统一的数据采集程序和格式，则由于这个要求给各州政府带来的额外财政负担，以及在不少州内负有户籍登记之责的天主教会的抵制，而更加不易执行。联邦统计局谨慎地避开了政治的雷区，而仅从严格的科学角度论证了统一和完备的统计数据的必要性。在 1872 年出版的第二份有关瑞士人口变迁的报告中，著者不再以促进善治为由，而转以科学的名义，以瑞士在科学领域的落后为依据，号召对统计数据进行规范。文中断言："一般而言，每一个州孤立来看都过于渺小，所提供的人口统计数据都无法支撑起规律性结论"；只有通过州与州之间的比较，才能精确地判定"某些事件的影响"，何况"长久以来，比较研究都被公认为是这套被称作'统计学'的科学方法的标志性特色"[⑤]。著者肯定地表示，这也是国家统计学大会所孜孜以求的科学目标——大会自 1853 年以来定期召集统计学专家和各国统计局人员开会，以求在国际范围内对统计程序进行统一规范。"构成了一个联邦国家"的瑞士各州，"怎能比那些素无政治渊源的欧洲国家更不在意比较彼

---

① 《1867 年瑞士的出生、死亡和婚姻》(*Naissances, décès et mariages dans la Suisse de* 1867)，瑞士联邦统计局，伯尔尼，1870，p. IV。

② Ibid.，p. VI.

③ Ibid.，p. V.

④ 《1867—1871 年瑞士的出生、死亡和婚姻》(*Naissances, décès et mariages dans la Suisse en* 1867－1871)，瑞士联邦统计局，伯尔尼，1872，p. II。

⑤ 《1867 年瑞士的出生、死亡和婚姻》，瑞士联邦统计局，伯尔尼，1870，p. VIII。

此的人口变迁状况呢”[1]？所以，如果说瑞士应当有能力规范其统计数据，这更多不是为了让瑞士联邦政府获得新的职能、介入新的领域——这样的论述在政治上过于敏感——而是为了证明瑞士在世界民族之林中的地位。瑞士应当有能力制造出“不逊于我们邻国数年以来、以及瑞典在20世纪中叶以来所发表的”数据。[2]

然而，完全回避政治问题是不可能的。19世纪70年代初，瑞士联邦修宪在即，联邦主义者（fédéralistes）和中央集权派（centralisateurs）之间爆发了激烈辩论。1874年通过的新宪法强化了中央集权，有关人口变迁的统计数据的规范化进程也从而迈入了新的阶段。一项新出台的联邦法律在瑞士全境建立了世俗化的户籍体系，设立专职公务人员负责登记；登记表的格式得到了统一，增加了新的栏目，提供更丰富的数据信息；户籍机关每进行一次登记，都须撰写一份摘要，交联邦统计局备案，由统计局内部专业人员对这些数据信息进行归档和分析。从1876年起，统计局已经能够制作有关瑞士人口变迁的统一数据。

同一部法律也规定，在瑞士任何一地，婚姻必须经民事登记方可生效，这也标志着天主教诸州的失败。新宪法保障信仰自由，这就使得婚姻成为独立于任何宗教仪式之外的民事契约，且缔约的条件在全国范围内得到了统一。一些州内原有的以贫穷、品行不端或不符合某些教会规定为由阻碍婚姻缔结的规定被一并废除。这是国家介入改变人口走向的首例，因为改革之后，瑞士的婚姻数量有了立竿见影的提高。联邦统计局发表的报告对此表示欣慰，并重申婚姻受限对人口福祉的负面影响，尤其是由此产生的大量非婚生婴儿，极高的婴幼儿死亡率，及其“由此而来的巨大悲伤、病痛，和徒然耗费的医药、资财”[3]。政治压力缓和之后，“善治”依然是一个有力的论据。

四、统一民族国家空间的表征：以婚姻统计数据为例

统一的人口变迁数据如何促进瑞士人形成统一民族国家空间的观念表征？

---

① Ibid. p. VIII et IX.

②《1867—1871年瑞士的出生、死亡和婚姻》，瑞士联邦统计局，伯尔尼，1872，p. II。

③《1867年瑞士的出生、死亡和婚姻》，瑞士联邦统计局，伯尔尼，1870，p. VI。

在联邦统计局前后发表的四份有关瑞士婚姻状况变迁的统计数据（1872、1895、1911和1928年）所使用的范畴和做出的分析评注中，我们发现了一些值得注意的变化。依据本期中法研讨班“空间的表征”的主题，我们将特别留意这些统计报告对夫妻双方籍贯归属的处理：此项指标的重要性何在，它以何种方式被利用，被认为对描述瑞士婚姻状况的波动具有怎样的意义？我们可以读出两股趋势：一方面，夫妻原籍所在州逐渐不再被认为是分析婚姻状况波动的可靠指标；同时，“本地人”和“外来人”的分界线从一个国内州籍概念，变为了一个国籍概念。

在1872年的报告中（涵盖1867—1871年），按州划分的籍贯归属是用以分析结婚率的唯一指标。报告中有一张表格，依次介绍各州的新婚人口绝对数目和结婚率，最后得出瑞士全国的综合数据。然而，报告对州与州之间结婚率的差别未置一辞，尽管在同一时期联邦统计局的其他出版物中已经连篇累牍地论及了法律限制对结婚率的影响，而法律限制恰恰是因州而异的。1872年的报告不愿挑起敏感的政治争论，而是仅限于对一些州在数据采集上的疏漏表示遗憾，认为这使得统计局无法得出可靠的全国综合数据。

而到了1897年，由于民事婚姻法已经统一了全国的婚姻条件，这年出台的报告就可以名正言顺地将全国人口视作一个整体，并提炼出一些可以普遍适用于瑞士全境的原因，来解释结婚率的变动。报告所运用的包括人口学范畴（性别、年龄、民事状况）、社会经济学范畴（职业、宗教信仰）、领土范畴（籍贯所在州）。但这最后一条之所以被报告所提及，恰恰是为了证明州籍差异不是结婚率高低的肇因：尽管各州之间的结婚率差距巨大，但报告所试图证明的是，州籍差异的表象掩盖了其他决定性因素。统计数据被分解到县（district），一个比州更小的、通常用于社会经济学变量分析的行政单位。报告通过一系列的表格对照（见下表），比较了工业区、农业区、半农业区以及按宗教信仰划分的天主教区、新教区或混合区的结婚率，并据此得出结论：“因此，瑞士结婚率呈现的巨大地区差异……其原因主要是人口的职业和宗教信仰：工业活动和新教信仰促进婚姻，农业活动和天主教信仰则对其产生抑制。”

表一　根据宗教信仰和经济活动的结婚率解析

表一 主流教派	每 1000 名已达法定婚龄的未婚男性的年平均结婚数		
	工业区	工农业混合区	农业区
新教	62	49	47
天主教	51	45	39
平均数	59	47	42

数据来源:《1871—1890 年瑞士的婚姻、出生和死亡》,瑞士联邦统计局,Berne 1895, p. 18。

这种论证方式在 1911 年报告中得到了更为精密复杂的运用,该报告综合了经济和宗教的标准,对各县进行了归类。1928 年的报告则将结婚率与各地人口密度联系起来,区分了人口超过一万的城市和其余城市。从今往后,地域差别彻底被转化为社会经济差别。"州"的范畴彻底失去了意义,瑞士作为一个弹丸小邦联合体的国土特点逐渐淡去,在那里发挥作用的是那些超越地域分界的、主要属于经济范畴的力量。科学语言是以中立客观为追求目标的,它宣称自己揭示了那些真正推动瑞士发展的整体性因素,但同时也淡化了引发矛盾的州籍差异。

1897 年报告(涵盖 1871—1890 年)还发现了结婚率问题上一个不受经济和宗教因素制约的地区差异:德语区的结婚率高于法语区。这被归结于"种族特点"(une particularité de race),但"种族"在这里不是生物学范畴,而是"民族性的影响,此处的民族应理解为语言共同体"。然而,报告宣称,这些地方性特点注定会消失,原因正是各个共同体之间的通婚与人员流动。报告指出,地方性特点正在一个双重进程中逐渐消弭。"既然我们乐于认为,民俗、民族或单就气质而言的特色不仅存在于瑞士人和外国人之间,而且也存在于我国各州各地居民之间,那么,我们何不也承认,由于通婚愈来愈频繁,随着时间推移,这些特色将逐渐淡去,这些差异也将最终消失?"此外,在瑞士人和外国人通婚更为频繁的边境各州,"在此影响下,原住人口的各种遗传性和区别性特质均不断淡化"[①]。瑞士国内各州人口的通婚和瑞士公民与外国公民的通婚就这样被一视

① 《1871—1890 年瑞士的婚姻、出生和死亡》(*Mariages, naissances et décès en Suisse de* 1871 *à* 1890),瑞士联邦统计局,Berne 1895(本自然段中所有引文均出自该文献)。

同仁，正如我们可以在下表中看到的：

表二　根据女方原籍的结婚率解析(每100名新婚瑞士男性中，多少人迎娶了……)

同州女公民	外州瑞士女性	外国女性
72	25	3
70	25	5

数据来源：《1871—1890年瑞士的婚姻、出生和死亡》，瑞士联邦统计局，伯尔尼，1895，p. 33。

1897年报告中只有这一处提及了瑞士人和外国人通婚的问题。而在1911年报告中(涵盖1891—1900年)，这个问题所占的分量则大得多。在"根据男方原籍的结婚率解析"一栏下，不同州籍的瑞士公民通婚的问题已退居次要地位，而瑞士人和外国人的结合则"在我们看来最为重要"。由于女方婚后将放弃原有国籍而加入男方国籍，这份报告中有一张专门表格列出瑞士"失去"或"吸纳"的女性国民数量，以及这一过程中哪些欧洲国家受益或受损。另一张表记录了每州由于跨国婚姻而"盈余"或"亏损"的人口。在用于描述婚姻状况变迁的范畴中，"本国人"与"外国人"的两分法首次出现，如下表所示：

表三　根据男方原籍的结婚率解析

按男方原籍归类的婚姻，1885—1900年					
年份	婚姻总数	婚姻			
		瑞士男性与		外国男性与	
		瑞士女性	外国女性	瑞士女性	外国女性
1900	25537	20381	1586	1780	1790
1899	25412	20597	1524	1686	1605
1898	25114	20468	1472	1676	1498
1897	24954	20493	1440	1615	1406
1896	23784	19592	1334	1499	1359

数据来源：《1891—1900年瑞士的婚姻、出生与死亡》，联邦统计局，伯尔尼，1911，p. 45。

这个在1911年报告中作为描述婚姻波动的范畴而首次出现的"本国人"和"外国人"的区别在统计学表征中还有另一个作用：它巩固了"瑞士人"和"外国人"这两个范畴各自的同质性，促使人们去观察寻找这两个群体各自特殊的人口行为。

这种按国籍归属统计婚姻情况、观察外国人群体的人口行为的努力，是与时人对移民的忧虑日增相呼应的，这在联邦统计局的其他出版物中也有反映。对1880年人口普查的评论中，全部36张表格中的6张包含有关外国人的数据，而到了1910年，这一数量上升到168张表格中的93张。① 需要指出的是，1888年是瑞士的国际移民由出超转入超的一年，迁入的外国人第一次超过了迁出的瑞士人。同时，移民的性质也发生了改变：来到的不再只是政治难民，还有以意大利人为主的男女劳工，吸引他们的是这个经济腾飞中的国家创造的大量就业机会。

在1928年报告中（涵盖1901—1920年），不同州籍的瑞士人通婚的问题已不再见于任何栏目或表格。相反，瑞士人与外国人的通婚、以及外国人之间的结合，则占据了大量篇幅。我们可以质疑，瑞士人/外国人的标准，对于解释人口学现象究竟有多大说服力。我们可以以子之矛攻子之盾，套用联邦统计局在此前报告中就"州"这一范畴为何无法解释任何现象的说辞，论证"瑞士人/外国人"的范畴也集合了一系列不同因素，尤其是社会经济学因素，而后者才是决定性的。尽管在各类统计学报告中，我们间或可以读到这样的思考，即"瑞士人/外国人"分类可能掩盖了其他差异，并不切中本质，但比起过去的报告中有关瑞士各州差别为何无关紧要的解释，这一观点并没有得到系统的论证。在20世纪初叶的各份报告中，这个分类不仅没有消失，反而频繁出现在愈来愈多的表格和评述中。那么，为什么如此看重一个连自己都怀疑其科学性的分类？

我们或许可以用贝尔纳·马里斯（Bernard Maris）的一句话来回答这个问题，这是他为《世界报》撰写的有关阿兰·德洛西埃（Alain Desrosières）的书评的结论："统计数据是国家理性的产物，而国家理性，就是从所谓常'理'可言。"

五、结论

有关瑞士人口变迁的国家统计数据产生过程揭示了学术发展与政治需要

① Gérald et Sylvia Arlettaz (2004)，《瑞士人与外国人》(*La Suisse et les étrangers*)，Lausanne：Antipodes，p. 46.

的密不可分。在这一进程之初，中央集权派和联邦主义者之间、统计机构世俗化的支持者和反对者之间的激烈论战束缚了统一的国家人口统计数据的产生。尽管联邦政府以科学的名义坚持对统计数据进行规范，但其反对者清楚地看到其中另有玄机：通过统一规范数据采集过程，建立由中央统一部署的相关行政机构，联邦国家开辟了新的职能领域，加速了领土标准化的进程。到了19、20世纪之交，有关国家人口变迁的统计数据又承载了新的政治争论，尤其反映了瑞士对外国移民与日俱增的忧虑。

（吴蕙仪　译）

柏林，都城及其记忆

阿兰·克拉维安(Alain Clavien)/瑞士弗里堡大学

柏林是研究城市记忆管理的绝佳样本:纵观整个20世纪,柏林城头走马灯似地变换了五个政权,每个政权都力图为这座德国的首都打上自己的烙印。我们简要地按时间顺序回顾一下历史:1870—1918年,柏林是德意志帝国首都;1918年秋,帝国军事战败,精神破产,柏林成为共和国首都;1933年,希特勒上台,柏林成为第三帝国首都;1945年5月起,德国正式被二战的四大战胜国占领,柏林城不久就分裂为苏占区和西方占领区,两半城从此东西殊途,剑拔弩张,而宣告冷战爆发的第一场大规模冲突正是苏联对西柏林的封锁。后来东柏林成为德意志民主共和国首都,西柏林成了东德领土包围中的一块飞地,而德意志联邦共和国则暂时定都于莱茵河畔的小城波恩,等待着"有朝一日"还国祚于旧都。1961年,柏林墙拔地而起,以暴烈的方式将12年来现实存在的分裂状态具体化了。1989年柏林墙倒塌、东德政权瓦解并被并入西德,柏林20世纪的历史进入了最后一个阶段:作为重归统一的、秉持自由主义议会民主制的新德国的首都。

上述每一个阶段都在柏林城中打下了自己的烙印:大型工程、纪念物、公共建筑、道路名称。随着时间推移,摆在人们面前的问题是:如何管理这层层积淀的臃肿的遗产?是应该为过去保留一丝痕迹,还是彻底将其遗忘、抹去?对于历史的失败者留下的痕迹,是应该予以承认、整合,还是让它消失,以便后人能够轻装上路,书写更干净的历史?这个问题在20世纪90年代已经提出来了,当时基民盟控制的参议院急于清除共产党留在柏林的痕迹,但这遭到了一部分柏林人的抵制,他们不愿被彻底剥夺自己的记忆。我们下面也将着重讨论90

年代。

基民盟主导的新柏林参议院在第一时间的作风如同殖民者：一切让人回想起共产党政权的痕迹都必须消失，什么都不值得保留。要理解这种作风，就不能忘记，柏林墙倒塌后的最初几年也是自由资本主义模式高奏凯歌的几年，甚至有人就此提出了“历史终结”论。90 年代初自由主义的志得意满使得一切批评之声在它眼中都不值一顾，即便这其中其实不乏真知灼见。柏林参议院的最初一批决定就是在这种思想氛围中做出的。在柏林的新领导眼中，共产党政权与纳粹无异，有必要紧急对其留下烙印的城市进行“消毒”。

一

新政权上台带来的第一项重大变化是道路和广场的更名。

柏林的道路和广场根据欧洲城市的习惯是一一命名的，而不是像美国大城市那样简单编号。它们的名字可以很普通，如“山雀路”或“喷泉路”，或者与某些特定地点挂钩，如“图书馆路”或“城塔路”；但更多的时候它们是以历史人物、事件和地点命名的。即便生活在其中的居民久而久之可能对此习而不察，但所有这些名字在被用来为城市的一个个片段命名的同时，也构成了一种叙事，一种理应为这个城市所认同的叙事。道路和广场的名字展示着一座城市的形象以及它与历史的关系。道路的名称背后是这座城市愿意保存的记忆，而道路之间的大小等级也时常是意味深长的：一条郊区窄巷与一条中心大道的名字之间存在一种刻意的等级差异，表明了命名者对不同历史记忆的态度：哪些是其最为珍视、希望世人皆知的，哪些是其不甚重视，或者只受小部分人重视的……

20 世纪 50 年代初，即民主德国成立之初，东柏林就在这种逻辑下建立起了充满浓重共产主义色彩的城市叙事。东柏林的街道广场在这一时期被大规模换上了著名共产党人的名字，无论是德国共运史人物（罗莎·卢森堡、卡尔·李卜克内西、克拉拉·蔡特金、恩斯特·台尔曼）还是国际共运领袖：我们不仅看到列宁大街、斯大林大街，还看到胡志明大街、哥特瓦尔德路（捷共领袖）、季米特洛夫路（共产国际的保加利亚领袖）等等。此外，以社会主义阵营国家艺术家命名的道路也不在少数（肖邦、柴可夫斯基……）。对于 1949 年刚刚成立的德意志民主共和国而言，这一姿态旨在表明其与苏东阵营的亲密关系。要想彻底读懂这部新的城市叙事，我们不仅要注意新出现的路名，还要注意被它们取代而消失的路名。令人惊讶的是，此时的东柏林全面地否定了与德国历史有关的路名，即便是以自由派或民主派人物命名的道路，抗击拿破仑的德意志解放战争著名将领、19 世纪活跃的自由派分子甚至某些一战前的社会主义政治家都从路牌上消失了……

柏林墙倒塌后，当政的基民盟力图清除这种城市叙事，在东柏林再次掀起大规模的道路更名运动。上百条道路因此名目全非，所有令人回忆起二战后共产党阵营的名字被一概铲除：德共创始人台尔曼、民主德国首任总统威廉·皮克（Wilhelm Pieck）、胡志明、哥特瓦尔德、50 年代的法共总书记雅克·杜克洛……这些名字都从路牌上抹去，恢复了 20 年代的路名或重新冠以与新生的统一德国更相适宜的名字，民众对此漠然处之。但当新政权把矛头指向普遍受人敬重的德国工人运动早期领袖如罗莎·卢森堡或卡尔·李卜克内西，又或是牺牲在纳粹狱中的共产党抵抗分子时，激烈的抗议之声爆发了，民众组织游行，上书请愿，而令他们尤其不能忍受的是，新路名往往含有明显政治意味。如让一个 18 世纪的选帝侯夫人、一无建树的多萝西公主取代女权主义斗士克拉拉·蔡特金，这激怒了很多人。不过进入 90 年代中期，柏林参议院就不再大张旗鼓地在道路名称上做文章了，因为大选在即，而占参议院多数的基民盟明白，不能过分诋毁东德遗产，柏林整整几十年的历史是不容全面抹杀的。

二

在这场旨在抹杀前朝遗迹的记忆之战中，第二个被锁定的目标是街头雕塑。东德政府对这种形式的纪念物有着特殊的偏好，而两德统一后，不少社会主义英雄的大小雕塑或建筑物墙上的纪念铭牌都一并消失了。拆除亚历山大广场东侧 Friedrichshain 廉租房区的巨大列宁像引起的震动最为剧烈。这是 60 年代翻新的住宅区，这一时期建造的一系列住宅大楼前树立着一尊高达 19 米的列宁像，作者是苏联雕塑家尼古拉·托姆斯基（Nicolai Tomski），1970 年完成。1991 年，拆除列宁像的决定引发了反对者签名请愿，他们认为这是柏林曾经的社会主义岁月的见证。但柏林参议院坚持了这个首先由区政府作出的决定。1991 年 11 月，拆除工作艰难地开始了，因为抗议者不惜横躺在路中心阻止吊车通过……11 月 13 日，拆除工作完成了最具象征意义的一步：雕像的头部被拆除，这一幕成了著名影片《再见列宁》的灵感之源。取代列宁像的是一座“五大洲喷泉”，粗砺的巨大石块环绕着一眼小喷泉，据说象征着五大洲。这个主题与广场是匹配的，因为“列宁广场”已经更名为“联合国广场”。这段故事有一个令人莞尔的尾声：被拆毁的雕像及其头部一起被掩埋在了 Berlin-Köpenick 郊区的一个沙丘下。今天，人们计划把重达三吨半的雕像头部重新挖出展览。展览预定于 2012 年秋到 2013 年春举行，地点是柏林城北部由一座 16 世纪的要塞改建的博物馆 Berlin-Spandau。

绝大多数雕像的拆除远没有引起这么大的反响，这包括不少半身像、小型塑像以及一些建筑物墙上的纪念牌，如这幢大楼上原先呼唤和平的铭牌被拆除，换成一块广告牌。然而，尽管城市的新领导人对此积极性十足，但旧制度的记忆并未彻底消失。如上文所说，一些路名被保留了下来，一些雕像也同样如此。例如市政府对面，城市中央公园中的马克思和恩格斯雕像就留存至今。柏林参议院在 1991 年提出过拆除的建议，但在过于强烈的反对声浪之下只能作罢。

还有一些由于实际操作问题而未能被移除的雕塑，如位于柏林东北部 Prenzlauerberg 区的共产党领袖恩斯特·台尔曼雕像。上文说过，台尔曼的名字从路牌上消失了。台尔曼是德共创始人之一，1933 年被纳粹逮捕，1943 年死于布痕瓦尔德(Buchenwald)集中营。但台尔曼雕像之所以逃脱了被拆毁的命运，并非因为台尔曼本人的悲剧结局——基民盟主持的参议院是希望它像台尔曼路一样消失的——问题是，它太重了！这是苏联雕塑家列夫·科贝尔(Lev Kerbel)的作品，是一座以红旗为背景的半身像，有青铜铸成的巨大头部，高举的拳头直接矗立在底座上，底座上用硕大的字母镌刻着台尔曼的名字。整座雕塑高 14 米，长 15 米，没有任何一个拆卸公司愿意负责处理这 500 吨青铜的庞然大物……今天，这里成了滑板爱好者聚集的乐园，它的底座上被人涂上了这样一句话(考虑到雕像之大，这个问题是足以令人发笑的)：“没有更大的了吗?”

三

谈过道路名称以及雕像和纪念物之后，我们再来讨论政府建筑，这是柏林记忆之战的另一个主战场。这里也爆发了一场特别引人注目的战役：共和国宫的拆除。

长久以来，王室城堡就是柏林最具深刻意义的古建筑。城堡建于中世纪，18、19世纪曾进行过改造，是霍亨索伦王朝的权力的彰显。德皇威廉二世出逃后，这里被共和国用于举办音乐会和展览。二战期间，它和柏林市中心其他部分一样屡遭轰炸，但没有被彻底夷平。1950年，德国统一社会党（SED，即东德共产党）中央委员会在总书记瓦尔特·乌布里希的率领下决定将其拆毁。其后出现的一幕是苏东国家罕见的：官方决策激起了公众抗议的巨浪，不少东德著名学者和文化界人士介入其中，上书斯大林，如一位德累斯顿大学艺术史教授抗辩道，法国大革命保存了卢浮宫，甚至列宁也保存了克里姆林宫和列宁格勒的冬宫，尽管它们曾是沙皇的住所。但东德政府不为所动，于1950年9月将城堡爆破。

之后的20年间，城堡拆毁后留下的空地始终无望地荒弃着，尽管它被高调更名为马克思—恩格斯广场。政府原计划将它变成一片供群众列队游行的广场，但财政捉襟见肘，有限的预算必须用在刀刃上……

城堡原址在20多年中都是一片无人地带。1971年，埃里希·昂纳克接替乌布里希出任总书记，东德经济逐渐好转，事情也出现了转机。此时的柏林市中心依然满目疮痍，这会给西方国家留下不利的口实，于是政府决定对其进行彻底整治，这其中包括在城堡旧址上新建一座“共和国宫”，这不仅可以用于政治活动（党代会、人民代表大会），也可以用于文化演出。项目由一群建筑师集体设计，于1973年11月2日破土动工，1976年4月正式揭幕。在设计者心目中，这座玻璃外墙的巨大混凝土方块充分体现了现代理念的建筑，而且具有导游们着重吹嘘的多功能性：它包含1000多个厅，其中最大的一个可以随时按需改变布局，最多可以放置5000张座椅，全部配有同声翻译设备；人代会会议厅则设置了800张座椅；更衣室可寄存5000件衣物；通向二楼的楼梯共有16条，这一层上有13个餐厅，1个保龄球馆，1个桑拿浴室，1个唱片馆等等。共和国宫必须在两德交往频繁的背景下向外界传达一个现代化的、活力充沛的东德形象。的确，柏林墙倒塌前的14年间，共和国宫接待参观客或来宾逾6000万人次，同时举办了从党代会到萨尔沙(Salsa)舞会的21000多次大型活动……东柏林人对它爱恨交加。他们嘲笑它傲慢的建筑设计，但也给予它好评：这是数以百计的家庭举办婚礼的地方，这里的餐厅物美价廉，而且既不需要提前三个月预约，也不需要排长队；这是人们聚会联欢的场所，成千上万的年轻人在这里经历了人生的第一场音乐会，第一场舞会，第一次和人调情……总之，这座建筑尽管外观嚣张丑陋，但它是柏林人生活的一部分，是他们感情的寄托。后来，1989年，柏林墙倒了……怎么处理共和国宫？

从波恩迁回柏林的德意志联邦政府无意继续使用这幢建筑，而是在国会(Reichstag)附近择址新建了一个政府办公区。而且，人们还"恰巧"在这时发现，共和国宫建设过程中使用了近700吨石棉作为防火材料。于是，1993年1月，政府决定拆除这幢建筑，但其提出的理由不能服众："拆"是不是唯一的选择？翻修不能解决问题吗？更重要的是，反对派还揭发出来，美国人在60年代建成的文化中心同样存在严重的石棉污染问题，但没有任何人提出拆除，有关部门只是决定对其进行全面清理……正当围绕着石棉的论战方兴未艾之际，另一个横生枝节的提案又把争论推向了更高潮：一个新成立的协会提议，拆除共和国宫后，在原址重建王宫城堡。1993年6月，这个由数家新近重返柏林的大企业(奔驰、蒂森、宝马、西门子)赞助的协会成功地制造了一场轰动效应：它搭起了巨大的脚手架，撑开巨幅塑料防雨布，把共和国宫从头到脚遮挡起来，布上遵照真实比例大小画着王宫城堡的正面外墙，除了没有顶部的穹隆之外，完全忠实地复原了这幢很多人只在照片和版画上见识过的建筑。

这次行动的组织者解释说，共和国宫由于丑陋和石棉这双重缺陷，已经没有挽救的价值。而在柏林城中心的这个位置重建的城堡将成为德国历史的象征。与之针锋相对的阵营在一年后发起了反击，于1994年6月将55000人签名的请愿书递交柏林市政当局，要求翻修、保存共和国宫。民意调查也对他们有利：80%的东柏林人以及60%的西柏林人都赞成保留共和国宫。问题的症结不在石棉，而在政治和记忆。从某种意义上而言，共和国宫是东德记忆的浓缩，一切争论归根结底讨论的都是:应该保留它所代表的这段德国历史,还是应该把它清除干净?这场双方各持己见的争执持续了十多年,其间的90年代,共和国宫又举办过数次展览,但它最终还是于2006—2008年被拆除。今天,柏林城的这个位置又出现了一片巨大的空白,因为重建王宫城堡的资金至今没有到位。按计划,重建后的城堡将成为博物馆,尽管柏林不缺博物馆,博物馆对一座城市也并非多多益善。博物馆的提案是2000年之后逐渐成形的,这在一定程度上是为了掩饰拆除行动的原始动机中过于昭然的报复心态。

和雕塑一样,一部分建筑物没有被拆除,而只是被改作他用,而且并非所有的东德建筑都遭到了清洗和改造的命运。最突出的、和台尔曼雕像可资对照的案例是同样由于难以拆除而不得不继续使用的部委大厦(la Maison des ministères)。这幢坐落于市中心波茨坦人广场(Potsdamerplatz)附近的建筑始建于1935—1936年,设计者萨格比尔(Sagebiel)最初是著名的包豪斯学派(Bauhaus)领袖之一埃里希·门德尔松(Erich Mendelsohn)的助手。包豪斯成员普遍左倾,他们的作品被纳粹宣布为"堕落"的艺术,其中大多数人,包括门德尔松(而且他还是犹太人),都在1933年希特勒上台时选择了离开德国。萨格比尔没有走,他摇身一变成了纳粹党员,表示愿为新政权效力。就这样,他受命为希特勒的亲信赫尔曼·戈林执掌的空军部设计一幢大楼。建成的大楼拥有数百个办公室,能够抵御轰炸,风格体现了纳粹建筑典型的好大喜功。作为空军部大楼,它在二战期间多次遭到轰炸,在这铁与火的考验下证明了自己坚不可摧。战争结束时,由于柏林已几无完好的建筑供行政机关办公,只有它还健康无恙,于是苏联人简单地清除了它表面的纳粹标记(鹰、万字)之后将其收归己用。不乏历史讽刺意味的是,1949年10月7日,德意志民主共和国正是在这幢大楼里宣布成立的。纳粹的空军部大楼从此成为共产党执政的东德的部委大厦,从1949年直到1989年,有十多个政府部委在此办公。这期间有两件事值得一提:1952年,原本严肃古板的大楼被装饰上了画家马克斯·林格纳(Max Lingner)的巨幅壁画,画面上是社会主义奠基、工农和谐、快乐的孩子、党和劳工携手并进等等。一年后,1953年6月,柏林工人暴动期间,部委大厦一度成为示威者聚会的场所,他们希望能将降低工作量的请求当面递交工业部……会面的愿望没有实现，第二天（6月17日）的游行被苏联坦克血腥镇压。

柏林墙倒塌，1990年，统一的德国政府并不打算在这幢大楼内安置任何一个部委，而且没有任何西德政府人员愿意在此办公。大楼于是成为了 Treuhand 的办公地点，这是一个建立于1990年7月的机构，负责统筹企业和东德政府名下房产的私有化。被任命为这一组织负责人的是一名富有的实业家迪特列夫·罗维德尔（Detlev Rohwedder），西德钢铁业巨头霍施（Hoesch）集团的总裁。1991年4月，罗维德尔被极左派恐怖组织"红色军团"（Fraction armée rouge）成员暗杀。这个组织1968年学运后诞生在西柏林，曾经在70年代的德国制造了巨大恐慌，直到1972年其主要头目被逮捕，但其新一代成员后又重新开始活动，并制造了多起暗杀。这个组织可能在1998年解散，罗德维尔是其最后的受害者之一。1993年，为了纪念1953年柏林工人起义40周年，艺术家沃尔夫冈·吕佩尔（Wolfgang Rüppel）制作了一张再现起义工人的巨幅照片，用玻璃覆盖，平放在这幢大楼北侧的人行道上，几乎就在林格纳的巨幅马赛克壁画的脚下。1994年，Treuhand 搬离了这幢位于莱比锡大道（Leipzigerstrasse）的建筑，但与暗杀事件无关，原因是政府决定收回大楼，对其进行整修后于1999年改为财政部大楼。大楼如今已改名为迪特列夫·罗维德尔大厦（Detlev-Rohwedder-Haus）。

所以，今天，拥有历史情怀的游客可以在柏林城正中心，亚历山大广场和波茨坦人广场之间，驻足瞻仰这样一幢建筑。建筑本身高度体现了纳粹建筑的典型风格，墙上嵌着歌颂共产主义光明未来的马赛克壁画，与之相对的是一件纪念反抗共产党政权的起义工人的艺术作品。大楼今天以一名被红色军团暗杀的德国实业家命名，同时是欧洲第一经济强国的国家财政部所在地……它是柏林层层叠加的历史记忆的最好诠释。

四

除了路名、纪念物、政府大楼之外，有时一整个街区都会成为记忆之战的对象。亚历山大广场（Alexanderplatz）就是例证。这是一个建于19世纪的古老广场。它在两次世界大战的间歇成为了柏林著名广场，究其原因要归功于阿尔弗雷德·德布林（Alfred Döblin）1929年出版的脍炙人口的小说《柏林·亚历山大广场》(*Berlin Alexanderplatz*),这在今天仍是德语文学的经典之作。广场在二战期间被空袭彻底摧毁,被划入东柏林后,这片废墟多年无人过问,直到 60 年代相关整修计划才逐渐启动。广场周围建起了一系列钢筋混凝土的政府大楼,它们的建筑无可称道,唯一例外的是电视塔,它高达 365 米,至今保持着欧洲最高建筑纪录(埃菲尔铁塔只有 300 米高)。广场南部是 12 层的教师大厦(Maison de l'Enseignant),它以沃马斯卡(Womacka)创作的一幅名为"社会主义人之胜利"的大型马赛克而闻名;广场东北侧是 39 层的柏林城市饭店(hôtel Stadt-Berlin),今天成了公园酒店(Park Inn Hotel);它背后是统计大厦、出版大厦、电子工业大厦、旅游大厦……这些从建筑角度而言都无甚特别之处。广场中心毗邻地铁站的地方是 Konsum am Alex,今天的 Kaufhof,德国最大的百货商店。广场南侧是世界钟,一个十多米高的金属建筑物,标示着全世界主要城市的时刻。广场中心还有一个巨大的喷泉——"各国人民友谊喷泉"——一个由 17 个半球形的盛水盘组成的螺旋形上升的雕塑。最后,地铁站西侧是巨大的 Fernsehturm,上文提到过的电视塔。

亚历山大广场占地广阔,面积达 8 万平方米,加上周遭环绕的楼群,其目的就是展示东德这个国家的恢宏气势。上文之所以不厌其烦地列举了广场周围的主要建筑,是因为这可以说是一种社会陈设,体现了那些应当入主这些建筑的人所秉持的意识形态原则。这些集合于亚历山大广场的建筑是一条政治信息的载体,所以它有着柏林任何建筑群所不能比肩之处,那就是它象征着 60 年代末东德社会主义的宏愿:建设一个信奉理性、意志和科技进步的团结的社会。现在让我们一起来尝试解读这个建筑群的政治语言:教师大厦、统计大厦、出版大厦、电子工业大厦、电视塔、旅游大厦、世界钟、各国人民友谊喷泉……这个建筑群背后隐含着在当时语境下一目了然的逻辑——大家都知道教师在东德的重要性,他们是官方话语中人民的社会主义教育家;大家都知道统计数字对于东德政府——一个坚信经济运转是理性的、可以以中央集权的方式预先组织的政府——的重要性,共产党阵营国家普遍推行的大名鼎鼎的"五年计划"就以最为惊人的方式阐释了这种对经济的可组织性的信念;大家都知道书籍在一个人们相信知识只能巩固社会主义信仰的社会中的重要性;大家都知道技术的重要性，社会主义对技术的信仰和热情是与生俱来的，而电子工业大厦象征着最现代化的技术，和它相得益彰的著名电视塔则应当把东德技术的成就传播到四面八方；最后，大家也知道，国际主义精神在共产主义世界观中的重要性——这种无产阶级国际主义，相信全世界工人的命运休戚相关，而且这种阶级的亲切感应当超越民族情感，旅游大厦、世界钟和各国人民友谊喷泉都是这种意识形态的典型代表……亚历山大广场的建筑群包含着这样一以贯之的建筑组合逻辑，这在意识形态和国家表征层面上同样也能自圆其说。

今天，亚历山大广场的布局显然是有问题的，新政府计划对其进行彻底改造并不奇怪。规划已经有了，它以柏林参议院 1994 年 6 月采纳的汉斯·科尔霍夫(Hans Kollhof)方案为底本，总体思路是将广场改造成“柏林市中心”。目前，柏林市糟糕透顶的经济形势阻碍了科尔霍夫方案的执行，但近年来亚历山大广场原有建筑的拆除工作已经展开了。

五

我们可以看出，这个计划与共和国宫如出一辙的是，要彻底抹去亚历山大广场，这个柏林社会主义时期的地标及其所承载的记忆，并代之以某种全新的、全盘国际化的、资本主义世界的象征物：8 座 150 米高的 42 层摩天大楼。和共和国宫一样，支持改造亚历山大广场的一个论据是其原有建筑物的丑陋，但这个论据成立吗？改造计划引发了巨大争议，很多人指责科尔霍夫抹杀柏林城的灵魂，以一种占领军的做派处理东柏林的空间结构。

目前，这一计划还停留在纸面上，尽管亚历山大广场的局部拆除工作已经开始了，但实际上，和王室城堡一样，受资金短缺困扰，科尔霍夫计划目前还是无米之炊，摩天大楼的动工预计不会早于 2020 年……

我不准备赘述，大家应当已经明白了，一些路名的更改、共和国宫与亚历山大广场是拆是保，这些争论都不是简单的城市规划问题，而是关乎更深意义上的历史记忆。在这里请允许我引用历史学家雷吉娜·罗宾(Régine Robin)的一段精彩论述：“尘埃落定之后回望这一切，最令人惊讶的是这种反差：一方面，一个号称无敌的国家垮台的过程居然那么和平，未费一枪一弹，也没有任何人真正试图挽救它，但另一方面——这两方面或许有内在的因果关系——事过之后，清算东德遗产的过程却又那么歇斯底里，任何和这个消失的国家有着或远或近的牵扯的事物，它的象征物、它的价值观、从道路名称、纪念物、雕像到诞生在那一时期的建筑和机构、从博物馆到文学、从工厂到城市结构，都要赶尽杀绝，1990—1995 年间尤其如此，之后虽然不再表现得那么激烈，但实际上至今还绵延不绝。这仿佛是要把民主德国从历史长河中一刀切除似的，清理纳粹遗产的过程都没有这么不留余地。联邦德国代表了战后历史的正轨，而民主德国只是一场注定要被遗忘的历史事故。”

罗宾很好地揭示了柏林新政权所操持的反东德话语暴力，但与此同时，她没有考虑到这样一个值得玩味的现象：在官方话语的舞台之外，出现了一种与之针锋相对的“反记忆”，它在民众心目中的折射就是人们通常所说的“Ostalgie”，一个由 Ost（东）和 Nostalgie（怀旧）组合成的新词。这种 Ostalgie 最直观的反映就是 1999 年的《阳光小巷》（Sonneallee）和 2002 年的《再见列宁》这两部电影在德国取得的巨大商业成功。两部影片都没有掩饰对共产党治下的柏林生活的批判，但这种批判是包裹在一层温情的嘲讽中的。这种对前东德生活的追忆的另一种形式是回忆录中的青年时代记忆，它们强调东德生活的积极一面，但并不对其消失表示遗憾。这种温情、感伤，以私密或家庭经验为核心的记忆反映了前东德人面对西德所强加的对他们和他们的故国的一套话语时所普遍存在的反感。前东德人的生活经验和集体记忆不被尊重，流行的刻板印象是外人以近乎殖民者的姿态强加的，他们无法认同，这些回忆录在一定程度上是对这种处境的回击，其中肯定包含一种复仇情绪。这种记忆背后也存在着一个巨大的市场，一整套流行时尚。这种“Ostalgie”中包含着相当强的商业成分，而从历史角度来看，它并不比反共话语更有说服力，因为它倾向于淡化东德的镇压活动而更多地强调其积极的一面。

只有随着时间的推移，人们才能更客观，更不带感情色彩地看待这段历史。但在此之前，柏林就已经旧貌换新颜了……

（吴蕙仪　译）

法语区空间的时间延伸[①]

克劳德·奥泽尔(Claude Hauser)/瑞士弗里堡大学

从1880年至今,法语文化空间的形成和变化历经几个较大的发展时期,出现了截然不同的界限和视野。历史学家往往热衷于划分历史时期,这一理性的时间划分也可以用以考察在一个世纪以来法语区的发展。

一、法语区与殖民统治

法语区(francophonie)的概念,在起始时,即1880年到1920年间,与征服空间的逐渐构建紧密相连,带有第三共和国时期十分普遍的殖民主义的精神烙印。此间方兴未艾的法语区象征着欧洲殖民主义彼此的竞争和对抗。其倡议者之一,法国地理学家奥内西姆·勒克吕(Onésime Reclus)曾写过数部题目意味深长的著作,如《扔掉亚洲,抓住非洲》、《瓜分世界》、《一个伟大的命运业已开始》……根据他的定义,法语区成为一种殖民统治的工具,一种对殖民地人民进行教化、驯服的工具。例如当时在非洲使用了法语,主要通过教育,使之成为凝结法国殖民帝国的"粘合剂"。当时的法语区等同于等级分明的文化理念,其表现是,在其第一批理论家的著作中,人口语言的统计每每出现,其作者对法国文明的优越性坚信不疑。

这一带有帝国主义色彩的法语区理念将具体表现在法语联盟组织(Alliance française)上。这是一个类似国家性质的精神交际网络,从1883年开

① 本文曾在2010年9月14日于上海华东师范大学举行的以"展开的空间"为主题的两仪文舍插曲讨论会上宣读。参加此次讨论会的还有小说家应晨和让-菲利普·杜桑。

始就怀有散播普世光芒的抱负。法语联盟在众多国家都设有活跃的地方委员会，致力于大范围地普及法语和推广法语教学。虽然法语联盟的行动是抱着不追求经济利益的文化目标，但其主要推动者都参与了国家致力将文化服务于恢复政治经济统治地位的目的。自 1870 年法国惨败之后，这项工作便暂时搁浅。

在这第一阶段中，法语区的空间带有一个知识精英网络的特征，主要围绕文学而营建，以巴黎为统治中心，并辐射到周边国家。当然，一些非法国作家和文学评论家，如瑞士的维吉尔・罗塞尔(Virgile Rossel)也曾试图在其《法国之外的法语文学史》(1895)一书中，为法语区文学确定出第一个理论和历史框架。虽然罗塞尔在对法语文学的分析中，将周边国家的特殊创作条件考虑在内，从而拓宽了分析范围，但他并没有质疑巴黎中心的统治地位，他认为，周边国家应满足于在法语文学文化游戏中扮演一个"中间人"的角色(François Provenzano)。这个游戏主要由一个局限于法国、比利时法语区、瑞士法语区和魁北克的法语圈平台来操纵。

二、从民族中心主义到开放性人文情怀

这一殖民类型的法语区空间迟早要退出历史的舞台。在此之外，还可观察到一段民族化和闭关自守的时期，在此期间，民族主义占据法语舞台前沿，并常常以捍卫语言纯洁性为庇护，这主要表现在法国行动圈子中。尽管夏尔・莫拉斯(Charles Maurras)的思想所涉及的更多是"泛拉丁文化圈"而非法语圈，但它还是基于一个民族主义理想，即要把语言作为"一个民族最美好的证人"，成为维护纯洁性、明晰性的保障，一种统治工具及国家威力的象征。因此可称之为闭关自守的空间，它一直延续至第二次世界大战末，并在周边法语区编织一种势力网，以不同的面孔出现：二战期间残存的魁北克民族主义(Lionel Groulx)、比利时雷克斯党的独断专横衍生势力、瑞士法语区质疑德语占上风的瑞士官方文化的行动，该行动甚至对拉缪(Ramuz)也产生了影响，而拉缪本人却是一个常常注重从个人价值提升至普世价值的作家。

二战之后，逐渐开始形成一个围绕着法语文化协会而建立的关系和交流空间(法国文化联盟、法语记者协会等)。这些组织虽然仍建立在精英的交际圈子

之上，但中心-周边的关系已开始出现平衡，魁北克知识分子在此协会空间中，尤其起到了非常重要的作用。这一运动随着非殖民地化的进程越来越壮大。法国为了在两个超级大国占据统治地位的国家舞台中恢复和保持其重要地位，必须依靠其文化影响，而这只能通过与那些脱离其殖民管辖、走向政治独立的国家保持语言关系来实现。文学在此文化空间中依然占据核心地位，而该文化空间已扩展至“为人接受的法兰西性”。在旧殖民地中，从相关分析和批评中，我们可看到对其内在的多样性和丰富性得到越来越多的认可。

反映文学法语圈概念演变的最佳例证是法国瑞士籍的文学史专家奥古斯特·维亚特(Auguste Viatte)，他是法语文学的理论先驱，对其多种文学体裁均作出了研究分析。在当代批评家眼中，他是文学法语圈最后一名伟大的“多面手”。虽然激励维亚特战后文学研究的法语理想仍带有 Lyauthey 式父权特征的法国殖民概念影响的烙印，但他却是打开 19 世纪 50 至 60 年代法语文化空间大门的一位关键人物，该空间是一个在其来源、美学选择和创造潜力均独立自主的法语文学空间。维亚特常喜欢说：“我无论在法国或在任何一个法语国家都不会感到流落他乡。”因此他所代表的，是一个过渡时期，它通向一个更为相互关联、多元性、向周边文化开放的一个法语文化空间，与非殖民化恰好处于同一时期(Claude Hauser)。

这一法语文化空间的更新概念在《精神》(*L'Esprit*)杂志中找到了一个象征性载体，该杂志在战后以坚定的反殖民主义立场而著名，于 1962 年发表了题为《法语，活生生的语言》的特刊号。在这份名副其实的法语区宣言中，编辑所表达的主要思想是要鼓励发展一种面向解放民众的表现力开放的、不断更新的、活生生的法语。这一法语区概念不将殖民者和被殖民者相对立，同意将语言作为交流的技术工具，但不局限于精英语言的传统角色。这一思想的奠基者是雷奥伯尔·塞达·桑戈尔(Léopold Sedar Senghor)，他日后将成为构建“法语作为文化语言”的官方法语区的中坚人物。其所持的立场是一个综合性的立场，在反对殖民主义的同时，主张进行文化对话。在发表于《精神》(*L'Esprit*)杂志的一篇文章中，他将法语区描述为“在殖民制度废墟上找到的绝妙工具”，认为它是“所有大陆、所有种族的处于沉睡状态的能量的共生体，一旦获得额外热量的补充，便从酣睡中苏醒过来”。是一种“在全球范围内编织成的全面性的人文主义”。

三、法语区在全球化空间的归属何在?

桑戈尔当时已预感到:法语区在20世纪后期将进入“世界空间”范围。从19世纪70年代开始，伴随着一些法语机构组织的逐渐构建，如法语大学联合会(AUPELF)、法语国家教育部长会议(CONFEMEN)、文化技术合作局(ACCT)、法语国家国际组织(OIF)等，一个真正的法语文化领域获得拓宽和发展，各种交流、来往、网络在文学、戏剧、电影、歌曲等领域层出不穷。非殖民化进程反对欧洲文化模式的霸权地位，对传统上建立在国际关系基础上的文化等级划分提出质疑，更为注重文化交流和合作，而非一味追求单方面的文化弘扬和阳春白雪式的活动。在这一由官方组织管理、文化机构及人士积极参与的法语区框架内，艺术节、展览和创作者之间的网络构建不断涌现，其中的最佳例证便是在身份认同方面寻求解放的魁北克，认为国与国之间的关系涉及社会的方方面面，从而使得各个地方政府和个人网络都可以自愿性地参与文化交流。

这是一个大众文化的时代，法语区从中受益，得以开展相互交往，扩大沟通和交流，超越了当年文学鹤立鸡群、中央学院统管一切的局面。周边文化各守自己的不同特色，并向普世性敞开胸怀。在法语区空间范围内，魁北克民间俗语在语言层面，是一个极富创意的独特例证。由于其承认标准已不总是以巴黎中心标准马首是瞻，不同领域中的法语区文化创作自由地相互交流，无需再通过法国本土。例如获得了法语区国家地区电台、电视台节目宣传推广的歌曲，便是一个绝佳的例证。在瑞士法语区或魁北克省的新型戏剧方面，剧团之间密切来往沟通，共同分享各自的经验，其中主要通过1967年蒙特利尔世博会推出的大型文化计划进行。而文学也进入了全球化的时代，如今，用法语写作的文学起到了替代和拓展法国文学和法语区文学的作用。

如今，在法国国土之外，已出现一个“业已实现的法兰西性”，这主要得益于“语言的流亡者”的努力，他们在普世价值的共同表达上获得认同(Anne-Rosine Delbart)。法语区为来自不同区域、母语不是法语的创作者提供了某种“文化庇护所”。在一个一味追逐资本积累和回报的当今世界中，法语和其他任何一种语言一样，虽被视为无用的语言，但它却可代表一种富有人文情怀的交流价值，有助于个人的深化和丰富。它能使个人的身份认同更为根深蒂固并与其他内涵相融合，从而面向普世价值和文化对话敞开胸怀。

（蒙　田　译）

参考书目

1. Delbart，Anne-Rosine：《语言的流亡者：来自异国的“法语”作家百年回顾》（*un siècle d'écrivains* “*français*” *venus d'ailleurs* 1919－2000）. Limoges，PULIM，2005.

2. Deniau，Xavier：《法语区》（*La francophonie*），Paris，PUF，2003.

3. Erfurt，Jürgen：*Frankophonie. Sprache-Diskurs-Politik*. Tübingen，A. Francke Verlag，2005.

4. Esprit，杂志：《法语，活生生的语言》（*Le Français*，*Langue vivante*）. N° 311，Paris，1962.

5. Hauser，Claude 和 Pomeyrols，Catherine（主编）：《法国行动与外国：法国国民右派的习惯、网络和代表》（*L'action française et l'étranger*：*usages*，*réseaux et représentation de la droite nationaliste français*）。Paris，L'Harmattan，2001.

6. Hauser，Claude：《法国—瑞士边界摆渡人的旅程：投身于文学法语圈与政治参与的 Auguste Viatte》（Itinéraire d'un passeur de frontières franco-suisse：Auguste Viatte entre francophonie littéraire et engagements politiques）：A. Dierkens，F. Gugelot，F. Preyat 和 C. Vanderpelen-Diagre（主编）：《十字架与旌旗：法语区的天主教作家》（*La croix et la bannière. L'écrivain catholique en francophonie*（*XVIIe*－*XXIe siècles*）. Bruxelles，Ed. de l'Université de Bruxelles，2007，第 217－227 页。

7. 《强行接受法语混合性》（Imposer la batardise francophone）。《人类学与

社会》杂志特刊号，Québec，Université Laval，vol. 6，N° 2，1982.

8. Pinhas，Luc：《法语区言说溯源：Onésime Reclus 与法国殖民扩张主义》(Aux origines du discours francophone：Onésime Reclus et l'expansionnisme colonial français)，《交流与语言》(*Communication et langages*)，N° 140，2004 年 6 月，第 69—82 页。

9. Provenzano，François：《法语区：定义与用法》(La "Francophonie"：définitions et usages)，*Quaderni*，no 62，2006—2007 年冬，第 93—102 页。

10. Provenzano，François：《法语区的生与死。法国的语言和文化政策》(*Vies et mort de la francophonie. Une politique française de la langue et de la littérature*)，Bruxelles，Les Impressions nouvelles，2011.

11. Revaz，Gilles：《瑞士与法语区》(*La Suisse et la Francophonie*). Collection Francophonies，Paris，CIDEF - AFI，2003.

12. Roche，François (sld.)：《国际关系中的文化》(*La culture dans les relations internationales*). Ecole française de Rome，2002.

13. Viatte，Auguste：《法语区》(*La Francophonie*). Larousse，Paris，1969.

中国与法国 18 世纪经济思想

多米妮柯·马尔凯拉兹(Dominique Margairaz/巴黎第一大学

启蒙时代的著作中,"中国"二字无疑占据了极为醒目的位置,启蒙哲学家也常以中国为重要论据进行论战宣传。欧洲对中国文明的兴趣和热情的产生和持续不衰,首先要归功于传教士的著作以及旅行家和商人的游记,但从 17 世纪开始,还要加上荷兰、英国以及随后的法国印度公司带回的中国物品。纺织品、漆器、瓷器和版画等奢侈品贸易繁盛一时,同时也造就了西方的一种品位和想象。到了 18 世纪,中国在各种档次、各种类型的文字中无处不在,大量的政治思考也以之为素材:关于好政府的基础、宗教宽容、社会秩序的基石等。对欧洲和法国的中国风在文学、哲学、艺术等各方面影响的研究汗牛充栋,近年来还有许明龙的中文著作《欧洲十八世纪的中国热》(山西教育出版社,1999)。关于孟德斯鸠的研究数量尤其巨大,因为他不仅在《论法的精神》,而且在《随笔集》(*Spicilège*)和他的笔记《地理》(*Geographica*)一辑中都连篇累牍地谈及中国。的确,对本文而言,孟德斯鸠是一个不错的出发点。不仅因为《论法的精神》中用很大篇幅讨论经济问题(诸如贸易、奢侈),并思考分析了民主制度、君主制度和专制制度下的人口、财富和农业的地位,而且因为文学史和哲学史学家已经对两个关键问题进行过深究:他看上去对中国了如指掌,他的这些知识来自何处? 他一方面如他声称的那样,努力采取客观的比较研究视角,另一方面又热衷于价值判断(尽管并不是非黑即白),如何看待他对中国的处理?

这两个问题至关重要,如果我们不想局限于纯粹的类比和在缺乏证据及对传播过程、途径的了解的情况下挖掘"影响"的话。然而,在讨论中国与 18 世纪法国经济著作的时候，这个危险是时时存在的。最近有不少著作试图证明重农学派思想灵感源于中国，证据是“无为”的概念在欧洲的传播。这其实和 20 世纪 30 年代几名学者所持的观点一脉相承（这一派观点的开山之作要追溯到 20 年代初）。这些著作的相似点不能不让人惊讶。当时旅居巴黎的中国人李秀义（Ly Siou-y 之音译）谈到过重农学派对孙中山周围人的影响，这或许暗示我们，之所以有意识地提倡这种西学中源说，是为了来化解民族主义的国民党人对外来思想的抵触情绪？总之，这种论点的影响一脉不绝，并在 90 年代史学界以所谓“全球史”（histoire *globale*）或关联史（histoire *connectée*）取代和超越被认为过时的国别史的氛围中重新抬头。“文化混血”成为了新的意识形态，促使学者去建构欧亚大陆的整体史。这在克里斯蒂安·格拉赫（Christian Gerlach）的笔下极为明显。他认为，“无为”哲学的传播早在 17 世纪的联省共和国就开始了，起了桥梁作用的是当时流传的一些翻译作品，以及一些蕴含着这一理念的图像艺术作品。到了 18 世纪，重农学派，尤其是魁奈的作品，成了中国思想在欧洲传播的主要媒介。这些研究的问题是，它们都建立在类比和相似的基础上，而正如米歇尔·福柯在《词与物》中一针见血地指出的，这都属于“前科学”的研究方法（démarches préscientifiques），而不是严谨的思想史研究的正确途径，关于后者，让-克洛德·佩罗（Jean-Claude Perrot）对亚当·斯密与冉森派思想之间关系的证明就是极好的范例。

以魁奈为例，类比方法将“放任自流”（laisser-faire）和“无为”（non-agir）简单地划上了等号，却没能呈现出任何文本或思想的传播过程。尽管这种简单化的类比在今天仍有市场，比如常将魁奈称为“法国的孔子”，但这既不能用来反证启蒙哲学家对中国著作的接受，也不能说明他们是如何处理中国材料的（后者很少有人质疑）。然而，魁奈的作品中没有任何线索表明历史上曾发生过这样一次观念传播，导致“放任自流”概念的形成；相反，魁奈思想的本土资源都已经得到了识别确认。在这个问题上，最新版的魁奈经济学著作集提供了一些决定性的新史料，特别是重新出版了一向被作为魁奈接受过中国思想的最重要证据的著作《中国的专制主义》（1767）。对两种手稿的仔细比对表明，发表在《公民日志》(*Éphémérides du citoyen*)[①]上的版本经过大幅度修改,特别是取消了魁奈本人文字和对其他作者的整段引用之间的区别(最初的手稿中,这些引文都是带引号的)。看来只有概述性的、且对中国不置一词的第八章完全出自魁奈的手笔,其他各章都是整段抄引自两部著作:杜赫德神父(Père Du Halde)的《中华帝国全志》(*Description de l'empire de la Chine et de la Tartarie chinoise*,1735年,4卷),特别是雅克·德·苏尔吉(Jacques Philibert Rousselot de Surgy)的《亚、非、美洲及极地之政治、民政、道德和自然史杂纂》(*Mélanges intéressants et curieux ou, abrégé d'histoire naturelle, morale, civile et politique de l'Asie, l'Afrique, l'Amérique et des terres polaires*,1744—1766年,10卷)。魁奈著作集的编者严谨地表示,这些大段的引用唯一的目的是为魁奈的论述添加一些例证,使之不流于脱离现实的凌空舞蹈。之所以舍近求远地举中国为例,是为了一方面吸引酷爱游记的开明阶层的读者,一方面做到言之有据,使读者服膺于自己总体论点的可信度。所以这主要是一种修辞学手段。更何况,即便把"laisser-faire"是否等于"无为"的问题搁置不论,我们也必须强调,重农学派的理论核心远非"放任自流"可以简单概括的,而且"放任自流"一词还是樊尚·德·古尔奈(Vincent de Gournay)的发明。

卡特琳·拉莱尔(Catherine Larrère)的研究表明,魁奈并不主张取消行动,相反在寻求一种行动模式;他并不限定君主应当不作为(inaction),而是在探究一个好政府的原则,让政府能依据这些原则而良好地作为(bien faire),这最终还是归结到"作为"(faire)。这个行动模式诚然要求政府退出经济领域,但与此相应的是君主应当积极干预立法和国土基础设施建设,个人在潜力得到解放后也应当积极投身经济领域。此外,个人的所作所为不应局限于追求个人私利。和坎狄龙(Cantillon)一样,魁奈认为,有产者在其支出取向(是否促进生产的进一步丰富)和资本的使用上负有决定性责任,但所有这些都应当受君主指引,后者的任务是制定良法,并以身作则,促进有产者做出符合群体利益的决定。无

① 法国教士兼经济学家尼古拉·博多(Nicolas Baudeau,1730 - 1792)出版的杂志(1765—1772,起先为半月刊,1767年改为月刊),宣传重农学派思想的重要刊物。

论从方法论还是从文本诠释的角度来看，认为“无为”概念的传播是所谓的魁奈的放任自流思想基础的假设都是站不住脚的，而且自我调节（autorégulation）的概念也不属于魁奈思想。让行动符合自然法则并不是通过对行动的罢黜，而是通过建立一种知道如何采取行动的“专制主义”，中国的例子就是为了证明这一点。

但是话说回来，魁奈的同时代人，包括魁奈本人在著作中确实时常提及中国。所以，我们应当着重于联系不同作者的修辞策略和交流习惯，分析出他们在提及中国时采取的不同手法和认识论模式。

第一种情况是镜像法。孟德斯鸠的《波斯人信札》是这种文学手法最好的例子。它总体上是通过一个虚构的外国人的视角来观察法兰西王国，并以这个虚构的主人公与友人通信的口吻表达出来。中国和波斯一样为作者们提供了一个资源，让他们在华丽的异国情调掩饰下可以几乎不留情面地批判政府。安其·古达尔（Ange Goudar）1765 年发表的《中国间谍，或奉北京之命研究欧洲现状的秘密使臣》（*L'espion Chinois ou l'envoyé secret de la cour de Pékin pour examiner l'état présent de l'Europe*）也完全秉承了这一路数。全书分四册，全部为书信体，作者宣称这些信件是两名中国士大夫写往北京的，“偶然”落入了他手中，而他只是将其编纂成书，这是当时书籍出版时常用的一种托辞（这种托名为外国人的做法，后来在诸如 18 世纪风行的即兴诗剧[pièce fugitive]的出版中也很常见）。书的前言揭示了作者为何选择中国：他故作惊讶的批评可以附丽于中国悠久的历史和睿智的法律所具有的权威性。同样的虚构还出现在圣佩拉维（Guérineau De Saint-Péravi）的《透视法，或中国人在孟菲斯，译自古埃及文的随笔》（*L' Optique ou Le Chinois a Memphis, essais traduits de L'égyptien*）中，它的陌生化效果由于场景设在古埃及而更加深了一倍（当时尚未破解的古埃及文字时常被认为与中国汉字有渊源），孟菲斯隐射的是巴黎。在这些作品中，中国只是被用来制造一种批判所需的距离感，中国本身只是一个空洞的剪影，陪伴着两位士大夫去观察英国、联省共和国和法国（这才是作者的醉翁之意所在），或陪伴着中国旅行者去发现一个专制帝国的首都，读者可以猜出它隐射的是巴黎。

营造异国情调的另一个目的是提高观点的可读性，让一群开明但并不专业的爱好游记的读者读来不觉艰深。18 世纪的经济学家的确为吸引开明阶层的认同而颇费苦心，而文人们也主动将其文学才华投入到论战之中。在自由派的商业总管（intendant de commerce）樊尚・德・古尔奈周围、在魁奈周围，都聚集了不少负责将大师思想通俗化，并且为其冲锋陷阵、抵挡对手攻讦的才子。早年的莫雷莱教士（Abbé Morellet）和古瓦耶教士（Abbé Coyer）都曾经以此身份在奢侈之争（Querelle du Luxe）、商业贵族之争（Querelle de la noblesse commerçante）、印度公司之争（Querelle de la compagnie des Indes）等关于经济自由化的辩论中崭露头角。自 1750 年起，自由派的进攻锋芒主要瞄准行会的废除。1768 年出版了《陈吉，可资他国借鉴的交趾支那故事》（*Chinki, Histoire cochinchinoise qui peut servir à d'autres pays*），最初署名伏尔泰，实际是古瓦耶教士的作品，故事的背景设在蒙古帝国。陈吉（Chinki）是一个受苛捐杂税盘剥而失去土地的农民，他试图让儿子在城里成为工匠，但马尔萨斯式的荒谬的行会制度却让他无法如愿。叙述他遭遇的文章的发表为他招致了无情的报复，最后是一位开明的士大夫救了他，并说服君主进行必要的改革。中国在这里同样只是一个异国情调的布景，用以传达一个本土的思想，制造一种间离的效果，使得一些放在当时的法国背景下无人注意的论调能够获得听众。

不过当时的经济学家笔下，中国的例子确实是他们时常引用的论据。这种情况可以称之为“以中国为证”。通过耶稣会传教士的著述和时人的游记，经济学家们间接地获得了一些关于中华帝国的知识。视材料来源不同和论述目的不同，中国在他们眼中的形象也时而积极，时而消极。这里我们需要超越“褒华派”（sinophiles）和“贬华派”（sinophobes）的二元对立，去尝试理解不同作者对中国材料的处理，并且要考虑到有些作者确实曾经质疑过这些书本知识的真实性。早在 1734 年，让-弗朗索瓦・莫隆（Jean-François Melon）在他的《关于商业的政治随笔》（*Essai politique sur le commerce*）中就质疑过那些自相矛盾的“含混的论调”，如中国的两个截然对立的形象：一边是繁荣、丰饶、光明的国度，一边是挣扎在饥饿贫困中难以自拔的帝国。他的结论是：“这足以让那些对该国人民福祉和教养的溢美之辞大打折扣。”孟德斯鸠和魁奈也明白对中国资料谨慎处置的必要，并且下笔时都不忘声明其资料来源不一定可靠，但这也没有妨碍他们在其经济著作中将中国置于显著位置。他们对中国资料的安排使用是服从于18世纪政治经济著述所讨论的问题以及他们所给出的答案的。所有这些问题中，人口减少的原因（他们相信法兰西王国正面临这样的问题）及其解决办法是最适合以中国为范例来作出回答。人口与资源之间的均衡与失衡，以及政府的自然本质则是可以以中国为例加强论证的两大论题。坎狄龙在《商业贸易论》（*Essai sur le commerce*，1751）中肯定地说："没有哪个国家能繁衍出像中国一样众多的人口。"但是当荒年来临时，数以千计的人就会死于饥馑。于是，无论中国人口如何众多，"他们必然要注意人口与资源比例协调，而不超过国家能养活的数量。"这是未经证实的结论。《人之友》（*L'Ami des Hommes*，1764）的作者米拉波认为，中国拥有如此人口水平是由于农业先进，因而资源丰富。而魁奈在为《百科全书》撰写的条目《人》中则提出，人口增长超过资源是导致贫困、人口众多、饥饿横行的原因。所以说中国与罗马帝国一样，是一个存在于纸面上、被时常引用为证据的例子。印证这一现象的甚至还有亚当·斯密和马尔萨斯，中国在他们笔下是"停滞状态"的实例，是增长模式的反典型，而他们孜孜以求的就是找到增长的各个决定要素。禁绝外贸和导致工资降低的人口增长压力从反面为他们所努力描绘的良性循环提供了证明。

18世纪60年代的一项动议与之前的两种模式都截然不同：它把中国作为调研对象。当时恰有两名被耶稣会士送到法国深造的中国人郭类思（Alois Ko）和杨德望（Etienne Yang）准备回国。法国国王为他们提供了赞助，而提出此建议的是国务大臣贝尔坦（Bertin），后者希望他们日后能与法国就科学文化问题保持通信联系（这些信件后来确实以《中国来信》[*Correspondance avec la Chine*]为题出版了）。第一个提出这个设想的其实应该是杜尔哥，这位后来以自由化改革闻名的财政大臣、当时的利穆赞省总督（intendant du Limousin）根据法国18世纪流行的统计学考察方法，拟定一份问卷，交给郭杨二人。他最重要的著作之一《关于财富的形成和分配的思考》（*Réflexions sur la formation et la distribution des richesses*）就是写给这两位中国人的，本意是为了指导他们做出满足他期望的考查成果。他在书中详细讲解了问卷中隐含的各种经济概念和经济机制，这也能让人更好地理解这份问卷的意义所在。归在“财富—土地分配—文化”一栏下的问卷第一部分（共30项）的确涉及了财富形成及其社会分配的各个方面，无论是土地财富还是动产：资本的集中程度、土地的耕种和利用方式、银钱的利率、产品估价的方法、食品交易和物价的立法规范和调控手段的性质……问卷没有区分社会知识和再生产机制，这带有典型的前古典经济学方法特征。问卷还涉及一些百科全书式的知识，这也完全符合启蒙时期的统计学考察特点。的确，问卷稍后还有名为“工艺”的一栏（15项），这是一份真正的工业考察计划，旨在了解在那些因质量精良而在法国享有盛誉的中国产品的制作工艺：纸张、印刷术、纺织品、瓷器。未来的财政大臣在此表现了他对这些领域的技术和知识现状有着非凡的深入了解。他还特别叮嘱要取得样本，并事无巨细地根据当时科学界的通行做法制定了取样、标签、包装和运输的各项规范。之后的一栏是“自然史”（5项），旨在了解中国的矿产及植物资源。他要求调查者收集矿石样本、制瓷用的高岭土样本、茶树种子……最后附加的一栏“有关历史的几点问题”（3项）旨在澄清一些文化问题：中国犹太人的状况、“鞑靼满族人”的汉化过程和程度、汉人和生活在闭塞山区、没有臣服的“苗族”（Miao-tsées）的关系。

带着这样一项任务，杜尔哥的两个中国人回国后看来肯定有足够的工作，每天都排满日程。北京传教士和贝尔坦的通信告诉了我们之后的故事。很快人们便意识到，两位中国皇帝的臣民如果着手收集任何旨在满足杜尔哥兴趣和好奇心的情报，那必然会引起怀疑，甚至被控以间谍的罪名。任何人都不可能公然进入一家工场、索取问卷所要求的详细信息而不冒被逮捕入狱的风险。也就是说，调查根本未能开展起来。然而这份问卷却标志着法国看待中国的视角的一次根本性转变：身兼经济学家和行政高官双重身份的人士开始力图控制、充实信息（信息的获取在此之前一直靠的是一些西方人各执一词的叙述），建立用于比较研究的数据资料，而这种研究本身也有助于传播和检验这些官员经济学家的理论假设。这项知识性计划中诚然不乏功利主义成分，但它表现了一种决心：超越人云亦云的刻板印象，努力找到途径、积累资源，以求能够运用自己的判断力去评判一个在时人的描述中形象自相矛盾、时而繁荣时而凋敝的帝国。至少，就杜尔哥而言，中国为前古典主义经济的一位杰出人物提供了一个机会，让他在《关于财富的形成和分配的思考》中归纳、整理了其主要理论设想，并建立了一套本应可以为他理论提供验证的实证研究范式。

（吴蕙仪　译）

参考书目

1. Benítez，Michel，*Montesquieu*，*Fréret et les remarques tirées des Entretiens avec Hoangh*，*Actes du Colloque international tenu à Bordeaux*，*du* 3 *au* 6 *décembre* 1998 *pour commémorer le* 250*ème anniversaire de la parution de l'Esprit des lois*，Bordeaux 1999，p. 111 – 126（repris dans la nouvelle édition des *Geographica*，O. C，t. VI，p. 419 – 434）.

2. Brockey，Liam Matthew，*Journey to the East*：*The Jesuit Mission to China*，1579 – 1724. Carcassonne，Émile，*La Chine dans L'Esprit des lois*，*Revue d'histoire littéraire de la France* 31（1924），p. 193 – 205.

3. Ch'ên Shou-yi，"Sino-European cultural contacts since the discovery of the sea route"，*Nankai social and economic quarterly*，VIII – 1，1935.

4. Clarke，John，*Oriental enlightenment*：*the encounter between Asian and Western thought*，New York/Londres，1997.

5. Davis，Walter W.，"China，the Confucian Ideal，and the European Age of Enlightenment" *Journal of the History of Ideas*，44 – 4，1983p. 523 – 548

6. Davis，Walter W.，*Eastern and Western History*，*Thought*，*and Culture*，1600 – 1815，Londres，Lanham，1990

7. Dawson，Raymond，*The Chinese Chameleon-An analysis of European conceptions of Chinese civilization*，New York/Toronto，1967.

8. Dazunska-Golinska，Sophie，*La Chine et le système physiocratique*，Varsovie，1922.

9. Dehergne，Joseph，"Les deux Chinois de Bertin：L'Enquête industrielle

de 1764 et les débuts de la collaboration technique franco-chinoise" Thèse de doctorat, Paris, 1965.

10. Fabre, Daniel, *Chinoiserie des Lumières: Variations sur l'individu-monde L'Homme. Témoignages, études et essais* n° 185 - 186, 2008/1 - 2

11. Fatica, M., *Le fonti orali della sinofobia di Montesquieu*, *Cahiers Montesquieu* 2, 1995, p. 395 - 409.

12. Gerlach, Christian, *Wu-Wei in Europe. A Study of Eurasian Economic Thought*, Working Paper No. 12/05, *Global Economic History Network* (GEHN) Department of Economic History, London School of Economics, March 2005 (This paper was originally written and submitted as a dissertation in partial fulfilment of the MSc Global History) http://www.lse.ac.uk/collections/economicHistory/GEHN/GEHNPD...

13. Barrera, Guillaume, article *CHINE* dans le *Dictionnaire électronique Montesquieu*: http://dictionnaire-montesquieu.ens-lsh.fr/index.php? id=319

14. Guy, Basil, *The French Image of China before and after Voltaire*, *Studies on Voltaire and the* 18*c*, 21, Genève, 1963

15. Hobson, John, *The Eastern Origins of Western Civilisation* Cambridge, CUP, 2004.

16. Larrère, Catherine *Qu'est-ce qu'un bon gouvernement?*, *Économies et sociétés*, Oeconomia, Histoire de la pensée économique, séries P. E, n° 29, 8, 1999, p. 7 - 27.

17. Lelièvre, Dominique, *Voyageurs chinois à la découverte du monde Les rapports entre la Chine et l'Europe au temps des Lumières*, Actes du IIe colloque international de sinologie, Centre de Recherches interdisciplinaire de Chantilly (CERIC), 1977, Les Belles Lettres, Cathasia, PARIS, 1980

18. Lutfalla, Michel *La Chine vue par quelques économistes du XVIII*[e] *siècle*, *Population*, 17 - 2, 1962, p. 82 - 96

19. Ly Siou Y, *Les grands courants de la pensée économique chinoise dans*

l'Antiquité et leur influence sur la formation de la doctrine physiocratique, Paris, Jouve, 1936.

20. Maître, Henri-Bernard, *Les sciences et la Correspondance de la mission française de Pékin au XVIIIe siècle*, XIIe Congrès d'histoire des sciences, (1968), Paris, Blanchard, 1970.

21. Maverick, Lewis A., *Chinese Influences upon Quesnay and Turgot-Read before the Society for Oriental Studies, at Claremont, in April* 1942, Claremont 1942.

22. Maverick Lewis A., *China, a Model for Europe*, San Antonio, 1946.

23. Priddat, Briger, *Ist das "laisser-faire"-Prinzip ein Prinzip des Nicht-Handelns? über einen chinesischen Einfluss in Quesnay's "Despôtisme de la Chine "auf das physiokratische Denken Diskussionsschriften aus dem Institut für Finanzwissenschaft der Universität Hamburg*, 16, 1984.

24. Richter, Marcel, *Montesquieu's comparative analysis of Europe and Asia: intended and unintended consequences* in A. Postigliolia (ed.) *L'Europe de Montesquieu* Naples/Paris/Oxford, 1995 p. 329 – 348.

25. Robinet, Isabelle, *Histoire du taoïsme des origines au XIVe siècle*, Paris, Le Cerf, 1991

26. Robinet, Isabelle, *Comprendre le tao* Paris, Albin Michel, 2002

27. Schmutz, Georges-Marie, *La sociologie de la Chine*, Lausanne, Peter Lang, 1993

28. Schorer, Edgar, *L'Influence de la Chine sur la genèse et le développement de la doctrine physiocratique*, Paris, Domat-Montchrétien, 1938

29. Silvestre de Sacy, Jacques, *Bertin dans le sillage de la Chine 1720 – 1792*, Paris, Les Belles Lettres, 1970.

30. Spence, David, *La Chine imaginaire: la Chine vue par les Occidentaux de Marco Polo à nos jours*, Montréal, Presses de l'université de Montréal, 2000

31. C. Volpilhac-Auger, *On the Proper Use of the Stick: The Spirit of the*

Laws and the Chinese Empire, dans *Montesquieu and his legacy*, Rebecca Kingston éd, Toronto, Sunny Press, 2007 p. 81 – 95

32. Weil, François, *Le manuscrit des* Geographica *et* L'Esprit des lois, *Revue d'histoire littéraire de la France*, 1952, p. 451 – 461.

33. Wong, M., Huard, P., *Les enquêtes scientifiques françaises et l'exploration du monde exotique aux XVIIe et XVIIIe siècles*, *Bulletin de l'Ecole française d'Extrême-Orient* 52 – 1, 1964, p. 143 – 155

34. Xu Minglong, *La Vogue chinoise en Europe au XVIIIe siècle*. Taiyuan, Éditions d'enseignement du Shanxi, décembre 1999.

35. Xu Minglong, *Montesquieu en Chine au début du xxe siècle*, *La Fortune de Montesquieu*, *Montesquieu écrivain*, *actes du colloque international de Bordeaux*, 18 – 21 *janvier* 1989 Bordeaux, Bibliothèque municipale de Bordeaux, 1995, p. 187 – 194.

思考空间：美国对外政策的地缘政治：冷战的地缘政治缘起

尼古拉·维克布尔特（Nicolas Vaicbourdt）/巴黎第一大学

尽管除基辛格之外，任何一个美国高官都没有明确声称在其外交行动中使用地缘政治的分析方法，但地缘政治无疑对他们的思考有着不可忽视的影响。美国历史同任何一个国家的历史一样，深刻地受制于地缘政治因素。美利坚合众国诞生后第一个百年历史的核心甚至就是一种与空间的关系的叙述：将十三州联盟变成一个“横贯大陆的国家”（Etat-Continent）的领土征服，抵御分离主义势力、保卫领土完整……甚至在那之后，当整个大陆已经被征服，疆界已经划定，美国的历史依旧可以被视作一部“帝国式共和国”的历史：美国在本质上依然是一个扩张性的国家，围绕弗朗西斯·福山的著作和约瑟夫·奈的理论的所有辩论都足以充分证明这一点。

这是否意味着盎格鲁-撒克逊的地缘政治学说与德国地缘政治学说一样，藏有对外征服的计划，或者至少带有具体的政治和意识形态目的？这种说法很难站住脚跟，就像不能说麦金德（Mackinder）和斯皮克曼（Spykman）的著作有创立体系的野心一样。但更关键的是，美国的外交决策程序尽管没有否认地缘政治理论的成立，但也并没有在根本上受制于地缘政治学家的著述。国务院的分析曾与麦金德和斯皮克曼的分析不谋而合，正如在此之后它看上去又对二人后继者的理论置若罔闻，这一切似乎都证实了这点，我们也可以就此证明，真正占主导地位的因素是政治的“演变”。

一、盎格鲁-撒克逊的地缘政治理论：遏制政策的前奏

美国一开始就把自己视为海洋国家：早期的殖民地不过是一排沿海的门

面，而1812年新首都华盛顿被摧毁及后来针对南方联盟的发挥决定性作用的海运封锁都不过进一步证明了这一看法。美国的第一个地缘政治学家是倡导海权论的阿尔弗雷德·塞耶·马汉（Alfred Thayer Mahan）海军上将，这绝非偶然。马汉的海权论的灵感来源于维多利亚时期的大英帝国，并有意对其他案例，尤其是对罗马帝国的例子视而不见。他的观点无疑极其深刻地影响了西奥多·罗斯福（Théodore Roosevelt.）的理论。

但是20世纪初的地缘政治精神发生了一场真正的革命。宣告这场革命的是影响最为深远的盎格鲁-撒克逊地缘政治学家哈罗德·麦金德（Harold Mackinder），而一次大战的进程则证明了他的远见。

麦金德的著作，无论从时间跨度（他最为重要的作品写于1904年到1943年间）还是从影响力而论，都足以使他成为探讨美国地缘政治思想传统时不可能绕开的人物。

麦金德思想的核心，是建立在对科技飞速发展所带来的巨大变化的思考上的，这其中尤其是铁路带来的交通革命。如果说数百年以来的历史证明了海路交通的优越性，并引导人们将欧洲看作一个半岛，那么这个时代已经一去不复返了。从今往后，陆上的铁路成了效率最高的运输方式。随之而来的是对地缘政治空间新关系的警醒，尤其是"创造"了"世界岛"，这个由欧亚大陆和非洲构成的板块今天已经可以被轻易横穿，因而已经统一。这个板块的中央是一个"枢纽区域"（Pivot Area），这片位于欧亚大陆中央的空间是海洋势力鞭长莫及的，这也正是在此建立的强国能够立于不败之地的根本。麦金德担心的是，强国联手之后（在当时的背景下，指的是德俄两国）会通过开发新科技的力量在欧亚大陆上建立起没有制衡的强权，有能力统治世界岛，继而利用其资源征服全世界。尽管俄国在1905年日俄战争中最终败北，但俄国在远东的边缘集结兵力的能力（这比将巴伦支海舰队调到远东容易得多）仍然证明了麦金德的远见卓识。

当然，麦金德的理论打着他所处时代地缘政治形势的烙印：那是大英帝国和沙皇俄国两大殖民帝国对峙的年代。麦金德看到了俄国的陆上运输手段较之海路运输的优势，而大英帝国内部主要的交通线都是海路。因此，能够更轻松、更快速地调遣兵力的俄国便拥有了对整个“内新月形地带”(Inner Crescent)的战略优势。

麦金德在1919年发表的《民主理念和现实》一文中重提了同一理论。但经历了战争之后，他最忌惮的敌人已经改换了国籍。麦金德甚至提议，在东欧建立一个“缓冲国家”，以保护脆弱的苏维埃共和国不受德国的攻击，因为“心脏地带”(Heartland)(这个新概念较之“枢纽区域”在地理上的所指不那么明确)一旦落入德国之手，后果将更为不堪设想。也就是在这篇文章中，麦金德写下了他最脍炙人口的名言：

> 谁统治了东欧就能支配心脏地带，
> 谁统治了心脏地带就能支配世界岛，
> 谁统治了世界岛就能支配全世界。

尽管没有确切档案记录为证，我们不可能具体衡量其影响之深远，但这三句话在整个二次大战期间都被各盟国铭记在心。地缘政治分析就在这几年中在美国遍地开花。麦金德无疑成了这一风潮中的英雄：他的所有文章都被反复再版，最后著名的《外交事务》(*Foreign Affairs*)杂志都认可了他的贡献，为1943年夏季号向他约稿：这就是《圆形的世界与赢取和平》。

这篇发表于1943年的文章是我们可以确认的有关冷战地缘政治的最早的几篇文章之一。当然，战争的现实已经迫使麦金德重新评估他在1919年的名言：纳粹德国已经基本上将东欧乃至苏联(也就是整个心脏地带)抓在手中，但不可否认的是，胜利对它而言依然十分渺茫。因此，必须看到，世界上还存在能够制衡心脏地带的另一极，以包括北美(美国和加拿大)、英国，或许还有法国的一系列国家为核心。这些环绕着北大西洋(即“地中洋”Midland Ocean)的国家分别担任着后方基地(战争命脉：人力、工业、农业资源)、永不沉没的空军机场以及攻向心脏地带腹地的桥头堡的角色，而这些都是海洋强国所必不可少的。作为制衡力量的“地中洋”概念的提出也是时势使然，因为麦金德已经将苏联等同于心脏地带，拥有称霸世界所需的一切资源。

麦金德这个观点敲响了占统治地位的马汉“海军力量”概念的丧钟。的确，随着技术发展(麦金德的早期几篇文章已经注意到了新技术的重大意义)，英美的海军力量已经没有了安全的活动空间：没有了用于中途停港的腹地(hinterland)，也没有了不受威胁的航道。根据这一逻辑，从此世上将只有处于陆地强国包夹下的内海，何况这些陆地强国还拥有空中打击力量。最后，控制心脏地带的势力显然有足够的资源也建立起一支实力可观的舰队：一旦陆地强国有了出海口，它的权力将再无止境。

耶鲁大学教授尼古拉斯·斯皮克曼(Nicholas Spykman)则运用同样的分析原则，对麦金德理论提出了一些微妙但重要的修正，甚至对他的一些结论提出了反对意见。斯皮克曼并不反对麦金德对苏联大陆强国地位无人能撼的判断，但他以自己的国家近几十年来的历史为例，以求证明控制了心脏地带并不一定能统治世界。在1917年，以及在当时正在进行中的这场世界大战中，美国(他将美国视为“新大陆”，从而将大陆南半球部分与北方的意志和行动联系了起来)是与欧亚板块形成制衡的保障。

斯皮克曼认为，美国可以在欧亚国家的政治问题中扮演关键角色。只要欧亚国家处于四分五裂的状态，并且相互之间存在事实的平衡，美国就可以扮演仲裁者的角色，维护和平。如果相反，在欧亚板块上出现了唯一的强国或一个足够强大的同盟，那么美国就将处于被包围的危险境地。

然而，斯皮克曼还认为，近年来的经验已经显示，这个内陆强国是可以被遏制的。在它真正迈入海洋空间，对美国构成威胁之前，它还必须征服心脏地带和新大陆之间的缓冲带国家：他把这一系列呈环状排列的国家定名为“边缘地带”(rimland)。历代沙皇的传统政策都以夺取出海口为目标，这表明内陆强国只有在边缘地带取得了立足点才有发展的生机而不致走向衰亡(德国也存在同样的问题)。这就是他的观点与麦金德针锋相对之处，而且他有意套用了麦金德的句式，宣称：

> 谁控制了边缘地带就能统治欧亚大陆；谁能统治欧亚大陆就控制了世界的命运。

在斯皮克曼的分析中，“边缘地带”包括西欧、中欧、土耳其、伊朗、阿富汗、整个中国、东西伯利亚、阿拉伯半岛、印度次大陆和印度支那半岛。只要将这些国家置于美国保护之下，美国就可保无虞，甚至可能对苏联占有一定优势。而美国的世界战略的关键也就在这里：在整个边缘地带维持各种力量的均势。

这样，这两位重要思想家为战后的美国外交定下了基调。我们在日后所有军事家和外交家的思想中都可以看到他们留下的痕迹，因为这一解读形势的理论工具是靠美国在二次大战中的经验支撑着的。

二、第二次世界大战与美国精英的地缘政治观的诞生

1. 政治经济精英的地缘政治分析

根据传统的实用主义分析，欧洲的短期形势对美国的核心利益几乎没有影响，至少在经济层面是这样。的确，如果抛开汽车工业不论，美国的经济利益对以西欧为首的国外市场的依赖度很小。我们甚至发现，美国的工业制成品中出口的比重在两次大战期间有所降低。1914 年，工业制成品的出口量是 10%，到 1929 年降到 8%，而且在整个 30 年代更是由于越来越严格的中立法案的实施而不断下降。国会不顾罗斯福总统而强行通过这些法案，表明它吸取了 1917 年被卷入一战的教训，意在尽可能将美国的利益抽离那片难免一战的欧洲大陆。

这种经济孤立主义之所以如此容易得到施行，另一方面也要归功于新经济政策，后者本身就在于高度强调自给自足的发展，并且毫不掩饰其保护主义色彩，几乎百分之百依靠国内投资。在整个 30 年代，无论胡佛还是罗斯福都没有在他们的演讲中提到过在世界性经济危机的背景下国际市场对国民经济的发展和生存所具有的重要性。此外，如果我们考虑到法国在两次大战期间的态度给人留下的印象：拒绝清偿战争贷款，欲将德国置之死地而后快……我们就更容易理解，为什么 1940 年超过 60%的受访美国人都宣称反对自己的国家出手支援法国。在这种情况下，白宫尽管有意干预也无能为力。

然而，无论是政府还是对国际问题有足够认识的知识分子和企业家阶层都明白，局势正在向灾难性的方向发展。一份地缘政治分析表明，当时的国际局

势对美国而言已不是“危险”二字可以概括的了。纳粹德国正在鲸吞蚕食地征服欧洲以及绝大多数地中海沿岸地区，而且它同时还与美国西面的一个扩张主义强国——日本——结盟(1940 年 9 月三国同盟条约)。然而，轴心国的价值观正是对美国倡导的价值观的否定。贸易自由和市场扩张，美国对外投资的增长和保护，原材料的自由获取……这些至此看来天经地义的价值观正在受到威胁，并且在美国精英的心中这是关系国家生死存亡的根本需要。德国对欧洲大部的统治，以及日本的共荣圈在亚洲的不断扩大，都威胁到了美国的经济潜力和国家安全。

更严重的是，根据国务院的分析，纳粹在欧洲的成功已经开始动摇南美大陆的稳定。的确，拉美经济有依赖欧洲市场的传统，而这些欧洲市场现在都落入了纳粹手中。更何况很多南美国家都似乎受到集权政治以及法西斯模式下的行会式经济发展结构所吸引。纳粹德国在乌拉圭、阿根廷、巴西等国的意识形态和经济扩张意味着更为严重的威胁。

忧心忡忡的美国商业界在 1940 年秋的国家外贸办公室(National Foreign Trade Office)年度大会上特别提了这个问题。出席这次大会的罗斯福总统借机(实际上危言耸听地)摆明了美国当前所面临的局势。他不排除美国与法西斯阵营开战的可能性，声称国家民主精神本身正在受到威胁。的确，从长远看，欧洲和拉美都将是美国产品的主要市场。如果它们被一个强权国家所征服，而这个国家的基本经济原则是自给自足、国家管制(dirigiste)、仇视作为美国传统核心的自由主义，那么美国就将面对一个事关重大而且前所未见的两难局面。它将不得不在彻底收缩回本土(罗斯福声明，这是不可想象的)和适应新的经济伙伴强加的游戏规则之间做出选择。如果美国决定与法西斯国家进行贸易的话，它就必须让自己的国家经济体系适应新的市场秩序。国家将必然照纳粹模式，负责保护出口企业、甚至越俎代庖地顶替企业在出口领域中的作用；同理，在国家主导下建立卡特尔也将是必需的。总之，资本主义体系的基本法则和自由贸易机制都将遭到严重损害。而且，罗斯福还说，国家最终还将不得不在国民日常生活中扮演更重要的角色，以便让整个民族向同一方向努力；另外美国肯定还需要和第五纵队作斗争。长此以往，受害的将是国民的个人自由。最后，为了确保自身安全，美国将不得不维持强大的军力，特别是海军——以替代奄奄一息的英国本土舰队（Home Fleet）的角色。所有这些都将必然造成税收提高，不可避免地打破国家经济金融体系平衡，并颠覆国家的政治传统。

在罗斯福的不少顾问看来，问题实际上比总统所说更为紧迫：轴心国和美国的冲突很快就将在所难免。此时日本正在不断强化东南亚攻势（特别是在与法国维希政权签订关于印度支那的协定之后），已经控制了整个西欧的德国仍然在对英国猛攻不放，而英国也已经到了崩溃的边缘。除非奇迹发生，否则很难想象轴心国有朝一日停止扩张。美国与轴心国的利益分歧迟早将演变为冲突（希特勒本人也不否认这种可能）。根据罗斯福的国务卿科德尔·赫尔（Cordell Hull）的分析，一旦征服了英国，德国定然会利用其霸权地位，将其政治和经济两方面的影响力伸向已经拥有众多纳粹"盟国"的拉丁美洲。而且，德军在地中海地区的地盘正在逐日扩大，如果德国控制了北非以及法属西非，尤其是一旦英国退出冲突，且英国本土舰队被希特勒摧毁、甚至缴获的话，那么美国就要作最坏的打算了。

在美国战略家们看来，要想保卫美国领土，短期内必须控制北大西洋、守住通向巴西的桥头堡——达喀尔（Dakar）。但最重要的是，必须立刻开始行动：支援英国（这是美国最后的屏障），在纳粹德国还没有时间"消化"其战果并壮大自身力量前遏制其扩张势头。从此，在华盛顿看来，要想保卫美国本土，唯一的途径是尽早击败德国，在它还不具备足够能力消化欧洲的资源、在北非和法属西非建立基地，乃至控制高加索和中东石油资源（一旦英国战败这将不可避免）的时候……

唯一能阻碍德国全副精力投入对占领区的整合和组织工作的，是英国的抵抗。但时间不在反法西斯抵抗力量一边。根据一份让人想到后来的多米诺骨牌理论的分析，华盛顿的军事和外交专家有充分论据证明轴心国的力量将随着其征服步伐的推进而不断加强。就德国而言，它先后征服的国家将使它占有欧洲绝大部分的资源和生产力："无论是波兰的农产品、匈牙利的铝土矿、罗马尼亚以及即将到手的高加索的石油、南斯拉夫的铜，还是捷克斯洛伐克、法国或比利时的工业潜能……"

面对一个可能将东欧、地中海沿岸及中东的农业资源、原材料及劳动力与西欧的工业产能结合起来的无可匹敌的超级强国的出现，美国人越来越感到恐惧。另一个不可忽略的后果也逐渐显现出来：德国可以“影响”到那些硕果仅存的未被征服的国家，迫使它们与之进行越来越紧密的合作；如瑞士或瑞典这样的国家没有多大的回旋余地。1941 年夏，在这些分析的影响下，罗斯福及其总参谋部成员们已经明确将击败德国作为美国的首要目标，为此需要对英国和苏联的抗德战争提供支持。很有可能，这个在与丘吉尔签订了大西洋宪章之后已经昭然于天下的战略决策促使日本在珍珠港铤而走险，因为他们知道德美即将开战，主战场将是欧洲。东京认为自己也能赢得足够的时间消化战果。

无论如何，到了 1941 年 12 月 7 日晚上，华盛顿已经确定了其对战后世界的政治构想。虽然他本人从未承认，但罗斯福实际上建立了一套熔经济、道义、地缘战略于一炉的地缘政治化的国家安全观。这就是认可美国外交的目标是：防止任何在意识形态上与美国为敌的势力以任何一种方式控制欧陆资源并建立足够的军事力量在拉美进行扩张，甚至更直接地对美国的安全构成威胁。

从本质上来看，美国外交的这个目标将带来一种在战后建立新国际体系的意愿。这个新国际体系的关键词包括和平、稳定、非攻原则、思想自由、创业自由，也包括建立在彻底的海洋自由之基础上的自由、平等获取原材料的权利。正是这些被置于《联合国宪章》核心的原则也被承认为美国国家安全概念的构成元素。如果说对一次大战的政治历史分析使美国选择了独善其身，那么慕尼黑之后的政治历史分析则更多地导向了一种全局化（这里说“全局”[globale]是为了避免使用“世界”[mondiale]这个字眼）的美国国家安全观：二战结束后的美国大步迈进了诸多历史学家和政治学者所说的美国的“帝国阶段”。

2. 军人地位的上升

实际上，早在 1943 年，美国军界就已经独立得出了和政界类似的结论，并且凭借经验制定了他们自己的战后计划。

随着战况的推进以及战争在技术和战略两方面的发展，美国军界对维护美国安全之必要条件的判断也有所发展，但这种发展自始至终与政治局势无关，因为政局的真正走向要到很迟才清晰起来。即便在战争末期（尤其是 1945

年)，某些对苏联敌意特别强烈的军事将领甚至提议发动预防性战争(如巴顿将军，甚至任美国驻莫斯科军事代表团团长却坚决主张对斯大林采取强硬路线的约翰·迪恩[John Deane]将军)，国务院也没有针对这个暧昧的盟国达成一致的路线。"温和派"中也包括一些重量级人物，欧洲盟军总司令艾森豪威尔本人在回忆录中就用很长的篇幅谈到了他对以朱可夫为代表的苏联将领的敬重和友谊。然而最终政局的发展与国家安全政策的战略导向还是将苏联定性为对手。

从此，对于华盛顿的军人而言，国家安全必须有以下几大保障：欧亚板块上的均势；保持在拉美拥有的无可争议的影响力；但同时要建立一系列海外基地(oversea bases)；保障空中交通自由。另外，在1944—1945年的这几个月中，苏联之所以被看作潜在威胁，不是因为它的军事力量，而是因为它可能造成的国际秩序混乱。

3. 控制拉美

在军事层面上，将拉丁美洲羁縻于美国独享的势力范围内的问题很快就有了定论：刚刚过去的战争和与之相伴的科技革命已经证明，如果美洲大陆上的力量对比发生改变将会多么危险。美国于是逐步夺回了主动权，向世人表明门罗主义并没有过时。1947年初，战争部部长帕特森(Patterson)宣称，针对任何拉美国家的侵略都将被美国视作战争的理由。同年，随着美洲国家互助条约《里约热内卢条约》的签订，这一过程最终完成。所有的"西半球"国家根据该条约被置于美国的保护之下——同时也要服从美国的权威。同样是在这几年中，美国主动采取了一系列行动，甚至在经济上施压，改变贸易结构，以减少南美国家对欧洲国家的依赖，而当时，欧洲国家正在力图重建和其过去的拉美客户的联系：我们又一次看到，美国充分吸取了战争的教训。

在战略层面，有五个地区或因其战略要冲地位，或因其出产自然资源，在条约谈判的过程中受到了美国总参谋部的特别重视：巴拿马运河及其周边、麦哲伦海峡、巴西东北部(达喀尔的对岸)、墨西哥、拉普拉塔河三角洲以及秘鲁一智利一线。

4. 美国国家安全的全球化

针对拉丁美洲的政策或许并没有多少新意，但军界提出的建立一系列前沿基地，使其构成美国新的战略国境的构想则是革命性的创见。尽管在战争期间和战争刚结束时经过了无数次修改（尤其是由于科技进步，特别是原子弹），但这个方案还是被罗斯福总统（1944 年初）及其在白宫的继任者接受了。尤其值得注意的是，这个方案之所以能够如此顺利地得到推行，其中重要原因是当年作为总参谋长监督方案起草的乔治·马歇尔随后在 1947—1949 年的关键几年中受命负责美国外交。从这个角度来看，任命马歇尔为国务卿的举动只是在更高的一个级别上确定了军人在战后世界格局建构过程中的主导性角色。另一个最能说明问题的事例是，在组建了一个负责筹划战争结束后短期的组织工作的军事委员会后（战后联合委员会[Joint Postwar Committee]），任命两名货真价实的代执政官[①]（卢修斯·克莱和麦克阿瑟）全权负责德国和日本的战后托管事宜。

对于战后联合委员会的军人而言，建立前沿基地网络是执行一种新战略的基础，其核心原则可以归纳为两点：满足纵深防御的需要，以及保证将足够的兵力“投”放出去打击潜在对手的能力。

在认定威胁美国的侵略力量只可能来自欧洲或亚洲的前提下，美国参谋长联席会议早在 1943 年便提出，有必要围绕美洲大陆建立一系列基地“环带”。在太平洋中，这条环带应当沿阿留申群岛、菲律宾群岛和冲绳岛一线布局。考虑到太平洋的面积巨大，必须避免让任何敌对势力轻易获得亚洲地区的原材料。出于这个考虑，美军必须始终在直到亚洲海岸的地区内保留一定的攻击性力量。

在这个视角下，菲律宾便成了全局最为关键的一粒棋子，因为它同时是东南亚和冲绳（也就是日本）的门户，而且在新的航空技术条件下，还可以作为桥头堡用以进攻北亚的工业区，当然，由此进逼苏联也未尝不可。有了菲律宾的基地，美国不但能够保护其通往东南亚原材料的海上航线，还可以阻止其对手将触角伸向这些原料。

---

① Proconsul，古罗马官制，战争结束后卸任的将领继续保留职务，并总揽军事、民事和司法权力，统治征服的领土。泛指任何受中央权力委任，全权管辖特别是殖民地事务的最高官员。

在大西洋一侧，美国战略家们希望能在格陵兰岛、亚速尔群岛、加那利群岛，甚至在非洲海岸（达喀尔、卡萨布兰卡……）建立基地。在制定战略的这个阶段，华盛顿的军事家们还不认为有必要在欧洲本土建立基地。

战争进程所展示的科技发展（尤其是空中打击力量和原子弹）使得对基地的要求有增无减：因为要想保卫本土，归根结底是要尽可能早地对敌方实施拦截。很快，在这一思路的指引下，随着原子弹成为战略武器中的王牌，在越来越多的地点建立供轰炸机起降的军事基地也就势在必行了，这样才能保证能够随时对任何地点的战略目标实施打击。

如果说对海洋的控制和"安全环带"的建立对美国而言是一种广义的安全需要，和对手是谁无关，那么美苏矛盾的升级很快就促使美国将一个新的地区划入自己的防御半径，而过去的任何地缘政治分析都没有注意过这个地区：极地。1945 年秋，阿拉斯加和冰岛也成了拱卫美国国家安全的关键领土，被划入需要建立基地的安全环带之中。

最后，在美国军界人士的考量之中，除了这一系列关键性的环带基地以外，还需要建立由接力站或中途站构成的第二道环带，保证能将上文所说的"战略国境"上的各点有效而安全地联系起来。这需要规划一系列的基地（或者直接驻军，或者在公开驻军会引发政治问题的地方让私营航空公司进驻，如位于英国势力范围内的达兰[Dahran]机场早期的情况）。就这样，一条从卡萨布兰卡到马尼拉的真正的空中公路建成了，途中可停靠突尼斯、阿尔及尔、的黎波里、开罗、达兰、卡拉奇、加尔各答、曼谷、西贡……毫无疑问，建成第二环带在美国和一些殖民大国间带来了问题，因为后者不得不接受自己的领土上出现另一个主权机构（而且是一个对它们的殖民者地位并不赞赏的主权机构）。美英两国之间就为此发生了多次磨擦。

最后，只有牢牢控制了美洲大陆周边海洋，上述基地网络的建设才有意义。在太平洋一侧巧妙布局（以坚守菲律宾群岛上的主要据点为基础）可能归根结底不难实现。然而，两次世界大战的经验已经证明大西洋的问题的复杂性与太平洋绝不可同日而语。要想保障海洋自由，就必须保证与欧洲大陆西缘的国家之间的良好甚至同盟关系。由此看来，二次大战的经验，以及被沃尔特·李普曼(Walter Lippman)的文章广为传扬的地缘政治学家们的影响,为战后的战略选择提供了纲领。

和大多数国际关系专家一样,美国军界人士在构想战后世界体系的时候,有意无意地落入了英国模式的窠臼。在这点上,他们只是将麦金德和斯皮克曼的影响付诸实践了,一如英国总参谋部成员对他们来自大西洋彼岸的同行的影响(如亚瑟·泰德[Arthur Tedder,英国空军元帅,诺曼底登陆期间位居艾森豪威尔之下的盟军副总司令]之于艾森豪威尔)。或许他们是感到从今往后,随着科技的进步,大西洋(以及整个世界)都不能用过去的尺度来衡量了,北美大陆因而处于和20世纪的英国类似的地位。无论如何,美国的目的是再清楚不过的:防止任何强国称霸欧洲大陆。纳粹德国令人付出了过于沉重的代价,这段经历绝不能重演。此外,以"前沿防御"(défense en avant)战略的需要为名,美国没有排除在英国甚至在迫不得已时在欧洲大陆建立军事基地的可能性。到了1945年春,局势已经十分明朗:在一片焦土的欧洲,唯一能够觊觎欧洲霸权的国家是苏联。

抛开意识形态问题不谈(虽然自1917年以来美国确是出于意识形态因素而对布尔什维克充满戒心的),莫斯科的实力本身就足以让人忌惮。它对《雅尔塔条约》决定由它负责的领土的"管理"已经引发了诸多不满。它的领土野心更令华盛顿感到警惕。因此,参谋长联席会议在1945年7月就表示反对开放达达尼尔海峡地区给苏联建造基地,并以同样的理由反对莫斯科对利比亚托管权的要求。但是直到1945年冬,美国战略家们都还在总体上把苏联的政策看作是对沙俄政策的直接继承。专家们分析认为,苏联在东欧、巴尔干或近东中东(伊朗、土耳其)的行动是又一次在寻求建立有效的安全体系,如同斯大林在1939—1940年间自认为已经建成了的防备纳粹德国进攻的安全隔离带。在对斯大林的国家安全政策做出如上解读后,美国认为,苏联实际上并无在欧洲开启新的战端的意图,何况根据情报部门的消息,苏联也没有足够的军事实力完成任何征服欧洲的计划。

驻扎在西欧的军官中,相当数量的人认为,比起假想的苏联入侵,战争对欧洲毁灭性打击造成的后果才是当前最大的危险:经济凋敝,城市沦为废墟,社会矛盾一触即发……正如很多人，尤其是艾森豪威尔指出的，如果法国有朝一日真的倒向了共产主义阵营，那么最大的可能性不是遭到军事吞并，而是通过选举，将权力合法地交到共产党人手中。当时的普遍观点是，指导苏联人思想的，更多地仍是他们对外部世界的戒备，而不是意识形态目的。只要是在靠实力说话，那么和克里姆林宫就有谈判的余地，而欧洲的局势也可以逐渐好转起来。所以，美国的对策看上去是足够有效的，建立欧洲均势或世界新秩序（特别是联合国）的主要目标看来也完全可以企及。最关键的是，20 年代的覆辙不会重蹈。尽管和苏联的关系有时有些紧张，但美国并不特别担心：美国的世界观强调的是开朗和泰然。然而很快，在 1946—1947 年的短短几个月间，他们眼中的世界就将天翻地覆，美国也将从此被拖入其历史上一段真正革命性的时期。

（吴蕙仪　译）

第二部分　世博会与区域社会经济发展
L'Exposition universelle et le développement social et économique régional

城市并非城市化的城市

米歇尔·维韦约卡(Michel Wieviorka)/法国人文科学之家

整整10年前,2000年10月号《世界报/辩论版》发表了一个有关城市问题的专集,总标题为《城市还存在吗?》。专集的作者们在思考:我们是否更应该讨论"城市化的城市"的问题?是否更应该仅仅满足于一个模糊的概念,它指的是今日人们麇集在不复为乡村的空间,然而不一定就是欧洲城市概念意义上的那种城市空间。所谓欧洲的城市概念,是指一个地域范围确定,具有经济,行政,社会和政治多重功能的空间,它使城市化成为可能,使人们能够以相对和谐的方式群体地生活在一起,营造所谓甜蜜的生活。这种观念在今日尤其具有意义,因为地球上二分之一的人口居住在城市里,换言之,城市似乎在变成一种城市化的空间,形成一个人们无法构想的巨大的多重定义的概念混合体。

一、城市化的城市与城市本身的对立

或许我们应该将城市与城市化的城市截然对立起来,将城市视为我们研究的对象而将城市化的城市作为其反面加以考察。一方面城市作为一个按照人的理性要求建造的生活空间,并无过犹不及的发展,它具有其特定的功能性,具有悠久的历史积淀,而且文化印痕随处可见,甚至包括不同时代文化堆积层的叠加,甚至如同弗洛伊德在其《文明之疾》(*Malaise dans la civilisation*)一书中针对罗马城所说的那样,城市所呈现的乃是一幅混沌的图像。如果人们希望理解何为高度复杂难解的梦幻,那么请不妨去想想今日之积淀了三千年厚重历史堆积层的罗马城。另一方面,城市化的城市呈现出杂乱无章,毫无文化特性,毫无深厚的历史积淀,人们按照先来后到的顺序,随着经济利益的驱动,将就着生活设施与商业中心的便利，比邻而居，建筑起毫无灵魂可言的居所，漫无目标地开辟出道路交通与铁路运输体系。一方面，多重功能密集的城市给人们带来灵感与创造力，带来生机勃勃的经济活力，促进人们的思想交流与不同文化的沟通，推动英美国家地区学者探讨得愈来愈深入的世界主义的产生与发展；另一方面在城市化的城市中，人口密度相对较小，汽车交通路程漫长而且成本不菲，城市的边界不断向外部空间延伸，直接对环境构成威胁。一方面，城市里社会阶层融为一体，不同文化相互辉映，而在城市化的城市里，社会阶层相互隔离，富裕阶层集中于一些封闭的街区，如同爱瑞克·莫寒（Eric Maurin）所指出的那样，此一自我封闭式的集中居住的方式在法国有愈演愈烈的趋势；同时贫困阶层则集中于封闭的空间，迪迪艾·拉贝豪尼（Didier Lapeyronnie）亦针对法国的此一特征进行过分析。①

令人匪夷所思的是在此种对立的两个项中，形容词“城市化”在指称城市化进程时，乃是由城市的概念发展而来，而非指城市化的城市。

二、走出流于简单的图解式方法

然而由此产生的一切问题均非如此简单。虽然两个概念呈二元对立，但是自古以来就一直存在着数量可观的不同表述。旧日有欧洲黄金时代的多少带有神话色彩的城市概念，彼时个人之间社会交往的质量曾一度达到巅峰状态，城市一直抵达城市边缘地带，以及其他城市外围地区。彼时占统治地位的文化乃是汽车文化。彼时的城市概念如同群体生活的其他诸多领域里所表现的那样，要求我们走出单一分析模式的迷思，而应该侧重考虑并接受城市大量的而且变化无穷的发展可能性的存在。一如我们必须抛弃社会组织的最佳形式的概念，而去承认社会多样性、文化多样性和种族多样性在群体生活中的价值那样。我们还须避免按照一成不变的观念，将城市与乡村截然对立起来，将城市美化为适宜人们居住的空间、期望寿命增高的地带、人的解放和个性自由得以

---

① Eric Maurin 著，《法国封闭的社群集居地区. 社会分隔现象调查》，La République des idées 出版社/色伊出版社，2004 年版；Didier Lapeyronnie，著，《城市中封闭的社群集居地区：今日法国的社会区隔，暴力，贫困现象》，巴黎，Robert Laffont 出版社，2008 年版。

张扬的理想场所以及可以隐居的桃花源。城市也有其不利的另一面，如过于毗邻的狭窄空间或相互疏远的旷阔空间。低收入阶层的集聚城区也好，普通民众集聚的街区也好，在法国由于其社会问题及安全问题重重而变得令人无法居住，然而这里的居民对其同样有着情感上的依恋。例如当法国在城市改造的过程中拆毁一些高层居民楼时，人们发现原来居住在这些板楼里的居民目睹自己居住多年的房屋消失时，心中涌起无限的感伤与惆怅情绪，因为这些街区的楼房充满了他们的记忆与习俗。

由于城市本身亦处于变动不居的过程中，我们尤须走出那种认为只存在一种最佳解决方案的误区，破除有关城市的习惯性认识迷思。城市所需要建设的基础设施已经不再是、或曰不仅仅是19世纪的或20世纪的那种基础设施。尽管人们发现有轨电车再度出现于欧洲城市，但是居民已经不复为彼时的居民，其对于基础设施的期待亦与过去大相径庭。楼房的用途与过去完全不同，而人员的流动方式与目的亦与过去迥然相异。在历史学的研究中，这呈现出明显的变化与发展轨迹。我们愈来愈深刻地认识到，历史就在城市中，而不复认为城市在历史之中，因此，城市的地位便发生了深刻变化。城市已经演变为记忆、参观访问的对象，变成了博物馆，变成了历史遗迹。在巴黎、罗马和维也纳这样的带有极端意义的案例中，记忆和历史遗迹正趋于把上述城市或其中的一些街区变成巨大无比的博物馆，变成吸引游客的观光胜地，而历史竟演变成了城市中的化石。

三、整体的城市观

在当今城市化大潮的冲击下，欧洲传统的古典城市的特殊品质是否正在消失或有消失之虞？人口密度与城市的多样性常被人置于首要地位加以思考。然而第一点的出现导致了第二点的产生，它避免了城市的单一化和同质化。而这两点集合起来促进了公民意识的诞生，促成了像社会学家诺拜耳・艾里亚斯(Norbert Elias)所说的个性化社会的诞生。在个性化的社会中，个体更易于摆脱社会集团或群体法则的约束。然而这并不是说城市对群体充满了敌意，恰恰相反，城市使得社会群体更易于生存。正如两次世界大战期间芝加哥学派社会学家们所指出的那样，[①]就移民社群而言，从源头上讲可以区分为国内移民与地区移民，他们大批涌入城市，然而他们在城市中找到的，并非封闭式的移民集居地区，而是团结互助的空间，是新的资源，是帮助他们走上现代化生活道路的跳板，是走出最早的城市空间的开始。对许多人而言，城市令其产生安全感，如同哲学家阿兰（Alain）所说，城市仿佛是在你熟睡时照看着你的守护天使。然而难道我们不该反过来看问题，进而认识到城市人口的高度集中亦会给人带来焦虑不安的感觉，成为恐惧的根源？在法国，像阿兰·厄亨贝格（Alain Ehrenberg）那样的人士讨论社会痼疾时，[②]有意思的是他并非质疑城市本身，而是对企业和社会整体提出质疑。城市里人口的高度集中并不会导致更多的成本，故而经济理性难道不恰恰更希望以城市化的城市来取代城市本身，并在汽车产业四周建立起相互区隔、四分五裂的空间？当我们沿着像雅客·列维（Jacques Lévy）那样的地理学家的逻辑去思考，或相信经济学家所作出的计算，我们会对此坚信不疑。

欧洲从中世纪继承下来的城市具有一个地理意义上的市中心，有着高度象征着政治权力与宗教权力的场所，它们保障着人们社会联系的可能性的实现和团结互助的可能性的实现。顺便说一句，这些可能性并不对应于某个唯一的模式，而是对应于数种可能性，其中有些可能性更侧重于居民的安全，而另一些则侧重于人们的交流。城市能否抵御得住全球一体化这个制造出更多城市化的城市的罪魁祸首的攻击？在欧洲，这种焦虑是经常出现且挥之不去的，而且仅仅存在于欧洲或几乎存在于欧洲。很久以来人们就一直对城市的美国化忧心忡忡，换言之，美国化表现为一方面城市空间的扩大愈来愈失控，城市诸多功能分崩离析；另一方面由此而导致了空间意义上和社会意义上的人群分隔。这种忧虑的持续存在，是由于人们有关高新科技和互联网的出现会对社会造成负面影响和效应的悲观理论。然而没有任何东西可以证明高新科技和互联网是空间美国化的罪魁祸首，是使我们认为城市在转变为城市化的城市的元凶。与其

① 参见 Jean-Michel Chapoulie 著，《芝加哥社会学传统》，1892—1961 年，色伊出版社，巴黎，2001 年版。

② 参见 Alain Ehrenberg 著，《社会痼疾》*La Société du malais*，Odile Jacob 出版社，巴黎，2010 年版。

自问欧洲城市会不会在全球一体化的重压下被碾压得支离破碎，我们不如应该思考何为整体意义上的城市，何为全球一体化时代的城市。这是社会学家萨斯基亚·萨森在20多年以前就已经提出的问题。[①]

若要回答上述问题，我们不妨从20世纪60年代和70年代欧洲马克思主义者以自己独特的方式所表述的分析原则出发。当时，以亨利·勒费弗尔（Henri Lefebvre）和马努埃尔·伽斯岱尔（Manuel Castells）为代表的学者认为，城市展现出这样一个事实，即人们的社会关系全部被投射到了地球上，所谓整体意义上的城市从某种意义上讲乃是全球一体化在地球上的投射，包括其各种网络，包括产业活动与金融服务，其文化工业和虚拟的经济空间。正如萨斯基亚·萨森所解释的那样，还包括既相互区别又相互补充的两个世界的期待。一方面是那些最直接地投身于当代世界的商务活动的经济主体，另一方面是为经济活动所必需的以移民为主体的廉价劳动力，这两大社会阶层的共同点就是其高度跨国流动的性质。与勒费弗尔和伽斯岱尔写作时的社会环境相比，今日同一个问题的新维度，即他们赋予首要地位的社会问题，具有了文化问题的意义。城市不仅仅是富裕阶层、贫困阶层和将其分隔开来的其他社会阶层的空间，不仅仅是经济活动主体之间相互维系的社会和经济关系的表征。在60年代的作为工业化国家的法国，城市还仍然是生产关系的表征，在这种生产关系中，社会意义上的统治地位不仅表现在工厂里，而且还表现在工人的居住空间里。城市今日继续表现出这样的社会关系，然而城市还表现出社会关系的反面，即非社会关系，亦即那些不复被剥削的、处于失业状态的和雇佣关系极不稳定的工人们的日常悲剧。尤其是城市集中了大量外国侨民，其诸多社会群体在混血的逻辑的作用下在文化上混合为一体，宗教生活及其体验亦出现多样化的形式，个体也被融入和整合入某种占统治地位的模式中。通常城市作为社会学家真正的实验室，社会学家从中发现每日具体提出来的并为人们亲身经历的诸种问题。这些问题既出现于国家的层面上，甚至亦出现于欧洲地区与区域层面上。然而这

---

① 萨斯基亚·萨森（Saskia Sassen）著，《整体意义上的城市：纽约，伦敦，东京》。普林斯顿大学出版社，普林斯顿，1991年版。

些问题往往在提出和辩论的过程中显得过于抽象化，过于远离活生生的现实。而正是在这一点上，芝加哥学派拥有无可争辩的优势，因其在四分之三个世纪中从该城市获得了源源不断的灵感与社会学的新知识。

四、创造新型城市?

思考今日的城市形态必须从思考城市化的形式开始。多年以来城市任凭市场摆布，任凭房地产开发商的左右，城市因而在城市化面前进退失据，因而城市不可能有自己的风格及自身的个性。一个对市场干预能力强的公权力愈大，城市规划的项目才愈有可能重新赋予城市以意义。正是部分因为如此，有些具有长远目光，被整体加以思考的，而且人们对其要求特别明确的城市，如巴西利亚、华盛顿、巴塞罗那和巴黎才显出其与众不同之处。有一个特别的例子，颇具乌托邦色彩，也是为人熟知的印度西北部城市尚蒂伽尔(Shandigar)。该城市的构思蓝图基于一项整体性的、所有人和平生活在一起的设想展开。虽然一项好的城市策略会使城市凝聚为一个整体，但是也有糟糕的策略会导致城市的分裂和被破坏。一如今日的耶路撒冷和尼科西亚(Nicosie)，亦如不久前为柏林墙一分为二的柏林城。在构思一座理想城市的过程中，强有力的公权力的决心究竟能够走多远？在公权力和城市的设计过程中，不仅有与公权力协同一致负责绘图、完成城市规划的专家，不仅有那些根本就不热爱城市的城市规划专家，还有城市的公民。公民也是一股流动的力量，相对稳定，尤其是相对于今日移民状况而言的相对稳定性。移民会很快就在城市里集中起来，尽管他们原先来自乡村地区以便成为非常出色地描绘了德黑兰移民状况的法哈德·柯斯罗克哈法尔(Farhad Khosrokhavar)所说的“脱离农民身份”的农民。他们改变了文化，并改变了其居所的类型，尤其是居住在非法集居的贫民窟等地方的人。与政治愿望相反，他们占据城市化空间的形式与方法往往受到私人资本利益的制约与限制，一如我在早年研究城市社会学时，在分析法国新建城市中心时所发现的那样。城市规划专家的梦想只是将人整合在空间里，他们希望将办公的空间与商业空间、居住空间，将文化设施与行政机构镶嵌在一个共同空间里，而在那里，商业中心的房地产开发商亦极希望建成大片停车场，而与此相关的内政部则要求将其警察总署建在人们远远一眼就能看到的地方，并与周边的环境隔开来。

无论城市规划专家和计划制定者的愿望如何，人们的生活带动了城市的变化并产生了新的空间。所以我们的分析均必须与上述城市建设主体的话语拉开距离，因为他们常常过多地以为在城市规划方面专家指挥一切，而社会考量只是次要问题。他们认为城市规划的形式具有压倒一切的作用而城市里的社会关系却可以任意地加以引导。不幸的是，仅仅通过改变城市来改变生活本身是不够的，仅仅通过考虑城市规划建设的形式、建筑形式、建筑类型、道路类型来消除社会不平等和社会不公，来消除失业现象和雇佣关系极其不稳定现象，来消除在城市化空间里时时都会爆发的社会冲突是远远不够的。然而，不去思考城市规划的形式，也意味着放弃将城市化空间建成人性化空间的政治愿望，意味着将人们居住在城市化空间里的基本条件的设计大权交由市场自发的力量和官僚阶层的股掌之中。当一些负责城市建设的主体以某种方式来考虑公共利益时，其考量的侧重点与结果是截然不同的。从理论上讲而且常常在实践上亦复如此，即使在很多情况下社会状况极其恶劣，即便如社会住房这样的产业，亦很难尝试将人们在住房方面纯粹社会条件意义上的期待与避免将社会住房沦为仅具功能性的板楼与塔楼的种种努力结合起来。

网络时代的城市难道不应该参照生活于其中的各种主体的流动性，其被允许或被禁止的流动形式来加以思考吗？在21世纪之初，流动性乃是交通之便捷的同义语而无论其交通工具是汽车或是公共交通。城市与城市化的城市恰恰相反，是否应该向汽车宣战，限制交通流量，或将汽车交通限制于城外，一如北欧国家所做的那样，以高额付费的方式限制汽车进入城区行驶？城市是否应该与此相反，投入一些软性的交通工具？这里所辩论的不仅仅是技术方案的选择，亦非专家垄断的特权，而是深度涉及质疑现存文化差异与社会差异的根本问题。

从环保与可持续发展的角度提出的软性交通工具的问题，反映出受过良好教育的中产阶级与上流社会阶层的期待，他们早已充分领略了包括汽车消费在内的消费社会的诱人之处。然而对于贫困阶层而言，拥有同样诱人的、迄今为止尚未享受过的消费品的愿望依然强烈。因此，虽然自行车在受过良好教育的中产阶级和上流社会阶层那里相对于汽车而言构成了一种社会进步的标志，然而自行车对于社会等级较低的社会阶层而言则是其社会身份的标识，因为这将无法使他们拥有一辆朝思暮想的汽车。这一将同一社会中富裕阶层与其他贫困阶层区别开来而且并未否认在同一社会阶层中存在差异性的分析方法，亦有助于我们对最发达的西方国家与其他刚刚开始享受现代化成果、刚刚进入消费社会阶段，尤其是刚刚开始拥有汽车的新兴国家进行对比分析。对于这样一些社会形态而言，让它们跨越历史阶段，跨越前工业社会、前城市规划设计阶段、前消费社会阶段、前汽车社会阶段而直接迈入生态环保的未来世界并非易事，因为那将意味着城市生活将不复需要使用汽车一类的新产品。

由此可见，城市与城市化的城市构成了对立关系而远非对应的关系，尽管具体而言，一些城市已经逐渐分化以至于陷入了被分解为城市化的城市的陷阱之中，尽管城市化的城市可能会表现出一些真正意义上的温馨可爱之处。然而就其整体意义而言，我们认为这一对立关系不仅是言之有据的，而且在讨论城市问题时它为我们增加了一组作为分析工具的必不可少的对立范畴：城市究竟是有利于公民社会与民主的发展还是有利于威权的诸多表现形式？究竟是向着现代性开放（包括向可持续发展的前景开放，如绿色城市弗里堡[Fribourg]那样）还是自闭于传统观念里？究竟是有利于社会的融合还是有利于朝着导致严重后果的社会阶层分隔的方向发展？在目前阶段，所有针对城市的思考均使我们陷入相互矛盾的城市形象，虽然每一幅形象都有其部分合理性，然而有一个结论却是无法回避的，那就是城市乃是一个充满了自相矛盾的现实与趋势的、充满了矛盾斗争的空间。正因为如此，城市才令我们心驰神往，才能赋予艺术家与作家以灵感。

（韦遨宇　译）

数字城市与“公民社会的互联网”：面临“电子民主”考验的城市

阿兰·迪利巴尔(Alain d'Iribarne)/法国国家科学研究中心、
法国人文科学之家

2009年底与2010年初出版的《人文科学杂志》专门围绕“国际化的城市：权力的新型空间”这一专题进行了探讨。卷首的编辑部社论写道，“自从城市诞生以来，它就一直是强权的要害枢纽。城市集中了各种权力与形形色色的财富。我们常常忘却这一事实，因为地缘政治与国际经济常使我们习惯于将全球贸易视为斑驳陆离的民族国家板块之间的联系。当全球一体化的世界在我们眼皮底下矗立起来之际，超越了国家空间的全新地理图亦开始形成。全球化之所以能够实现，端赖广袤的由万千城市构成的众多群岛的依托。”①

因此，不无吊诡的是在全球化的今天，我们发现城市正回归其历史上的前沿地位。诸如新加坡一类的城市，不仅正在加入布罗代尔所描述的历史上的“地中海世界经济中”的威尼斯那样的“城邦国家”的行列，②而且这些城市既非特定主权国家意义上的大都市，甚至还不是一国之都，如纽约和上海。因此编辑部社论继续写道：“几乎在全球网络的每一个纽结上我们都会看到有一个大都市的存在，如伦敦、纽约、东京，还有孟买、上海和布宜诺斯艾利斯。”③一方面，今日世界上有一半人口皆为城市居民，而地球上众多超大型城市正以超乎寻常

---

① 格萨维·德·拉·维伽 Xavier De La Vega，《征服世界的城市》，见人文科学重大课题第17期，第22页。

② 费·布罗代尔，15至18世纪的物质文明，经济与资本主义，第三卷，世界的时间，1979年第一版，2000年LGF第二版。

③ 人们会注意到这里没有提及巴黎，或因其人口数量不足以构成超大型城市的缘故，也因与所引述的其他超大型城市不能比较而言。由此说明法国政府依据大伦敦模式试图营造大巴黎以使其“跻身世界前列”的政治意愿。

的速度拔地而起，与此同时在另一方面，全新的资本主义的空间逻辑，依据这些城市的漫长历史所形成的专业化分工，通过与诸多社会经济网络的整合，亦在此一城市化的进程中表现出来。[①] 尽管此类超大型城市之间具有优势互补的性质，然而它们作为全球一体化的城市，相互之间亦表现出强烈的竞争性，其各自追逐的目标自始至终都是吸引财富、营造形象、赢得国际声望。仅举一个简单的案例便足以说明个中要害，那就是香港与上海之间展开的激烈竞争。然而城市间的竞争逻辑并不止于泰坦式的博弈，它同时亦在地方层次上、地域层次上和国家层次上大中小型城市之间及市镇之间表现为竞争的态势。[②]

从原则上讲，在今日现代世界中，虽然城市之间竞争激烈，然而此种竞争并不利于传统上治理城市的君主或寡头，而有利于与竞争直接利益攸关的城市居民。问题在于，在制定与居民利益攸关的雄心勃勃的城市发展规划时，进而言之，在对城市实施治理时，城市居民究竟占有何种地位？由此而提出的对于城市乃至对于国家而言具有同等意义的问题，即是城市治理方面的问题，尤其是城市的治理者与被治理者之间，换言之，在领导人与人民之间维系的究竟是何种关系？这是事关城市公民权的问题。这同时也是反复出现的问题，高度政治化的问题，即谁拥有决策权，谁决定城市发展的方向，谁监督城市规划的实施？

就古典政治学而言，这些均为民主的定义与运作的问题，也是实施民主的技术性工具性问题。就传统而言，被认为最为完备的民主形式乃是由选举产生的政府，即基于公民投票直选产生且公民认为能够最为公正地处理其利益关系的调解者，以及在政府与被治理的公民之间进行沟通的中介。此外，民主被认为是最有效的工具，能够将个人利益的总和转化为集体利益，并由公共财产这一创造性的定义加以支撑。然而，尽管民主明显具有种种美德，她仍被视为带有神秘色彩，因此那些对民主持相反态度的人士总是振振有词地揭露其局限

① 萨斯基亚·萨森(Saskia Sassen)，《全球化的城市：纽约，伦敦，东京》。笛卡尔图书出版公司，1998年版。

② 这里所说的区域是指中间型地域空间，如次大陆或大陆区域，无论其是否受到如同欧盟那样的正式机构的支持。

性，并呼吁以被认为更富效率、更为公正的参与式民主形式来取代代议制民主。与代议制民主的形式相反，参与式民主具有保障全体民众，特别是少数者群体实施其推动的决策并全程监控决策链的能力这一优势，此一决策链包括有关市镇发展的决策形成伊始及其贯彻实施的整个过程。参与式民主大大减少了民选代表的作用，而代议制恰恰被认为是剥夺与滥用公民权利的渊薮。

近 20 年以来，由于信息与通信科技出现于我们的社会风景中的缘故，对城邦的民主治理的讨论，无论就其概念而言还是就其实践而言，因其增添了新的维度而得以极大地丰富起来。互联网从小荷才露尖尖角直至今日的 2.0 网络科技，一路迅速发展，其网络与信息通信设备亦在不断更新，其几何级数增长的应用领域的边界也在不断扩展。这些讨论所涉及的乃是人们所指称的电子民主，或曰数字民主崛起的现象。在本文后面我们将会看到，这将是一种拓宽了渠道的民主，她可以移植于直选式民主与参与式民主这两种形式之中。

本篇论文旨在分析这一城市电子民主现象，并将其置于前述有关不同形式民主孰优孰劣的讨论的背景之下加以考察。此文基于法国的经验，尤其基于 90 年代在欧盟支持下由市镇当局实施的数字城市的公共政策的经验，以及于 90 年代末所创立的，旨在表彰推动公民社会互联网的最佳公共政策而设置的互联网城市的资质认证体系。

一、围绕民主展开的讨论

皮埃尔·罗桑瓦龙(Pierre Rosanvallon)在其一部新著的前言中，就国家层面的民主制度进行分析时写道："民主的理想自今日起已经击败了一切对手而实现了对世界的统治，然而所有那些声称实行民主体制的国家在世界各地都引起人们的激烈批评。这便是我们当代很严重的政治问题。"也许因为"公民对于其领导人以及政治体制的信心已经日渐销蚀"，而信心销蚀的标志便是投票选举时弃权选民的比例不断增大。更有甚者，"随着个人主义的上升，随着人们畏缩于私人空间，随着政治意愿不断走下坡路，随着政治精英愈来愈远离大众，也许民主已然出现了深层的'危机'"。

面对此种解读，罗桑瓦龙提出了另一种分析路径。他认为，"自古及今，民主始终既表现为一种许诺，同时又表现为一种问题。作为一种制度的许诺，民主满足了社会的需求，因为她建立在对平等与独立自主的双重目标实现的基础之上。作为一种问题，是因为其现实的过程常远离满足实现这些崇高理想的要求。甚至在宣告民主已然实现的地方，民主也常常表现为一个未完成的进程，无论她是被粗暴地加以歪曲，还是被精心地加以限制或是在机制上对其实施阻碍。"他继续写道："政府通过选举产生而获得合法性的原则与选民对于公共权力机构的公开挑战总是与生俱来的。(……)一部民主真正得以实现的历史总是伴随着不断的抗争与冲突的张力。"这一困难也许源于下列事实：仅仅通过选票箱，选举机制或许远不能保证民主选举产生的代表性政府获得它所应该获得的合法性与民众的信任，而这恰恰是由于合法性与信任的背离所致。[①]

缘乎此，面对此种结构性困境，民主在历史上发展出了两种互补的机制。其一旨在完善选举式民主的运作，例如通过增加选举的频率与密度，通过强化民选代表对于选民的依存度，甚至通过鼓吹回归直接民主的道路来实现此一目标。[②] 其二在于进行罗桑瓦龙所称的有组织的挑战，即通过建立起一套"反民主"的制度性安排来实现，这种安排或依托于社会性的非正式的权力制衡机制，或依托于正式的制度性的权力制衡机构。一如在旧制度王权体制下，面对权力的滥用，比如说民选代表对手中权力的滥用，必须实施对于公民的保护那样，[③] 如此一来，便有了一种扩大了的民主，藉此实现对于民选代表的监督性的权力制衡机制。

通过监督性的民主来实施监督性的权力制衡，就某种意义而言对于公民来说实在是非常必要的，更何况如今我们面临技术含量愈来愈高的社会必须作出有赖于科技进步并基于安全谨慎原则的决策，而此类决策的后果难以确定，因

① 罗桑瓦龙明确指出，"从历史的角度看问题，合法性与公民信任的分离乃是常规，而相互重合倒是例外。"

② 例如通过推动建立全民公决的机制。

③ 罗桑瓦龙写道，"其目标在于监督当选政府是否履行其竞选时的承诺并找到切实可行的方法来保持要求政府按照公共利益为公民服务的原初压力。"

而难以逆料，比如现今与未来的社会福利问题。[①] 同样，在今天，逃避现实的社会现象的出现，个人不再能够充分认识自身而导致社会信任的分崩离析，都使得上述权力制衡变得非常必要。

这些监督性的权力制衡机制的一个重要特点就是它们既可以由个人亦可以由集体不间断地加以实行。在这些机制中，罗桑瓦龙突出强调了预警权、揭露权与评估权。虽然此三种制衡权的形式多样，然而却有其共同的优点，即那些依据"参与式民主"的逻辑，注重自己特有的实施监督权的公民，藉此不仅拥有采取支持性行动的能力，而且拥有依据我们可以称之为"否定性的社会大众主权"采取"阻止性"行动的能力。我们注意到在此种情况下，公民拥有多种行动的能力。最为常见的乃是传统的通过借助于广场集会的方式来建立起一种力量对比关系，通过街头游行示威的抗争形式，通过"比多数党的支持性力量更易于动员组织起反对者力量联盟这一事实"来实现目标。尽管如此，鉴于当今社会愈来愈多地借助于法律手段行事，法院尤其是行政法院所起的作用与日俱增，公民希望从法官那里赢得通常他们无法从选举中获得的结果。

上述公民所表达的对于民主的正常运作的担忧的发展，导致了下述两大保证民主正常运作方式的结果的产生：

其一，由于不断面对社会群体行使的不同类型的否决权，民主政府变得更加组织严密，否则政府在施政时会有瘫痪之虞。

其二，通过巧妙地实施对政府的骚扰策略，一些自称代表公共利益的小型利益集团能够成功地迫使政府接受其决策，而此类决策实质上违背了通过选举时表达出来的集体利益，仅仅代表其特殊的小集团利益。[②]

即便在一般情况下，市政选举与全国范围的选举相比较而言，因其与地方

---

① 例如，所有涉及城市规划、基础设施建设和能源问题的决策。

② 尽管如此，参与式民主的理论家认为，与主流意见相反，代议制民主才是最糟糕的路径。H·卜吉纳指出："如果表达诉求的唯一方式为投票选举，那么少数者群体将会感到沮丧，而参与式民主却能够使他们参与决策的形成过程并作出其贡献。"此一探讨尚无定论，因为另一些人士，如G·L·海萨克就认为："问题并不在于将代议制民主与参与式民主加以对立起来。前者应该包含后者，然而遗憾的是前者在实行的半路中会遗忘后者。"参见 E. Bourginat，M. Hervé，Ch. Assens 与 A. d'Iribarne：《对企业，协会和城市而言是否存在某种民主模式?》，刊于 2006 年 11 月与 12 月合刊的《巴黎管理学校学报》第 62 期，第 30—36 页。

民众所关心的日常问题息息相关，弃权选民人数呈下降趋势，即便在城市政治生活中非政府组织与民间协会的积极参与的比重呈上升趋势，罗桑瓦龙所准确描述的发生在传统民主制度十分先进的国家层面上的重大变化亦出现在市镇一级的层面上。例如，通过建立一些“市政议会的会外委员会”来实施“合作性质的参与式民主”，而建立会外委员会的宗旨在于使公民更多地参与与其生活相关的市政政策的制定过程，无论是事关全市范围的重大决策，还是事关某些街区的更为平常的决策。[①] 诚然，仅有良好的愿望尚不足以保障参与式民主的良好运作，故有些论著的作者对此种民主形式的可行性亦表怀疑。[②]

“合作性质的参与式民主”的一个案例：巴荣纳(Bayonne)市政当局签署的一份《公民参与宪章》，以正式实施市政当局就可持续发展问题对公民作出的承诺。[③]

> 此一宪章旨在创造一个与居民协商的空间，藉此加强公民民主参与市政当局诸项决策过程的力度，尤其是有关《21世纪可持续发展议程》的落实。宪章在制定过程中就曾经对公众进行广泛咨询，公众可以参加有关宪章起草的各种研讨会以便制定其细节。宪章最终由各研讨会负责记录并报告的人士撰写，由市镇议员汇总并在2010年7月12日举行的市镇议会的公开会议上批准。
>
> 居民参与宪章起草咨询活动的比例达到13%，共有100多位居民参与起草研讨会。市政府民主对参与率之高感到满意，须知在其他市镇仅有3%—4%的参与率。
>
> 公民参与宪章可以在下述网址上下载：www. agenda21. byonne. fr

① 因此，法国2002年2月27日颁布的法律要求50多座人口超过8万居民的城市建立街区理事会，而人口在2万以上的城市根据同样的原则亦可以建立街区理事会。

② 我们可以在Michel Koebel的论著《地方权力或无法实现的民主》(Croquant出版社，2005年版，第77—86页)一书中，以较为激烈的口吻批评所有被称之为参与式民主的市镇组织形式，如街道委员会、街区理事会、市镇理事会等等，认为它们的运作方式是伪民主的，因为其话语权常常为如同布尔迪厄所说的那些手执地方社会权力的人士所剥夺。因此，为“参与式民主决策者”提供指南的书籍应运而生，例如Eléonor Hauptmann与Nick Watess所著《市镇建设中的公民协商：社区规划方法》，Adels出版社，2010年法文版。

③ 百尧纳乃是一座拥有42000居民的小城，位于法国西南部巴斯克滨海地区。

在市镇与国家层面上，抗议性质的参与式民主亦在发展：“根据社会契约而产生的选民的概念进一步增强了公民积极参与监督的功能，公民对公共政策行使否决权的作用与公民参与对重大事件性质作出判断的工作的必要性。”[①]

抗议性质的参与式民主的一个案例：由公民判断巴黎市最大商业中心的重新整治与布局。

“完成”协会自称拥有上百名会员，其中大部分居住在该商业中心附近街区。协会赢得了行政法院的诉讼，迫使市政府暂停勒内·卡辛（René-Cassin）广场和市场花园的拆除许可证的行使效力。而此两处的拆除工作却是位于巴黎心脏地带的商业中心整体翻新改造工程的两大主要项目。

行政法院法官认为市政府的拆除许可证在颁发前应该提交巴黎理事会讨论以消除任何对其合法性依据的疑虑。市政府以为此暂停执行的判决仅仅会造成项目工期延迟数月而已，而协会与一区的人民运动党籍的区长却准备由此法律突破口进一步与市政府博弈，以最终使该项目无法实行。

“完成”协会长期以来一直是巴黎市政府的诤友，然而此次却认为被市政府出卖了，因为在项目发展过程中，最终的方案取消了原本在市场广场和花园地带建设儿童游戏场所的计划。

二、电子民主与“互联网公民”

若以“民主管理”的角度看问题，城市作为一种生活的空间不仅将其居民提升至“公民”的层次，而且甚至首先也是权力的空间：就其选民与民选代表的关系而言是如此，反之，对于民选代表与其选民关系而言亦然；就选民之间的关系而言同样是权力的空间。缘于此，若以更为广阔的生态城市规划为视野，因其重新赋予城市以提高生活质量的空间的能力及提供生活福利空间的能力，我们

① 类似的情况愈来愈频繁出现，例如大凡涉及公路铁路等基础设施线路的设计规划问题时，尤其如此。

不难发现，人们谋求城市民主化运行的改善而从事的斗争，在以往借助于民主的传统管理工具而得以进行，而在今日此一斗争却开辟了一条新的战线，亦即互联网的战线。此一发展的意义在于：根据社会发展利用技术与技术发展利用社会并行不悖的原理，在城市里互联网的发展不仅为人们提供了诸多新的服务项目，而且也为代议制民主与参与式民主这两种形式的更新提供了巨大的可能性。

（一）互联网对两种形式的民主作出的贡献

在日常社会实践中，城市里民主的活力趋于向代议制选举式民主与参与式民主的可变式“混合型”方向发展，而此种发展则基于城市的历史发展沿革，而且很大程度依赖其市政官员所实施的政策抉择的影响，尤其是市长的特殊作用。当我们带着距离感考察两座法国城市在90年代初期启动“信息社会”时所执行的不同政策，就可以对此一目了然了。由此观之，我们会发现两座城市的市长的抉择代表了我们前述的两种发展方向。伊西莱穆利诺（Issy-les-Moulineaux）市长安德烈·桑迪尼（André Santini）选择以互联网作为优先使用的方法来加强代议制选举式民主。与此相反，帕特内（Parthenay）市长米歇尔·爱尔维（Michel Hervé）则选择将互联网视为互联网公民集合的空间，用于促使参与式民主的蓬勃发展。

1. 对代议制选举式民主的贡献

在此方面，信息通信科技起初通过市政府设立互联网网站为选民提供电子信息的手段，被优先用于市镇行政机构的透明化运作管理工作。循此路径，选民能够借助市政府开通的一些信息网站阅读到有关民选代表正在思考的问题的文件和观看到市议会会议的录像，借助与市政府网站间的互动，对民选代表的活动实施某种意义上的“公民监督”。

选民与民选代表之间的关系自从后者对前者信息公开过渡到两者之间进行对话后上升到了一个新阶段。随着网络科技的发展，居民不仅能够借助网站向民选代表提出有关市政管理的问题和有关民选代表就某些问题所采取的立场的问题，甚至可以对其进行质询。毫无疑问，民选代表的博客在公民与民选代表之间的互动方面迈出了新的一步。事实上，随着数字化竞选的出现，随着互联网上举行的电子投票活动，愈来愈多的候选人开设自己的用于竞选的博客网站，既有以个人名义开设的个人网站，也有以党派名义开设的集体网站，甚至在选战结束后继续保持网站的开放状态。这些博客网站进一步加强了电子选举的开放性。①

2. 对于参与式民主的运作方面的贡献

如前所述，“数字城市”计划的初始发展方向包括了设立市政府的网站以保证信息透明。然而这并非市政府的主要策略，主要策略立足于各类协会的活力，通过建立市政府网站寻求有助于公民协商乃至有助于公民对公权力进行制约的有效工具。其目的在于动员起并释放出公民的创造力，市政府希望邀请公民来颠覆通常被认为倾向于保守的现存社会秩序。

由此我们可以看出市政当局的执政方针有意识地从公民协商向“邀请公民参与”过渡并鼓励社会网络动员起来，在协会工作和市镇议会会外会议的基础上更深入地参与民主管理。这一方针所寻求的目标乃是促使公民辩论和公民行动的空间不断扩大，使之不仅有利于公民的参与，也同样有利于公民的抗争。因此市政当局邀请公民通过加强抗争式民主参与积极参加公众辩论，而无需通过上街示威或诉诸法律手段。因为上述示威与诉诸法律等抗争行动被视为市政当局所实施的政策的失败和选民对其的惩罚。②

在这样一种动态发展的过程中，毫无疑问，像FACE BOOK这样的社交网站的出现，手机短信的广泛应用，以及像推特（TWITTER）那样的微博社交服务

① 这里，我们并不涉及正在试验中的电子投票问题，因为其无论在选民参与选举的程度方面还是在不同阶层选民行为方式的差异性方面都存在非确定性。

② 所有有关巴尔德奈市及其市长米歇尔.爱尔维以互联网城市推进参与式民主的项目的信息，请查阅该市网站。同时，请参考：Eveno E，Iribarne（d'）A. 著：《多媒体互动式服务的使用者与共同发明者：巴尔德奈数字化城市项目》，见阿奎坦大学，科研中心与企业教学科研发展协会（ADERA）的研讨会论文集《思考使用者》，波尔多，1997年5月27日；参见Iribarne（d'）A. 著：《想象：行政管理报告》，1998年，该报告由欧盟委员会资助；参见Iribarne（d'）A. 著：《想象：欧洲四座城市家用互联网结构分析》，见由Consalvo M，Baym N，Hunsinger J，Bruhn Jensen K，Logie J，Murero M，Regan Shade L主编《互联网研究年鉴：2000至2002年互联网研究人员大会论文选》，第一卷，纽约Peter Lang出版社，2004版，第109—117页；参见Iribarne（d'）A. 著《米歇尔爱尔维，巴尔德奈市或德行的不幸遭遇》，见《巴黎管理学校之友》第9卷，巴黎，巴黎管理学校出版社，2003年，第305—313页。

网络的兴起，都十分有利于公民通过不断革新的动员形式，通过不同辩论场所时空的自由切换，自发地对现存秩序进行反抗，自发地参加对市镇政策的辩论，而这些新技术手段则构成了公民吁求之声与拒绝之声的放大器。

（二）通过“互联网城市”的资质认证来考察“互联网公民”

就法国而言，“互联网城市”资质认证机制特别令人感兴趣，因为这是1968年学潮之后民主发展新前景催生出的网络世界的直接后果。[①] 就政府体制的行政管理各个层面而言，这一前景将会以参与式民主取代选举式民主，而选举式民主愈来愈被视为阻碍民主的渊薮，因为社会名流以及诸种权力系统，特别是以金钱为代表的权力常借助于选举式民主牟取私利。[②] 如果我们以传统方式继续进行上文所作的推理，我们会在衡量选举式民主的标准中重新发现这一理论的痕迹，所以我们有必要采用新的城市互联网化的策略来进行梳理。[③]

1. 作为衡量“互联网公民”的工具的互联网

“互联网城市”资质认证基于五个层面的衡量标准，分别用一至五个互联网标识@来表示。而这种层级递进的评估亦基于多维评估方式，其中自然少不了服务于公民的互联网本身带有的意识形态方面和政治方面诉求的痕迹，我们有必要对其中几项的内涵作一番解释。

首先，第一个标准即是每一个公民都能够通过终端设备接入互联网，而基本的设备即是个人电脑。更准确地说，这里所说的设备必须能够正常运行，而且设备使用者有起码的能力使用其应用程序并能够实际操作此终端设备。同样，我们再次发现一个亟待解决的根本问题，即如何使公民人人都能使用互联网以拒绝数字鸿沟。在此案例中这个问题已经得到解决，人们不仅可以在家中接入互联网，也可以在工作场所接入，更可以在规划出的专用公共互联网接入

---

① 若想获得更多有关数字化城市资质认证的信息，请登录下述网站：http://label-villes. parlons-en. com/index. php

② 这里仅举年轻示威者呼喊的口号：“选举乃是为傻瓜设置的圈套”。

③ 若想获得有关此一部分的更多信息，请参见 Emmanuel Eveno 著：《征服网络构成的新疆域。市镇地方性互联网发展现实》*A la conquête des nouveaux territoires en réseaux. Les réalités de l'Internet territoriale dans les communes*，地域问题出版社，Ed. Territoriales，2010 年版。

地带上网。[①] 因此，这里的问题已经是投资的互联网设备的技术水平的问题了，而且不仅需要在硬件与软件上投资，同样需要在培训上投资，使公民们无论身处何地，无论拥有什么样的经济能力，无论拥有何种教育文化水平，无论男女老幼，均能自由上网。

第二个标准是互联网所提供的服务范围，亦即人们在网上获得的服务的种类。主要而言是政府提供的公共服务，或以公益为目的的服务，即使后者亦有可能为私营机构所提供。[②] 在上述服务项目中，自然有市政府提供的信息服务，即通过市政府传播的电子政务信息，无论是市政府还是国家政府的服务信息，都属于电子政务、电子行政的范畴。在此方面，有三种互为补充的标准：

(1) 传统意义上的服务质量，它涉及服务的组织工作，不断更新互联网发布的信息的能力，在公民要求的时间内对公民提出的问题给予明确无误的答复的能力。[③]

(2) 互联网站及其网络架构的设置质量，它是否有利于人机对话，所提供的绘图或图表是否能够使人一目了然，人们是否能够惬意地在网上漫游。

(3) 网站的互动能力，互联网使用者与服务信息提供者之间的对话是否可以深度进行。

人们所说的电子民主和公民对于城市生活的参与的质量当然构成了第三项标准。这里涉及的是选举式民主与参与式民主及其两种方法的核心问题：一方面是选举产生的市政机构运作的透明性，如有关市议会就某一议题所组织的辩论的信息及与之相关的决策过程，如有无可能向民选代表提出质询，再如市政机构组织的向公众咨询活动的进行等等；另一方面是市政当局在城市日常生

---

① 在欧盟第一个数字化城市项目的执行城市巴尔德奈，市政府的选择是建立接入互联网的公共空间，这曾经引起一些不安。这里涉及的是互联网接入水平的比较问题。在此之前，人们均通过家用电脑上网，而巴尔德奈乃是作出了公共空间上网的选择的唯一城市，因为其他市镇在家用电脑之外均采用互联网吧的形式。因此很快便出现了优先发展互联网的使用渠道还是优先照顾互联网的使用者的问题。因此我们需要根据不同类型的使用者将接入场所、接入方式明确加以区分。此外，帕卡地区将公民接入互联网的公共空间称为“地区公民互联网空间”。

② 在此同样可以用于教育方面和公共交通方面的服务。

③ 在这类服务中，显然包括提供就近、便捷与精干的维修服务的能力。

活的组织运行中赋予公民以何种地位与作用，如是否可能授权公民或公民组织的市政当局以外的公民行动小组，或广泛动员公民组成的协会来进行管理，以主动积极回应的方式推动公民的参与，而非将其导向抗议式参与的行为逻辑。关键在于市政当局是否有动员起城市所有生机勃勃的参与力量的雄心大志，是否能够促使新的参与能力的形成。这里我们会发现一些社会网络运行的重要性，如知识交流网络，还有对非专利性软件进行深度应用开发的问题的重要性等等。

2007 年终于出现了公民互联网城市空间的问题，它与城市可持续发展息息相关，而且日益成为数字化城市亟待解决的问题。

2. 十年互联网城市资质认证的经验教训

通过上述标准的分析，我们会发现，举凡拥有五个互联网标识@认证的城市在各项标准的衡量下一般而言都显得很出色，而拥有四个标识的城市可能在某一个项目上尚存欠缺，这也许是由于市政当局对于民主管理的数字化城市的眼光存在某些局限，或许是由于市政当局的策略使然，虽然计划雄心勃勃，然而落实起来时则分阶段实施，步步为营，未能一步到位。

因此，凡是获得五个标识资质认证的城市在各个领域皆表现出色，充满创新意识，既能够在信息科技领域内开发专项应用程序，又能在组织领域内通过现代化的手段，建立一个与勃勃雄心相称的组织架构提高其组织能力，还能够在社会领域内就公民关心的所有问题建立一些社会对话的基础。

一些获得四个标识认证的城市在利用信息通信科技进行社会对话方面作出了开创性的贡献，如帕特内(Parthenay)市即是如此。布列斯特(Brest)市、梅斯(Metz)市亦在此方面业绩斐然。伊西莱穆利诺(Issy-les-Moulineaux)市此前也是如此，专家对它的评估与评分从未达到每一项的最高分，恐怕并非偶然。通常，拥有五个标识的城市与拥有四个标识的城市的区别在于后者选择一些优先发展的目标而前者则努力追求卓越，无论其普及信息通信科技的策略选择是什么。我们在此特意列出下表，说明各城市在这一方面逐年走过的路程，也说明它们原来是有获得四个和五个标识认证的。

各地区城市在建设数字化城市进程中业绩概览

Ville	2000	2001	2002	2003	2004	2005	2006	2007	2008
Poitou-Charentes									
Parthenay	Abs	5@	5@	5@	5@	5@	5@	5@	4@
Franche-Comté									
Epinal							4@	5@	5@
Besançon								4@	5@
Picardie									
Chambly							4@	5@	?
Haute Normandie									
Le Havre	?	?	?	5@	5@	5@	5@	5@	Abs
Languedoc-Roussillon									
Perpignan									5@
Lorraine									
Vandoeuvre-lès-Nancy	?	?	4@	5@	5@	5@	5@	5@	4@
Metz	?	?	?	4@	4@	4@	5@	5@	5@
Rhône-Alpes									
Gluiras	?	?	?	?	4@	4@	5@	5@	5@
Grenoble							4@	4@	5@
Argentan							4@	5@	5@
Aquitaine									
Blanquefort	?	?	?	?	4@	?	5@	5@	5@
Lormont	?	?	?	?	?	?	5@	5@	?
Mérignac							4@	4@	5@
Agen	?	?	?	?	4@	?	?	5@	5@
Bretagne									
Brest	?	4@	4@	4@	4@	?	?	?	?
Rennes				4@	4@	4@	?	4@	4@
Vannes							4@	5@	5@
Nord-Pas de Calais									
Faches Thumesnil	?	4@	4@	4@	4@	4@	5@	5@	?
Ile-de-France									
Issy-les Moulineaux	4@	4@	4@	4@	?	?	?	?	?
Ivry-sur-Seine	?	?	?	?	?	4@	5@	5@	5@
Rosny-sous-Bois	?	?	?	?	?	?	4@	4@	5@
L'Isle Adam	?	?	?	?	?	?	4@	4@	5@

这一图表式分析突出地表明，我们可以将互联网城市的建设与市镇公共政策之间相互作用的连续性、进步性质或退步性质揭示出来。同样，我们可以从中看出临界效应与回旋效应。以此角度看，我们无法回避巴尔德奈市在图表上所处的地位与其市长米歇尔·爱尔维所追求的旨在自己的城市促进参与式民主向前发展的政策目标的长时段效应之间的重要关联，虽然自 2001 年至 2007 年该市一直为五个标识城市，但 2008 年落为四个标识，我们不难发现，其与另外两座情况相近的城市都面临相似的挑战。

（韦遨宇　译）

欧洲城市与城市网络：长时段的观察

莫里斯·埃玛尔(Maurice Aymard)/法国高等社会科学研究院

在19世纪与20世纪期间，城市化改变了欧洲的面貌。然而城市化在不同的时期与不同的国度均呈现出不同的形式与不同的时间进程。若要准确地理解城市化这一现象，理解其不同的发展方式与不同的发展节奏，那么认真地分析这些差异性便成为必不可少的工作。尤其是这些差异性往往表现为历史的长时段现象，对于晚近的城市化方式的转变产生了深远的影响。本文将着重分析三组互相差异的城市化现象。

第一，1750至1800年间的欧洲既呈现为古典式的城市化欧洲又呈现为整体性的城市化欧洲。欧洲的城市拥有悠久的历史地位，任何政府均承认此一地位。城市拥有一系列优势与特权，使其得以与乡村地区区别开来。当时除极少数地区之外，欧洲的乡村地区继续聚集了80%至90%的人口。18世纪末欧洲各地城市化率的差异表现出了各地区之间经济发展的不平等状态。这实际上自13世纪和14世纪之间即已初现端倪。一方面，欧洲一些地区自古以来一直为乡村地区，另一方面，其他地区的经济活动自中世纪至近代以降则发展得非常迅速，如商业、制造业和金融业，而且得益于政府的扶持。这一地区性经济发展不仅有利于城市化进程的实现，而且促使城市周边乡村地区的农业生产呈现出更加密集型与集约化的发展态势，还导致了远离城市的某些地区经济产业布局出现专业化分工的现象，比如专门生产用于输入城市的食品。

第二，在整个西欧、中欧与南欧的城市本是在古代即已形成的形态，拥有数世纪之久的历史，而这些城市同时呈现为行政权力、政治权力与宗教权力盘根错节的网络与商品和人员于其中不断流动的网络。这一网络的作用不仅业已确立，而且也广为人们所接受。这类网络集群构成了欧洲地区的城市基本架构。而恰恰是这些网络在19世纪与20世纪期间将快速增长的人口中的主要部分和近两个世纪以来快速发展的城市产业活动固定在自己的系统之中。已有的城市扩大了面积，以其为中心建起了范围愈来愈大的城市郊区系统，而且始终掌握着中心城市的主导权。这一类城市中很少有新建城市的案例发生。当然，也有例外，那就是在为数不多的以采矿业与冶金等重工业为主的欧洲地区内新城拔地而起。另一种现象则是在晚近时期，由于行政当局的决策而导致的新城的出现。上述城市网络由于其中不少市镇因其规模扩大而转变为名副其实的城市而变得更为密集。在东欧，导致城市网络密集化的原因则是由于新城市的不断出现。

第三，在近两个世纪中城市规模扩大呈现出的节奏乃是多项因素相互作用的结果。这些因素为诸如以纺织业、冶金工业、机械工业为标志的工业化进程，以公路交通、铁路交通与航空运输为标志的交通工具的发展，以金融业、第三产业、公共健康、国民教育、文化事业与科研活动为标志的服务业的发展，以及实现了现代化、机械化和集约化生产的农业的发展。现代化农业的发展如今已经能够基本满足欧盟的食品供应需求，除了来自前殖民地的食品，如咖啡、茶叶、蔗糖、热带水果之外，已经实现自给自足并且能够出口粮食，甚至通过欧盟共同农业政策来保护自己的农业不受竞争国的挑战。须知19世纪期间，欧洲诸国曾经鼓励从这些竞争国家进口粮食与肉类产品来弥补自身生产的不足，而不仅仅自这些国家进口诸如棉花、羊毛和橡胶等工业原材料。今日欧洲只需以自己不到10％的农业人口即可满足上述要求，然而在20世纪30年代与40年代，农业人口比例常常为30％甚至更高，这在法国、意大利和伊比利亚半岛诸国尤为明显。今日农业人口得以保持并吸引着一些新迁入的就业人口，乃是由于这些乡村地区离城市地区较近的缘故，因为城市地区也试图将其一部分占地与占用空间较大的经济活动分布至乡村地区，甚至也将居民区迁至乡村，这样便改变了城市对其周边乡村地区所产生的影响的性质。城市不再仅仅满足于从乡村地区获取农副产品以及劳动力，而且也占用愈来愈多的土地面积用于非农业生产活动。然而这些晚近的社会变革在欧洲联盟空间范围内呈扩张的态势，同时也表现为自中世纪最后两三百年以后开始的历史演变进程的延续。以前欧洲只有一小部分地区拥有由中小型规模城市组成的比较密集的城市网络，而与此同时并存着大量的农村人口。城市愈多，便会有更多的农民为城市市场生产农产品、手工业产品，从事运输活动和其他制造业的生产活动，便会有更多的生产活动分布至乡村地区。

在欧洲，各个国家的人依然可以观察到的这些城市化的差异性与不平衡性实际上体现出历史发展的连续性。城市及城市网络的发展呈现出长时段的特征。今日欧洲大城市的老城区依然在焕发着由来已久的勃勃生机，同时又见证着其辉煌的历史。在19世纪期间，这些城市的城墙大部分都已被拆除，而与老城区建筑群风格相一致的建筑或者是与其同时代的建筑物，或者是17世纪由伏邦（Vauban）设计建造的城堡型城市，这些军事要塞与城堡均不同程度地妨碍了城市的发展。然而与此同时，公共广场、教堂、市政府建筑物、豪门贵族的公馆，特别是昔日手工业匠人比邻而居的那些行会建筑，却依旧保存了下来，而且那些公共广场、狭窄的街道，依然保留着历史人物的名字或豪门的姓氏。这些市中心老城区的图纸能够让我们读出该城历史发展的不同阶段或该城发展停滞不前的原因，以及新城区的建设过程、新开辟的道路、老房子的扩建，以及大型基础设施的建设过程。法国比较明显的特征是那些凡是名称带有新城字样的城市或具有类似含义的城市多为12世纪与13世纪新建的城市。

当然，这些城市的发展节奏各自相异，发展方向有所不同，而且影响其发展的因素亦千差万别。人口增长的原因，经济活动的发展，法律地位的特殊优势，国家或政府部门对市政规划的行政干预及文化活动，如博洛尼亚作为欧洲第一座大学所坐落的城市所呈现的那样，还有外交地位和战争缘故，都对不同国家、不同时代及不同方式的城市化进程产生了影响，并使每一座城市都具有其特殊性，如同布罗代尔所定义的城市个性所揭示的那样。这种特殊性可以用一种普遍有效的模型加以解释，然而如果以此模型来削足适履，那么这些互呈差异的特殊性便会由此消失。充其量我们只能强调其时间空间上的对应性质，其平行发展的可比较性以及人们可以观察到的城市发展演变过程所呈现出的共性。

20世纪下半叶见证了城市高速扩张的过程，而社会科学，如地理学、社会学、建筑学和城市规划学、经济学和历史学，则特别关注这一进程的最具普遍意义的方面。因此研究的重点往往是某一国家或地区居住在城市中人口的百分比的增加，同时为学者争论不休的问题是应该加以考虑的人口数量的极限究竟为何。研究的重点还涉及第三产业的发展及其多样化的问题，同时还有第三产业与制造业的竞争问题，尤其是空间占用多、污染严重的制造业企业往往外迁至城区以外的地区。研究的重点还包括生活方式与消费方式的城市化。在空间布局上，一方面，首先是在工业化国家，随后又在一些发展中国家着重形成了一些超大型城市，在其建筑空间内或在其影响范围内容纳下愈来愈辽阔的土地，包括一些村镇、中小型城市；另一方面同时出现了一些延绵至数百公里的城市带，不仅将诸多城市尽数纳入其中，而且还包含大片的乡村土地。50 年代，让·高特曼(Jean Gotman)发现了此一城市化模式并对其专门进行了描述，一如北美出现的大型城市带那样。在欧洲，自意大利北部起直至荷兰亦形成了蓝色香蕉型城市轴线。70 年代在英国也出现了类似的城市带。只是到了晚近时期人们的注意力才开始转向中小型城市所发挥的作用及其演变。这些中小型城市常常也具有悠久的历史，然而其将新型产业整合于其中的能力以及将自己整合入更大范围内的城市网络的能力，渐渐开始为人们所关注。

1973 年发生的经济危机能够为我们解释此一注意力的转变的原因，因为此次危机尤其触及到了此前最具活力的重工业的一些传统行业，如纺织业、冶金、机械制造工业和化学工业，并进而促使人们去思考经济发展的另一些模式。这些模式的共同之处在于将生产活动组织在中小型企业的框架内，运用先进的高新科技以保证其灵活适应市场需求的变化，例如生产周期较短的产品以及开发新产品，动员组织起由长期的手工业传统而保存下来的专业技能，而且这些生产要素亦能够与人口密度较低的地区相适应，甚至能够设置在乡村地区，以半日工或全日工的形式雇佣居住在乡村地区的劳动力，同时将其领导层行政管理的工作、产品的研发业务以及产品的销售业务保留在设置于城区的总部内。

查尔斯·萨贝尔(Charles Sabel)与乔纳森·翟特林(Jonathan Zeitlin)于 1985 年在《过去与现在》(*Paszt and Present*)杂志上发表的文章《论劳动密集型产业的历史性变化》以及意大利社会学家阿纳尔多·巴纳斯科(Arnaldo

Bagnasco)有关意大利相同课题的研究成果可以给我们提供可资借鉴的参考资料。为更好地说明往昔多样化工业遗产向更具活力的现代企业形式过渡的问题,有两个案例值得关注。第一个是昔日的荷兰,其领土包括今日法国佛兰德尔与阿多瓦地区、整个比利时与荷兰地区,亦即过去的联省共和国地区,第二个则是昔日的意大利中北部地区。在 13 至 15 世纪期间,这两个地区在西欧城市中人口密度最高,如意大利的伦巴第(Lombardie)、威内托(Vénétie)及托斯卡纳(Toscane)地区城市人口的密度比率即已高达 25%,而荷兰西部地区城市人口的密度甚至高达 40%。这些中小型城市人口众多,却如众星拱月一般围绕着一些在国际上具有很强辐射能力的商业型与金融型大都市,如荷兰的布鲁日、安特卫普,以及后来居上的阿姆斯特丹,如意大利中北部的的威尼斯、米兰、热那亚和佛罗伦萨诸城。布罗代尔将这一时期的中心城市定义为"世界性城市"。这些城市同时也是制造业与手工业中心,尤其是纺织业极为发达,而且每一城市均有其专业化分工,其产品因其受到消费者青睐的高质量而远销世界各地,再由远方的转销商进一步推销至终端消费者。在这些中心城市周边,乡村地区人口密集,一如研究荷兰案例的 E·博赛如普(E. Boserup)所指出的那样。农业集约化的发展,农业肥料的使用,灌溉系统的建立以及低洼地排水系统的运行,都使农业产量大幅度提高,进而带动了人口的增长。而市场的发展亦导致了生产行业的专业化分工,导致行业劳动生产率的提高。例如荷兰的花卉产业彼时即已成为全欧洲花卉与园艺产品销售的支柱产业。上述这两个地区的发展水平均远高于欧洲其他国家的同类地区。由于当时市政管理部门累积的历史资料,我们得以拥有翔实可靠的数据并据此而绘制出精确的城市建设状况的地理分布图与制作出量化的数据图表。

从上述经常由历史学家加以比较的两个案例中,这里笔者选择分析第二个案例,亦即意大利中北部的案例。究其原因,首先是因为笔者对其有更深入的了解,而且笔者对此一案例的分析研究成果,对与此有关的学术争论持续关注了近 50 年。其次是因为此一案例自 19 世纪中叶以来,尤其是自最近数十年以来,在有关意大利区域经济发展不平衡的学术讨论中占据了中心位置。在一个半世纪之前的 1860 年间,即在意大利重新获得统一之前,这一区域经济发展不平衡的现象即已存在。然而事实上的或者学术假设中的区域经济发展不平衡现象的加剧，却经常被归咎于新建立的意大利王国历届政府的经济政策，因为这些经济政策不利于亚平宁半岛南部的经济发展，而且恶化了该地区的经济落后状态。

笔者向朱利亚诺·平托(Giuliano Pinto)借阅的两张地图很清楚地说明了亚平宁半岛南部与北部的城市化布局的反差。① 在 14 世纪初叶的意大利南部，城市网络显然比北部的密集程度要低，而且亦仅限于几个地区，如那不勒斯市及其周边地区、亚德里亚海边的布仪地区、西西里地区及其周边的人口超过五千人的乡村型市镇。这些地区构成了美佐乔诺(Mezzogiorno)的乳制品产业带。1350 年至 1450 年间"黑死病"导致了这些地区人口增长的危机，使当时人口的剧减。彼时肆虐的"黑死病"在欧洲其他许多地区造成的人口剧减程度达到甚至超过了 50%的水平。在北部，情况正好相反。首先城市网络除了弧形的阿尔卑斯山区之外显然已经比较密集，而且因其规模差异而形成等级化结构。这一网络覆盖了波河平原的大部分地区，如伦巴第地区、威内托地区、艾米丽(Emilie)地区、罗马尼(Romagne)地区以及亚平宁(l'Apennin)北部，如利古利(Ligurie)地区、托斯卡纳地区、马彻(Marches)地区、温波利(Ombrie)地区等。该城市网络一直延伸至天主教教会国家周边，并保持住了它的传统优势地位。除了几个边远地区之外，这些地区因政治与军事因素而丧失了一些优势，如帕都瓦(Padoue)为威尼斯共和国所吞并，比萨为佛罗伦萨所征服。在"黑死病"爆发后，这一城市网络的人口减少幅度较小，而且回升亦较快。在大部分情况下，人口剧减幅度为 20%左右。

能够说明人口增长对于"黑死病"的抵御能力的一个重要因素便是意大利北部在 1400 年前后开始启动的统一进程。在此期间欧洲出现了被定义为现代

---

① 《意大利 13 世纪至 15 世纪期间人口数量与城市网络研究》，见伊丽莎白·克鲁则一帕望与爱罗迪·勒古帕德雅丹主编的《13 世纪至 14 世纪期间的佛兰德尔地区与意大利的城市群：比较研究所带来的启迪》一书，见图恩胡，卜雷波，2008 年，第 13—27 页。此书中彼得·斯达贝尔的论文为《荷兰中世纪城市网络的形成与重组》，请参阅第 29—63 页。笔者在介绍分析荷兰案例时所提到的地理分布图亦来源于此书。

国家的第一批新兴国家，如法国、西班牙、英国，而这一现代国家的模式亦纷纷为西欧地区的小型王朝所效仿，其中最为明显的则有米兰大公国和征服了陆上领土并将其一直保持至1797年的威尼斯共和国，而威尼斯共和国在16世纪中叶战胜比萨之后，开始统一托斯卡纳地区。还有与此同时吞并了锡耶纳(Sienne)共和国的佛罗伦萨。这些现代国家具有对愈来愈货币化了的经济发展成果课以重税的权力，这使其得以发动战争、兴建基础设施，尤其是在城市地区大兴土木，而且拥有各种各样资助艺术发展的手段。在1480年威尼斯共和国所拥有的财政资源几乎与法国国王拥有的财政资源旗鼓相当，而法国国王直至16世纪末尚需向驻在里昂的意大利银行家借款。然而这些大国却主导着地缘政治，并在15世纪上半叶发明了国与国之间的力量均衡法则，以解决它们之间的冲突。这一法则在18世纪和19世纪被广泛运用于欧洲各国之间的关系处理上。而在当时，这些大国并非以此即能够控制住所觊觎的地缘政治空间，它们依然留下了数量不少的小型公国，如芒都公国(Mantoue)、费拉雷公国(Ferrare)、帕尔玛公国(Parme)、普来桑斯(Plaisance)与默登纳公国(Modène)、勒蒙费拉公国(Monferrat)、乌尔比诺公国(Urbino)等。在发生战争时，这些大国还可以使用这些小国的军事力量，因此，甚至连吕克(Lucques)共和国都能够保持其独立的地位。

在这里主导因素乃是经济因素，或者说是特殊的经济空间的组织形式使然。这一经济空间的组织形式基于四大都市中心的主导地位及其构成的四大经济发达的都市巨头，这就是威尼斯、米兰、热那亚和佛罗伦萨四巨头。布罗代尔从中看到了欧洲经济的两大核心引擎。一是意大利中北部，二是荷兰。直至16世纪末和17世纪上半叶，阿姆斯特丹和伦敦的崛起才最终使欧洲的经济重心转移至西欧与北欧，转移至英吉利海峡与北海。然而阿姆斯特丹与伦敦的崛起的先决条件却是上述中小城市网络的制造业的发展与繁荣，尤其是专业化分工后的纺织业、冶金制造业，还有造纸业与印刷业。

最具说服力的例子莫过于1421年7月担任威尼斯总督的托马索·莫切尼格(Tommaso Mocenigo)。首先他试图让威尼斯与佛罗伦萨结盟以抗击米兰，随后在其于1423年4月去世之前，将代表主战派的佛朗切斯科·佛思卡利

(Francesco Foscari)排除出自己的继任者名单之外。他当时的做法在今天看来十分具有现代思维的特征。首先他以经济数据来分析威尼斯与伦巴第地区经济贸易的总量与所获得的利益，然后再分析威尼斯与地中海沿岸国家与诸城市经济贸易的优势与所获得的利益，据此来权衡由依靠经济主导地位带来的权益与依靠赢得政治与军事统治地位所造成的成本。他认为对于威尼斯而言，一方面伦巴第是一个美丽的后花园，而且成本微乎其微。在和平的条件下，威尼斯人通过贸易将不仅成为财富的主宰，而且还会主导基督教会。另一方面，不仅战争代价昂贵，而且将毁灭人们的动产与不动产财富，并势必将威尼斯置于军阀的统治之下。在历史上首次描述该地区经济活动的文献中，莫歉尼格详细分析了米兰城周边 12 座以上的城市网络的经济活动，列举了该网络向威尼斯出口的床单与桌布的总量和通过威尼斯向地中海沿岸地区市场出口这些产品的总量。他在另一份文献中对托斯卡地区的经济数据进行了同样的运算与分析。这些文献不仅详细描述了意大利北部的经济活动，而且向我们表明这不仅是一个基于专业化分工的制造业、商业、造船业、金融业活动所构成的十分复杂的系统，也是基于各地区之间频繁互通有无的贸易活动的系统，而且它还依赖于各地区内部城市网络的正常运作。

当然，大城市与连接这些大城市的网络所拥有的优势地位并非一劳永逸地得以保持，而且在 16 世纪与 18 世纪之间，这一优势地位还常常受到挑战。城市制造业危机，尤其是大城市制造业首先出现并伴随着中小城市制造业接踵而至的危机，常常是意大利历史学家无法回避的研究课题。这些危机的起因往往是由于被愈来愈课以重税的粮食及食品价格的上涨导致制造业成本增加和工资成本的增加。而且这也说明何以意大利在对欧洲经济繁荣起主导作用达数世纪之久之后终于风光不再，并让位于西北欧的竞争对手。这一史实也为后世的历史学家书写历史时提供了依据。意大利在经历了持续数世纪的衰落之后，19 世纪和 20 世纪统一后的意大利历届政府试图扭转这一颓势，并在起步较晚的情况下发展以火电、水电等新能源和有色金属为核心的重工业，发展机械制造业和大众消费品的生产。

然而每每我们都能看到，一方面，意大利的大城市能够在某种程度上成功地保持其在豪华奢侈品生产上的主导地位，例如丝绸织品、豪华玻璃制品，甚至也成功地以行销物美价廉的新产品的方式征服国际市场。例如玻璃珠，就在威尼斯当地由廉价的女性劳动力生产加工，而高档豪华玻璃制品则集中于姆拉诺(Murano)岛生产，并由行会加以牢牢掌控。而另一方面，我们也发现传统制造业向中小城市转移，甚至向乡村市镇转移并使其成为真正意义上的城市。有些生产环节甚至也转移至乡村地区，由农村劳动力承担那些工艺与技术含量不高的工序。维托利奥·劳切利(Vittorio Beonio Brocchieri)在论述16世纪下半叶起发生的危机的时候，即比人们通常认为是17世纪出现的危机要早半个世纪的那场危机，清楚地说明了这一点。而阿兰·德维普(Alain Dewerpe)则在1985年于巴黎出版的《田园里的工业:论意大利北部1800年至1880年期间中小企业的成长》(*L'industrie aux champs. Essai sur la proto-industrialisation en Italie du Nord [1800—1880]*)一书中，详细描述了当时正在形成的乡村地区中小企业的状况。事实上，自18世纪中叶起，在城市与乡村交界的地域如同雨后春笋一般出现了众多冶金与纺织企业。它们围绕着小型城市中心带进行布局，同时亦面向乡村地区延伸其生产链。例如在18世纪中叶，威尼斯一位特龙氏(Tron)贵族家庭成员就是这样在维琴察(Vicence)、斯基奥(Schio)与蒂埃那(Thiene)一带的两个小城市中心地带创建了一些纺织企业。如今这两个小城市中心演变成了名副其实的城市，而其中之一直至数年之前仍然是欧洲主要的木制搬运托架生产中心。一方面，水愈来愈被用作能源与动力，另一方面木材既被用于原材料亦被用于取暖，这两大优势将愈来愈多的制造业企业吸引至丘陵与低山地带。除了上述两项带来令人惊讶的经济活力的优势之外，尚有大量的城市与乡村的劳动力资源可供使用。因此，在平原与丘陵地区，人口密度平均已经达到100至150人。

田园里的工业的兴起成了日后意大利重工业腾飞的必要条件。然而持此观点的学者不可避免地和持另一种传统观点的学者发生冲突。后者认为意大利姗姗来迟的经济起飞乃是一种发展过程中的断裂现象。而这一断裂最终使意大利进入了现代化国家的行列，并使其对工业生产空间进行了结构重组，形成了以都灵、米兰与热那亚为经济发展中心的工业三角地带，并拉开了其与威内托与托斯卡纳等古老加工业中心的距离。然而在此前八年，即 1977 年，阿那尔多·巴尼亚斯科（Arnaldo Bagnasco）就已经在博洛尼亚（Bologne）的意姆利诺（Il Mulino）出版社发表了《第三意大利：意大利地方经济发展的问题研究》一书。作者在这部很有创新意义的著述中将意大利地方经济发展带来的深刻影响与法国让·福拉斯蒂耶（Jean Fourastié）在《辉煌的三十年》一书中所描述的 30 年经济增长所带来的影响加以比较。其后，作者又推出了一系列与此相关的著述，特别值得一提的是其与卡尔罗·特里吉利亚（Carlo Trigilia）共同编写的 *La costruzione sociale del mercato. Studi sullo sviluppo delle piccole imprese in Italia* 一书。此书在翻译成法文时，副标题变成了《第三意大利所面临的挑战》，似乎既有别于意大利都灵、米兰和热那亚工业三角地带，又有别于美佐乔诺工业沙漠的第三意大利的存在尚需证明，尚需重新加以确认。

其实，巴尼亚斯科是希望通过其著述提请读者对其有关自己国家的认识重新加以思考，从二元对立的、非此即彼的、僵化的思维方式中走出来，以一种三维的思维方式来质疑二元对立思维方式因循守旧的定势，并进而揭示出经济发展活力的动因，而以往的知识对此活力并未有充分的认识。构成此经济活力第三极的恰恰是意大利中北部从托斯卡至威内托一带的地区。虽然工业化时期该地区未能积极参与经济腾飞，然而在 20 世纪 50 年代与 60 年代，尤其是自 70 年代起，该地区的经济发展比三角工业地带更加迅猛，经济变革更为深刻。这一快速发展基于下列原因。其一，乡村地区密集的人口提供了众多劳动力资源，佃农制度使得庞大的家庭与家族劳动单元得以出现，三代同堂现象非常普遍。其二，大量的小型企业能够灵活适应市场需求的变化，进行技术转型与升级，例如原先专业化生产传统型木制家具的企业，和以编织工艺为主的纺织业企业，以及以生产皮鞋为主的制革业企业，都能够很快转而使用数控机床，能够转向高档产品的生产并能够在设计业和信息产业进行投资。其三，中小型城市之间的良性互动，使得新企业主前来投资设厂，进而形成了一个固定的商业网络与银行网络，以及良好的乡村地区的投资环境。其四，传统的手工业积累下来的精湛的工艺水准。其五，地方政府经济社会监管机构的良好运作。在威内托地区，天主教会与基督教民主党在对经济活动进行有效行政管理方面起了主导作用，而在托斯卡纳和爱米利、罗马尼地区，起到主导作用的则是意大利共产党领导的地方政府。

我们在这里仍然可以看到，巴尼亚斯科用城市地区与乡村地区之间密切互动的关系、用城市地区成功地进行城市间和城乡间商品流通与贸易的方式来解释经济发展的活力。他所描绘的工业结构布局的图像是分散式而非集中式的，所展示的联系网络的纽结连接着背景不同的经济活动的参与者，而其文化传统却是相同的。然而这一图像却是脆弱的，极易因为不同的缘故而出现问题。例如意大利企业外迁，特别是迁往罗马尼亚生产所带来的问题，例如大众消费模式改变与对产品品位需求的改变所带来的问题，例如政治格局的变化发展所导致的问题，一如在威内托地区北方联盟获得的选票超过了基督教民主党，再如意大利共产党的影响在托斯卡地区和爱米利—罗马尼地区的式微等等。巴尼亚斯科在亚平宁半岛这一特殊部分的城市中发现了历史发展的一个新阶段，而这一新阶段的特点则是连续与断裂的相互交织。显然这一阶段亦具有过渡性的特征。

（韦遨宇　译）

中国文学空间与都市定向

安妮·贝尔吉-居里安(Annie Bergeret Curien)/法国国家科学研究中心、法国人文科学之家

作为中国文学的研究者,笔者在本文中,想着重谈一下中国文化有关空间认知的几个主要方面。我将着意论述书写领域的情况。首先是中国的汉字,随后是中国当代作家笔下都市空间的表现问题。

一、中国文化

葛兰言(Marcel Granet)在其著作《中国人的思想》(*La pensée chinoise*)论述中国文化时,以下列文字分析了时间和空间的性质以及二者之间的关系:

> 对时间和空间的认知从来不与具体的行动相分离。时空作为相辅相成的象征复合体,独立于人们能够作用于它的行动中,"时"和"方"分别用于指时间的所有片段和空间的所有部分,但两者每次都是从特殊的方面去看待。这些术语既不纯粹指时间也不纯粹指空间。"时"指的是机遇、机会……"方"指的是方向和地方……①

葛兰言指出空间被表现为封闭的,而时间具有循环的特性。空间是方形的,大地是方形的,分为方块。城市的城墙构成一个方形,大地的每一边都代表着一个方向。单单一个"方"字本身就表达了地点、方向、方形的概念。②

---

① 《中国人的思想》初版于1934年面世。Albin Michel出版社,1988年,第79页。
② 同上,参见80至85页。

宇宙分为以东南西北中象征的区域:春应东,夏应南,秋应西,冬应北。另外还有一个重要的位置是中央。①

1. 方块汉字

中国诗画专家、作家程抱一(François Cheng)先生,在中国一直生活到20世纪40年代末,他曾写过一本关于谢阁兰(Victor Segalen)的著作。谢阁兰是一位20世纪初期旅居中国的法国作家。程抱一认为,谢阁兰从中国所得到的启发可归结于一个概念,即空间的概念。② 在程抱一看来,中国并未忽略时间的重要性,但始终寻求突出空间范畴。但这一空间并非是抽象的空间,而是充满气运的空间。③

他写到:"在表意文字中,我们看到书写链中,直线性……被每个符号打破,赋予其质感的存在。……中国表意方块字,大小相同,各自拥有自己的架构,由不同的线条组合而成,对照鲜明且彼此和谐。因此,每个汉字的线条都围绕着一个中心而构建,(笔者补充:并须容纳在一个方块之中),进而构成一个活生生、自成一体、内在严谨的单元。"④

程抱一还以谢阁兰的著作《碑》(Stèles)为例,指出该书的结构是以"朝向"不同的碑组成。⑤ 在谢阁兰的这本诗集中,诗篇各章分别命名为:南面—南面之碑,北面—北面之碑,东面—东面之碑,西面—西面之碑,曲直—路边之碑,中—中央之碑。⑥

2. 法国作家之所见

谢阁兰认为在中国方块字中就存在着空间的排列。他在《碑》(Stèles)的序言中这样写道:

---

① 《中国人的思想》初版于1934年面世。Albin Michel出版社,1988年,参见绪言第5页。

② 程抱一(François Cheng),《从彼到此-与谢阁兰共行》(*L'un vers l'autre-en voyage avec Victor Segalen*),Albin Michel出版社,2008年,第20页。

③ 同上,第30页。

④ 同上,第46页。

⑤ 同上,第51页。

⑥ 参见《谢阁兰全集》(*Œuvres complètes*),Robert Laffont出版社,1995年,第33—136页。

这些文字由古代思想般清晰、音阶般简明的规律连接在一起，互相牵扯，互相依存，互相啮合在一个不可逆转的网络中，甚至抗拒织网人。……它们不需要噪音或音乐。它们看不起那些多变的声调和那些随处丑化它们的各省口音，它们不表达，它们示意，它们存在。①

法国当代诗人马瑟(Gérard Macé)也深受汉字空间性的启发，他这样写道：

汉字忽略词尾的变化以及不同的方言，但却与帝国的空间密切相连。在它所占据的方块空间里，它勾勒中央的行云流水，天之火与大地之劳作。

它们为我们提供一种功能，继而才提供秘方和警言，并在我们面前舞动一种自然语言的幻象。②

3. 由汉字营造的空间

由两个或三个汉字的简单组合便可营造出不同凡响的丰富语意。以下我想举两个例子。

香港作家梁秉钧曾将他的一组系列诗命名为《东西》。在中文里，这两个字有"东一西"的意思，也有"物品、东西"的意思，意指在东西两极空间之内所存在的所有元素。在这首诗集中，诗歌写作便在此一漫无边际的广袤空间中进行。③

梁秉钧在他的短篇小说《疆界》(1994)中指出，写作就是一种旅行。④ 小说的叙述者对其在世界上游历过的城市，从华盛顿到柏林，从纽约到香港，都是以间接的方式去表现。对于他来说，难以想象能在个人记忆的基础上，在时间和空间上去解决一切，只能透过洞隙去映照现实。⑤ 梁秉均的作品中呈现的都市

---

① 参见《谢阁兰全集》(*Œuvres complètes*)，Robert Laffont 出版社，1995 年，第 37 页。中文译文据车槿山、秦海鹰译注本《碑》，三联书店，1993 年 7 月第 1 版，第 6 页。

② 参见其著作《汉语课》(*Leçon de chinois*)，Fata morgana 出版社，1981 年，第 25 页。

③ 欲想了解所展现主题的多样性，读者可参阅梁秉钧诗集《东西》，中法双语版，法文译者 Annie Curien，摄影李家昇，巴黎友丰书店出版社，2006 年。

④ 参见《岛与大陆》(*Iles et continents*)，法文版，译者 Annie Curien，Gallimard 出版社，2001 年，第 60 页。

⑤ 同上，第 58—59 页。

空间丰富多彩，遍布全球，但其立意并非“全球”化，而是“片面”化。

河南籍小说家阎连科曾发表了一本题目很美的小说《年月日》。[①] 小说中，大旱肆虐，所有村民纷纷逃离远方，唯有一位老人和他的一只狗独自留在村庄里。他们守候仅剩的一株玉蜀黍苗，日以继夜地守盼着甘霖的到来。这首寓言，凄苦而明丽，借助汉字独特的表现力，将所有的力量均聚集在小说题目之上。中文的“日”字，有“日子”的意思，也有“太阳”的意思，时光和温暖这一双重涵义，构成小说最灵动的组成元素，全然浓缩在同一个字眼中并成为小说的整体原动力。

在故事结尾，最终目的背景描述仍以四季更迭为基准，如下段引文所示：

> 以为秋天无雨，冬天一定有雪，可冬天却迟迟未来。终于来了之后，又是一个干寒的酷冬。大旱一直无休止地持续到下年的夏天。这时节，终于有了云雨，时弥时散，反复半月之久，才算落下雨来。沉昏的天气，如日光样罩了耙耧山脉四十五天。雨水铺天盖地，下得满世界洪水涛涛。苦熬至雨过天晴以后，又到了仲秋的季节。山梁上开始有人从世界外边走回来，挑着铺盖、碗筷，手里扯着长了一岁的孩娃。[②]

在小说中，时间的感知、人在空间中的变动，二者紧密相连。

二、都市空间

我现在谈一下都市空间的表现，首先从北京谈起。

1. 北京

北京作为首都，所提供的是一个方向分明的空间完美范例，南北轴向，空间排列井然有序。城市街区分成彼此相连的并列方块。[③] 北京典型传统民居四合

---

① 法文版译者 Brigitte Guilbaud，Picquier 出版社，2009 年。

② 同上，第 120 页。

③ 参见《北京，皇城之变迁》（*Pékin，métamorphoses d'une ville* impériale），Che Bing Chiu 和 Stéphanie Ollivier，Le cherche midi éditeur 出版社，2009 年，第 44 页。

院的结构也与此空间排列格局相呼应。四合院中，“四”代表东西南北四个方向，“合”表示将四面的房屋合围在一起，“院”则代表中央空旷的庭院，定下整体建筑的方向排列。①

20 世纪 40 年代，满族作家老舍写作了长篇小说《四世同堂》，表现了日本占领时期，居住在这些京派民居和街道上的北京家庭生活。② 汉语中，“家”既是家宅也是家庭，同一个字表达两个概念。小说透过各个篇章，呈现了这些传统民居所体现的北京生活模式，那种宁静、崇尚自然、四季轮回、鸟语花香、无忧无虑的氛围，在战争时期，受到了严重影响，甚至已荡然无存。相对特定建筑和场所的描述，老舍更多地着墨刻画人物的情感和北京人的一些心理特征。若出现场所的描述，一般则更注重突出人物与周遭环境（庭院、花园、街道）所建立的和谐关系。大自然的产物在其中占据着重要的位置，如下段引文所示：

> 在太平年月，北平的夏天是很可爱的。从十三陵的樱桃下市到枣子稍微挂了红色，这是一段果子的历史……③

老舍笔下呈现的首都生活，是家人和邻居之间的亲密关系以及人与大自然的息息相关的联系。作家并未对纯粹的都市空间予以勾勒描绘，它似乎在作者眼里并非是至关重要的。

2. 水乡

离开京城，现在让我们看看江苏和浙江地区的水乡。

正如建筑专家阮仪三教授所指出，④在这些地方，人与自然和谐相处，与水浑然一体，尤其是透过航运水道两旁的建筑（桥梁、房子、商铺等等）体现出来。⑤

---

① 参见《北京，皇城之变迁》（*Pékin, métamorphoses d'une ville* impériale），Che Bing Chiu 和 Stéphanie Ollivier，Le cherche midi éditeur 出版社，2009 年，第 138 页。

② 《四世同堂》法文版第一集于 1996 年出版，译者 Jing-Yi Xiao；第二次集于 1998 年出版，译者 Chantal Andro；第三集于 2000 年出版，译者 Chantal Chen-Andro，Mercure de France 出版社。

③ 《四世同堂》第二集，第 117 页。

④ 参见《江南水乡古镇》（*Water Towns of the Yangtze River in China*），阮仪三（文），董建成（摄），上海人民美术出版社，2008 年。

⑤ 同上，第 25 页。

南浔小镇的景致被描述为如诗如画的景致。[①]

原籍苏州(时常被称为东方威尼斯)的小说家苏童在他的短篇小说《西窗》中描述了下列画面,将故事背景放在方向分明的场景中,并予以详细的地理描述。小说开头文字如下:[②]

> 西窗里映照的是城市边缘特有的风景,浑浊而宽阔的护城河水,对岸的绵延数里的土壤其实是古代城墙的遗址。

透过这扇窗户,叙述者观察生活、水上航运、人间故事。其主观性也透过四季的更迭透显出来。从内心透露出来的时间体验似乎是随着时间的流逝而展开。在此景观、感性的书写中,空间的处理是建立在对自然界无所不在的表现之上,其中包括一些颇具力度的元素,如河流、雨水或太阳,它们几乎起到人物的作用。人物的情感便投映在此一世界氛围当中。

原籍扬州的汪曾祺在其短篇小说《大淖记事》[③](1981)中,描述了村民的生活。他的小说围绕着四季的更迭[④]和一条毗邻一片浩淼大水的村庄各街区的村民活动而展开。[⑤] 四面空间和时间的标志,拉开了故事的叙述。叙事空间并不局限于村庄,它也向周边的土地展开。人物的情感在既定的框架内起伏变化,但有几个人还是毫不犹豫地跨越界限,不顾一切压力,让激情灿然绽放。

上述作品将我们引入一些都市及村落中,其自然景观对人们的认知产生影响。写作与绘画的密切关系呈现在其中。

然而不同作品所描绘的景致画面,无论是都市或水乡,并非总是田园诗般的景色。正如我们所看到的那样,这些景致常常是人类情感冲突的舞台。有时

---

① 参见《江南水乡古镇》(*Water Towns of the Yangtze River in China*),阮仪三(文),董建成(摄),上海人民美术出版社,第 58 页。

② 该小说收入《纸鬼》(*Fantomes de papiers*)中,法文译者 Agnès Auger, Desclée de Brouwer 出版社,1999 年。该段引文见第 19 页。

③ 《岁寒三友》(*Les trois amis de l'hiver*),法文译者 Annie Curien,Picquier 出版社,1989 年。

④ 小说的第二段描写了春、夏、秋、冬植物和景致颜色的变化。同上,第 49—50 页。

⑤ 继上注解提到的第二段之后,小说在其后的几个段落中,描述了东、北、西、南各个方位的情况,展开了居民及其生活的画面。

作者会突出地表现环境的因素，尽管这种情况较为少见。例如原籍上海的侦探小说家裘小龙，自 1989 年起便旅居美国并用英文写作。裘小龙在其小说《不要哭泣，太湖》(2009)中，将太湖水的工业污染作为小说的故事经纬。① 太湖是象征中国美学和中国文化的圣地，中国园林中用以点缀叠置假山的太湖石便源自此处。在裘小龙的这部小说中，太湖由于受到当地工厂众多废弃物的污染，长出了一层厚厚的绿藻，导致饮水和鱼类食用均开始出现问题。在该作品中，作者采用的是一种写实、现时的笔调，同时也突出了中国的传统文化元素。②

3. 上海

现在让我们离开这些水乡的景致和都市村落，最后转至上海。

小说家王安忆在上海长大，现仍生活在该城市中，上海在其作品中占据着重要的地位。在其小说《长恨歌》(1995)中，作者描绘了上海的传统街道—弄堂，透过一些极富人情味的人物，尤其是一位上海小姐的生平，再现了从民国时期到共产党执政数十年间流淌在这些弄堂中的生命脉搏。③ 一如老舍作品中的北京，王安忆的这部作品也是时空交错的叙事，通过主观的感知、人物故事而展开，充满象征寓意。我们发现上海这一诺大的城市，是透过街区、弄堂、小街去呈现。

上海这座宏大都市正在不断发展。虽然宏大，或正因其宏大，我们在当代作家笔下仍发现存在一种趋势(或者也可能是某种需要)，即在自己熟悉的时空标志下去组织叙事。因此我还想举作家叶辛的短篇小说《浦东季节》(2006)④为例。小说围绕着上海的一个名为浦东的街区随着四季的轮回而展开。在作品中，浦东与上海的另一个街区浦西形成反差(东西意为东方西方，我们前面已经谈及)。在这一短篇中，叙述者说他看见天空布满高楼大厦，接连不断的栏杆，

---

① 译自英文版(美国)，法文译者 Fanchita Gonzalez Batlle, Liana Levi 出版社，2010 年。

② 我们注意到主持破案的陈探长酷爱诗歌，时常引述经典诗句。

③ 请参阅笔者文章《承载历史的中国新生文学》中对王安忆这部小说时间表征的分析。该文发表在《时空契阔》第一集(端木美、戴和特主编)中，法文版第 58—62 页，法国人文科学之家出版社，2010 年。中文版，第 80—84 页，华东师范大学出版社。

④ 法文译者 Nicolas Idier，发表在由 Nicolas Idier 主编的《上海-历史、漫步、文选、字典》(*Shanghai-histoire, promenades, anthologie et dictionnaire*, anthologie)一书中，第 1196—2000 页，Robert Laffont 出版社，2010 年。

说自己感受不到任何辽阔宽广、深邃、无限的感觉。但进入一座新建的建筑群之后，他体验到一种更为舒适的生活，唯在此时，小说才浸染上了季节和自然的颜色：

> 夏天里走进新村，慢一点走进楼房，沿着新村里的道路走一走，自会有种置身于绿色走廊中的感觉。树木、草坪、花园、苗圃、爬壁藤各种深浅不一的绿，让你悦目，让你的心灵得到松弛，让你的节奏舒缓下来。①

我们在文中再次看到，在此所描绘的不断壮大、不断朝向国际都市规模发展的都市空间中，无处不体现出作家对大自然、对中国美学的厚爱。

中国作家笔下的都市空间显然并不局限于笔者上述所选择讨论的内容，这些都市空间涉及丰富多样的地区和场所。笔者主要想突显自己在诸多作家作品中所观察到共性，即在作品中确定一个有序的空间框架，为其人物提供某种面向四季和本地环境开放的敏感性。在当代作家笔下的都市空间表征中，中国文化基本要素继续起着激发想象力的强烈作用。这些表征是否与都市中构建的新型空间的现实相符？但无论如何，这都是作家所致力表现的视觉。

（蒙　田　译）

① 法文译者 Nicolas Idier，发表在由 Nicolas Idier 主编的《上海-历史、漫步、文选、字典》(*Shanghai-histoire*, *promenades*, *anthologie et dictionnaire*, anthologie)一书中，Robert Laffont 出版社，2010 年，第 1997—1998 页。中文原文参见《一支难忘的歌—叶辛散文选》中的《浦东季节》，第 334 页，上海社会科学院出版社，2009 年。

以诗和视觉形象来再现城市的思考

梁秉钧(Leung Pingkwen)/香港岭南大学

一、形象香港

1970年代香港见证了一些新的探索——不同于前一代1949年前后从中国大陆南移的难民作家,以怀念昔日乡土为主题,战后出生的一代尝试用艺术手法来呈现香港这正在经历现代化的城市。一群刚从外国修读电影回来的青年导演到电视台工作,在80年代初开始崭露头角,成为香港新浪潮导演。青年作家凝聚在《中国学生周报》和《大拇指》等同人杂志写作;新的戏剧潮流开始在小剧院冒起,而设计和视觉艺术方面也人才辈出,七位摄影家举行《七人摄影展》,打响了名堂。这些艺术群体的成员都是战后在香港出生的一代,生于斯长于斯,接受香港教育,对昔日中英双方对香港特色视而不见的态度,采取不同程度的反应。作为一种回应,他们开始凝视自己的城市,并开始探索用不同的方式去将自己生活的城市再现出来。

文学品位转变需时。当时一般文学批评,特别在诗方面,都着意修辞和典故、明喻、隐喻、象征等的运用技巧。保守的批评家依然将形式当作外部结构,而语文则用以炫耀和装饰。至于形象语言的运用,就当成是文字杂耍一样,推崇以艰深诡异显示难度。相对来说,表演和视觉艺术在艺术表达方面,反而提供了更多自由发挥的空间,这也是我希望跟志同道合的艺术家合作,探索和反思香港生活的原意。

作为那个年代的作家,对于我们的城市欠缺呈现的先例,我认为需要的不单只是文化上的翻译，还要有跨界别的实践。在70年代早期，我开始和设计家、画家和摄影家如李家昇和黄楚乔(Holly Wong)等，策划诗与画的联合展览。我的第一本诗集就是和视觉艺术家骆笑平(Donna Lok)和刘掬色(Guk-zikLau)合作的，内页插画和封面就是她们的作品。70年代后期至80年代中期，我在美国留学，我在海外时期的诗作结集成《游诗》，和骆笑平的蚀刻版画一起展览，其后并由彭锦耀(Sunny Pang)改编为现代舞。回到香港后，我和文学圈外的艺术家如装置艺术家蔡仞姿(Choi Yan-chi)、舞蹈家梅卓燕和彭锦耀、录像艺术家游静、摄影家李家昇、梁家泰等都有广泛合作。这些跨界别的合作让我可以在香港文化的范围内，探索不同的新美学可能性。陈旧的语言无法表达城市的新面貌。同时，光是描绘形象是不够的，吸引我们的是人们在变化中的城市如何生活，如何理解、表达以及沟通他们的感情。

1984年的《中英联合声明》，触发了很多有关香港的讨论。市民大众更意识到自身的境况，并开始表现出模糊的焦躁不安的情绪。因为香港文化如此混杂，当艺术家开始思考应该如何去表现自己，或者讨论怎样面对快要失去的身份认同等问题时，任何一种对艺术媒介的性质或"呈现"的狭隘见解，都会局限我们去探索面对的问题的能力。例如，当时文学杂志有关"香港文学与一九九七"的特别专题，便假设了豪言壮语式的论述才是呈现这一件重要大事最适当的形式。这个假设忽略了艺术再现与心理和政治、私人和公众生活之间的复杂关系。我曾应邀为这类专题撰文，而我对当时的处境所作的回应《看李家昇黄楚乔照片册有感》，以翻阅照片册来思考个人历史，就被认为是太富"个人"性质，没有被纳入其中，排在特别专题之外。似乎那个时候很多人心目中已经有一个既定的文字表达方式，局限了他们理解当时城市中不同的感情反应。文字和其他艺术追寻的是不同的思考角度。

我在90年代有关香港的诗作，多是游历柏林、东欧和北美时写的。我继续尝试以不同的方式去探索香港的问题，从不同的位置与不同的媒介对话。在海外创作的作品《形象香港》，就是跟摄影家李家昇琐碎和象征的视觉并置拼贴作品《哈啰香港》的一个对话。这诗作把一般认为是代表香港的各种声音和角度加以玩弄：

……历史是一连串形象
塑造的材料可以是纸箔、塑胶、纤维
镭射影碟的按钮我们抬头
眺望月亮，今夜的月亮
在时间的尽头还是开端？
她是来自台湾的小说家，以为自己
是张爱玲，写香港传奇，霓虹倒影
天星小轮泊岸的浪花，旧火车站
不断复印的浅水湾酒店
异国情调描绘给远方的观众。
在增添在删减之间
我们也不断移换立场
我们在寻找一个不同的角度
永远在边缘永远在过渡……

但如果诗作是对各式异国风情猎奇式的文字开玩笑的话，它同时也是自嘲的，因为我们日常生活就正是安置在这些琐碎奇诡的再现之中。作品初次发表时，不同的声音是用不同的颜色印出来的，作品后面说“我们用不同颜色的笔书写，这些东西也很容易变得表面”，也可以是对自己作品的讽刺挑战。

二、视觉探索与《九七影情》

90年代早期，艺术界从一些比较边缘的场地如香港艺术中心等，慢慢尝试去界定香港文化。王禾壁（Wong Wo-bik）主持的艺术中心（Hong Kong Arts Centre）教育部门邀请我去策划一系列有关香港文化的理论探索、文化评论及文学创作的课程。接着艺术中心展出由何庆基策展的展览《香港文化系列》，其中有不同界别的本地艺术家，包括了香港早期画家李铁夫、月历画家关蕙农、老牌摄影家邱良及当代漫画家尊子的作品。还有两个项目：由田迈修（Matthew Turner）策展的《香港六十年代：身份、文化认同与设计（一九九四）》，和后来由此结集成《九七影情：当代香港之视觉探索》（The Metropolis）一书的《视觉探索》（visual research into Hong Kong）计划。这两个项目将艺术、研究和教育更成功地结合起来。

《香港六十年代》研究制造业和将香港文化打造为“生活方式”之间的历史关系。它催生了一个文化“历史”研究去为当下厘清文化身份认同的问题，而《九七影情》就鼓励利用摄影和写作这两个媒介去进行“视觉探索”，去探索香港的地方、文化和人的“符号学”。展览包括纪实摄影和个人表达：不管是抒情或戏剧性的、大规模或小型的。它从各方面引发了一些和“再现”（representation）这个课题有关的重要问题：例如一位摄影师刘香城（Liu Heung Shing）专注拍摄社会知名人士如黎智英（Jimmy Lai）和邓永锵（David Tang），这是否就是香港的“代表性人物”？但倒过来说，郭文龙拍街头市井又是否就比余伟建拍上流社会宴会人物更具有代表性？笼屋照片是否可以有效地将下层社会再现出来？随手拍摄是否比摆好姿态的硬照更“真实”？如果引发当时这些随意的比较和辩论，现在看来颇见大胆和牵强，它们的确也开展了后来的讨论，包括今时今日我们怎样看待自己的日常生活，相对于我们在建制议程内、媒体修辞里或外借而来的理论底下，被贬抑骑劫的个人经验的讨论。

为了替《九七影情》拍摄不同地方，从鸭寮街到虎豹别墅，我和李家昇一起走遍大街小巷。媒体里丰富的形象和诸种物事争夺来操控我们的视野，令我们感到意外或惊愕。媒体里泛滥的资讯和视觉形象，令香港这个城市变成一个景观，然后再化作平庸。任何文字和影像的生产者都会察觉到这个现象，而且不禁会问：怎样才可以避免再重复这些万花筒式令人目盲的形象？我们又怎样才可以发掘和让人看见其中的新意？我写的有关庸俗的城市名胜〈虎豹别墅〉的诗是这样说的：

游客是来到这里止步
这已是一个崩颓的世界
铁丝网拦阻不了什么
松脱的岩层从里面分解

人工的填补也盛托不起
更沉重的坠落、更无奈的磨折

我们童年时心怀厌恶,但觉
这旅游圣地只吸引好事的俗人
今天我们重临,又有何不可?
在色彩斑斓的通俗剧里
我们故意寻找最平常的
不带寓言的一块石头

他们自称是牧童与仙女?随便说吧
不说谎话只因害怕割脷刑
各自蹲跪或奋起,他们满足于
简单的训诲,我们面对士敏土光滑的表面
也有犹豫或恐惧,游人拍照留念的
油锅背后,我们想象其他的地狱

在现代香港的文化语境中,纪实摄影继续向各种有关这个地方的既有偏见挑战。例如黄勤带(Wong Kan Tai)照片里的元朗和大屿山就颠覆了香港的宁静乡间这个惯有的想象。纪实作品在抗衡某种"象征性"的香港阅读上是特别有效的。后者的态度就可以用潘星磊(Pun Xinglui)为例。这一位自认为是"反叛"的大陆艺术家,曾在1996年用红油泼上香港维多利亚女皇像及用铁锤击扁她的鼻子,令她看来更像中国人。他的朋友马健(Ma Jian)曾天真地说,这个行动"在七分钟内将香港从殖民文化里解放出来,并提醒香港人已经回归祖国"。除了显示出大陆新移民以大陆为中心的傲慢心态和他们对香港反殖民运动缺乏认识外,这类行动和书写的主要问题就是如何看待一个历史行为"代表"的优越性,狭隘死板的观点只懂得自己懂得的反叛方式,忽视了我们的社会语境和文化历史的复杂性。

偏向纪实摄影的抒情，比较接近一种发现世界的内在态度，它可以抗衡艺文界的主流"象征"美学。例如梁家泰(Leong Ka-tai)的《中环》就是一个他工作和居住的地区。他的照片看来冰冷荒芜，和一般中环的形象非常不同。"选择"永远都是存在的，这是我们和黄楚乔讨论她所作肖像作品得出来的结论。我常常看到心中所想象的和实际所遇到和拍摄到的影像之间的协商。它是艺术家和对象之间的对话，也是对象和它的环境之间的所产生的化学作用。陈伟文(Chan Wai Man)的《湾仔》就集中在旧楼楼梯一幅美国水兵的旧照片上面。我觉得文字未必要与视觉艺术争夺描绘空间形象，也可追溯历史，带入想象与声音的时间成分；

中环

以为你是回来找我呢！
不过是一个星期一的早晨
掠过我身边的人影，赶着
回到喧闹的股票的、阴沉的
律师行、发散着药味的牙医事务所
空留下这一刻的阳光与树影

上一回是什么时候？明明记得
你穿一袭黑胶绸，挑一担甜柑
花影摇摇间四周的高楼盖起来了
包伙食的人顶着午饭，响铃的单车
晃着背后的火水罐，没入新款的车流
与一座古老的邮政总局一道消失了

湾仔

又仿佛看见那道旧楼梯
你的身影隐现在前面又消失

黑暗中微微喘息的污垢的地图
延伸至转角，纹身的唐楼汗渍斑斑
穿着高衩旗袍迈步，你美丽
而无奈有如一个新填海区

走下旧楼梯想起你父母战时的流徙
老没关好的水龙头：历史连绵的滴答
数着不同的人泊岸，你碰见他穿着水手装
来拍照，对这陌生地方问许多怪问题
许多场战争以后，教堂和舞场都拆掉了
剩下他天真的笑脸凝止在墙上

像这一类的合作令我们的作品更加有趣味，当我用诗去和摄影家共同探索的时候，我也会被诱导去利用更多样化的手法和不同的艺术家共同创作，用不同的方式作回应，包括反思再现自身的本质。我非常佩服高志强（Alfred Ko），多年来他拍摄过无数他曾居住过的深水埗和九龙城旧区的作品。在《九七影情》里，他其中的一幅作品就是一个男人站在码头隔岸望着新填海区，而我配合这张照片的诗作就包含三个层次：男人望着填海区，摄影家的镜头向这男人对焦，而我就看着摄影师的照片在荧幕上书写。我在写作过程中变得对这些不同层次的表现非常自觉，我知道虽然我们希望尽量使用有别于广告和明信片里的形象来展示香港的风貌，但我们永远都不能完全脱离"再现"本身所牵涉的各种纠缠不清的问题：

新填海区

你把手闲放在背后
面对海面新的空间。
摄影师的镜头追随着你
从熟悉的风景截取一方天地。

我对着电脑荧幕灰蓝的世界
学着写出想要说的话。

试着用蒙恬笔写在手写板上
总有仓颉创造的大小幽灵
一一冒出头来，奇怪的部首
凑成形，压抑在某些角落的辞语
不经我的安排，出现在荧幕上
接触一个字也就连起其他的字

像童年走过的街道，通向许多分叉路口
我的文字牵连无数记忆和改变。
是沉没了又打捞上来的珍宝，摄影
镜头下的影像连起层层重叠的影像。
你在码头稍立看眼前新的填海区
安居的土壤由万人的垃圾沉淀累积而成。

三、城市里的衣食:《食事地域志》与《衣想》

《食事地域志》(Foodscape)是我和李家昇合作，以食物、城市和文化为题的诗和摄影展览。它在1997年2月首次展出，是Henry Tsang及Scott Mcfarlene在温哥华为“柚子”(Pomelo)计划策划的文化节《形象香港:香港1997》中的一个环节。

我和家昇选取了食物为题，是因为我们二人都喜爱食物，而食物既是有形有相，也是日常可见，不致沦为一些抽象或普世性的东西。《食事地域志》首先在温哥华的Artspeak画廊展出，和蔡仞姿、詹美利·哈山(Jamelie Hassan)、甘志强(Kum Chi-keung)和王淑仪(Wong Suk-yee)同时在邻近画廊展出的作品，构成一组对香港文化生活不同层面的多视角多音调探索。

《食事地域志》没有采用地方和人物去再现香港，而是用香港和其他城市的日常食物的味道和气味去引人遐想，例如大牌档的鸳鸯（咖啡加奶茶）和围村节庆吃的盘菜。食物可以挑起怀旧和其他各种心理状态的亲密感觉，但《食事地域志》不单只是一个心灵的形象地图。食物是我们日常生活的物质部分，简单直接，但一旦逗起文化与历史的联想却又变化无穷。食物很多时是欲望的目标，怀念的中介，也是移民社群里最重视的觞媒，特别是在中国家庭里，很多冲突和沟通都在饭桌上发生。从事创作时，我们想避开那些一下子就会被消耗掉的陈腔滥调和主题，我们知道食物是既表面化也是深刻的，既形而下也是形而上的东西，而吸引我们的正是食物多层次和丰富的文化暗示。

创作的过程就像一场对话。《苏豪的早餐》是我为一对移民纽约画家夫妇而作，而家昇的回应就是一幅学校教科书里的插图：一个小孩子在家中望着窗外打雷，口里说着不害怕。我们以自己的经验，有时还是相当个人的，来互相回应。《除夕盆菜》是有关一个我们两个人都有参加的活动，也是我们合作最紧密的作品。我将盆菜的多样性以无相关的时空片断、公众广播和私人交谈、官方庆祝和个人私疑并置；而家昇的喷墨（jet-ink）画布作品则创造了一片吊诡的欢欣气氛：凤凰和送子观音在烟花般的圆点和弧形中出现，而有棱有角硬朗的线条加上诗里的某些句子就指向不同的方向，衬托亦削弱了图画中的欢欣景况。

当时香港的媒体虽然时带挑衅，有时却不无奉承，但我们的作品还未曾得到接受。当扩展版本的《食事地域志 II》终于在香港展出时，一位青年权威评论家匆匆忙忙看过展览后，就在《明报》文化版批评诗作太长，说只要看有形象化的三、四行就已经足够了。在这个计划的进行过程中，我明白到我们不要采取简单容易的手法。我们不只是简单地挑选几样食物去代表香港。没有一种食物足以代表香港，没有一个被大众普遍接受的象征或符号足以代表香港。陈腔滥调充斥眼前，我们需要重新检视那些文化性模糊的既有刻板印象。

没有一首诗或形象是最终的答案。它们都只是观察和猜想过程中一个部分。需要咀嚼，才可以回味无穷。

后来我的作品越来越趋向探索香港与其他文化之间的关系。最近几个版本的《食事地域志》，内容就包括检视亚洲和欧洲的文化关系。这些新作品不一定把食物作为表面的对象，它们也包括地方和人物，甚至历史人物，例如热爱亚洲以至离乡别井抛开一切定居澳门的画家钱纳利、在清末写出《盛世危言》的郑观应。我们曾经考虑过把珠江三角洲题材的《食事地域志》新作品移师澳门和里斯本展出，但因为种种原因终未能如愿。

1998 年 1 月，我和一位年轻的时装设计师凌颖诗合作，完成一个诗和时装的装置艺术作品《衣想》(Clothink)，其中就包括一个模拟时装表演和诗歌朗读会。有异于之前不少的猜想，1997 年回归后，没有什么特别亢奋，但也没有异常的打压或干预。后殖民情况是充满混乱和不安的，也带着由于缺乏危机管理经验和外来压力而来的问题，香港一些内部弱点更明显地暴露出来。人民对自身的历史发展缺乏认识，令每个人面对要和自己的过去骤然分割的时刻，显得手足无措。缺少一个可以培养比较平衡和深入讨论各种复杂问题的公共空间，令媒体更趋向煽情和宣传的方向。

要再现这样的景况不是一件容易的事。这并不是一个好与坏、古老保守和年轻开放的二元对立情况，而刚好相反，打压自由表达最强暴的力量，可能来自年轻保守派有关后现代的解读或道德教条式的小说评论。对历史的否定可以来自想透过媒体去建立新势力的年青保守派。在这样的一个语境里，对民族服装的突然拥护，甚至呼吁订立国服日，让人人穿着国服的想法并不是来自政客，而是来自时装界的大亨和精品店老板。我们所穿着的就有如我们所吃的一样，很自然地成了整个消费游戏的一部分。

《衣想》里的诗主要是跟在香港媒体和社会中占重要席位的时装、公众人物和流行文化进行对话。这些作品都比较口语化，接近民歌或抗议歌曲，没有那么含蓄。我也明白利用一个芭比娃娃去再现一个政治议程可能有点儿太疯狂，徐克(Tsui Hark)式的夸张可能是受通俗的 B 级电影情节所启发，但正是在这些通俗小说般的现实里，我们对时装女神献上我们并不神圣的赞歌。这些诗歌配合了一个模拟时装展览，里面的年青人展示着露宿者的服装，吟诵讽世诗作。这一切可能有点儿古怪，但我们的城市不知怎样就变成了一个陌生的地方。而在这一刻，我真不知道应该怎样用一个熟悉或“真实”的方法再现奇怪的现实。

所以，我会继续设法回应，对话将会继续下去。

附件（Reference for translation）

Tiger Balm Garden

Tourist come and stop at this point
in front of a world about to go into pieces.
Steel wires and iron fence cannot hold together
loose rock layers dissociating from within.
No external repairs could redeem
such heavy falls，such entangled tortures.

Our childish hearts，disgusted，thought
Such tourist spot could only attract the philistines.
Today we come by to visit again. Why not?
Among scenes of the variegated melodrama，
we look for noting but the most ordinary
stone that carries no parable.

They claim to be shepherds and fairies? Whatever.
They do not lie because they fear the tongue-pulling torture.
Kneeling or standing in their own pose，they are content with
simple moral lessons. Facing the same smooth cement surface，
we have our own hesitations and apprehensions. Behind scourging
frying pots where tourists take pictures by，we imagine other hells.

Wanchai

I seem to see that old staircase again with shadows of
your body gathering form and then disappearing ahead.

Slightly panting in the dark, the dirty maps extend
across dark corners, the tattooed vernacular buildings
stained with sweat. Striding in high-slit changsam, you are beautiful
and vulnerable as a new stretch of reclaimed land.

You walk down the stairs, thinking of your parents' wartime driftings.
Taps never properly turned off: the incessant tick-tock of history
keep count of various ships coming to anchor. You ran into a sailor
who came to the photo studio and asked strange questions about this foreign land.
After many wars, churches and dancing halls were torn down,
leaving on the wall only his naïve face frozen in a smile.

Central

I thought you came back to look for me!
It's just an ordinary Monday morning.
Shadows of people brush past, hurrying back to
the hubbub of the Stock Exchange, somber
law firms, dental offices with the stench of medicine,
leaving behind for the moment the sun and the shadowy trees.

When was the last time I saw you? I clearly remembered
you wearing a black amah suit, carrying a load of sweet tangerine.
Amidst the faltering shadow of flowers, the surrounding skyscrapers were built.
Caterers carrying lunches on their heads, ringing bicycles
with kerosene cans rattling at their backs, sank into the stream of fancy cars
and disappeared together with an old post office building

New Reclaimed Land

You put your hands behind your back
to watch the new space across the sea.
The photographer has his camera follow you
to take a square of the sky and sea from the landscape.
I sit facing the stretch of darkish blue on the monitor
learning to type the words I wish to convey.

I try to write on the scribbling board with a Mengtian computer pen.
There are always elves that Cang Zie created, large or small.
popping their heads out one by one, strange radicals,
falling into shape, phrases suppressed in certain corners,
unarranged, appearing suddenly on the screen
I tap in one word and up comes a whole illegible lot.

Like the streets of childhood, branching toward many intersections,
my words lead to forking memories and events.
Treasures submerged and now retrieved: images
of the camera conjure up layers of overlapping images.
You stand on the pier watching the new reclaimed land before you,
garbage of millions precipitating into the land of new urban folks

新界

老树挂上时钟,捆绑的身躯
戴上塑胶耳环,金属的手镯
是什么样的定情信物?
它不是你的时间,是强加在
你身上的滴滴答答,计算着

无可计算的生长，田里插满
可口可乐的稼穑，不知哪里来的
没经过幼苗也不见衰老
背着太阳好似有自己的生命
既然回不到过去，那么萎落后方会

回归包容的大地？大地
在会议桌下雪雪呼痛
双方讨价还价逐时炒卖
移山填海铲泥机吃去一个窟
舐舐嘴又去打别的主意

给排水管强灌海港吞了太多墨汁
咕噜咕噜整晚闹肚子闹过不了
老树下老田边只剩下无人争夺的
一张破椅子，你可要坐下来
见证这一切沧桑？

New Territories

The tree is strapped with a clock, its bound body
wearing plastic earrings and metallic bracelets.
What sort of tokens of love are these?
It's not your time, it's the tick-tocks
forced on you to keep count of your growth

that cannot be measure. Fields are planted
with a crop of coca-cola, coming from nowhere
never a seedling nor a withered stalk,

turning its back to the sun as if having a life of its own.
Since there is no going back, can you return

to the accommodating earth after the fall? The earth
is grumbling with pain under the conference table.
Both parties keep on bargaining by the inch.
Reclaiming land and moving mountains, the loader
gulps down a hole, smacks its lips and looks for another

Forced by drainage pipes, the harbour has swallowed too much ink,
its tummy gurgling all night with diarrhea.
Under the old tree, only a broken chair escaped
the fate, inviting passers-by to sit down
to witness the vicissitude of the landscape.

旧市空间

总是知道怎样应付空间苛刻的待遇
在方寸里雕镂缤纷大千世界
在没有院子的地方发展了天台
没有泥土的铁皮屋背种植花园
立足的地点虽然不够牢固
随时在上下左右搭起多年的寝室

是铁笼还是静轩名实老是移换不符
泯灭了内外的界线狭小的　箱里有海洋
后门前门大排档台凳阻碍曲径通幽
流动小贩整天照顾大街小巷的胃口
朝拆晚行的帆布床是我们秘密的形状

有限的空间里舒伸瓶罐中长出树苗

Old City Space

You always know how to survive harsh conditions，
carving a multifarious world within limited area.
Creating an open space where there is no courtyard，
a garden on the tin roof where there is no earth.
The foothold may not be firm，but for all the years
you constantly build around you a place to rest.

Be it Iron Cage or Serene Court，it sign stands on no stable ground.
The outside is the inside，and you have the ocean in a small fridge.
Scattered tables and chairs of foodstalls block all paths to serenity.
All day long，mobile hawkers take care of appetites along the lane.
Canvas cots put together at night shape our daily secrets.
Stretching in limited space，future plants grow from bottles and cans.

我作品中的城市

让-菲利普·杜桑(Jean-Philippe Toussaint)/比利时作家

我作品中的城市并非是由街道、楼房、灯光构成的，而是内心、抽象、心理层面上的城市。它们不是以砖头、玻璃、水泥砌成的城市，而是以词语、形容词、副词组成的精神性的城市。这几乎是一些潜意识的城市，但随后由于它们逐渐成为我最新几部小说叙事的关键元素，成为了承重性主题，一如承重墙那样，因而便越来越变成有意识的城市，如《电视》中的柏林、《做爱》中的东京、《逃跑》中的中国城市。我在此不作任何区分地谈论中国城市，北京和上海都被当作两个等同的中国城市来对待。

一、潜意识城市

何为潜意识城市？它指的是潜在的城市，一个不假思索便浮现在眼前的城市，一个不会组成小说主题、甚至不会构成主要背景的城市。我没有作出任何思考便将我第一本书的故事地点定在巴黎，它是无意识的、自然而然而来的。

巴黎是我的城市(我是比利时人，但我是在巴黎上的大学)。我们甚至可以说巴黎构成我所有小说的核心，我的书中所有的叙述者都是巴黎人。但《浴室》中的巴黎并非是真实的城市，它没有独立的存在，甚至没有物性的真实。它只存在于那位整天关在浴室里的叙述者的精神世界中。在《浴室》中，巴黎代表的是一个外部世界，城市被视为一种威胁，它是透过玻璃窗这一屏幕所看到的世界。《浴室》中对巴黎的唯一描述是透过叙述者卧室窗户玻璃而作出的描述：

外面下着雨，马路湿漉漉的，人行道显得阴沉沉的。车辆都停靠着。

停下来的车子布满了雨水。行人急匆匆地穿过马路。我对面的那幢现代化的大楼是邮局，不断有人进进出出。

随后，在稍远处，有以下括号文字，为这段描写打上了句号。

(外面，仍然是一片巴黎的景致。)

我们看到这是对巴黎不同寻常的描述。没有诗情画意的景致，没有塞纳河的桥，没有埃菲尔铁塔。“巴黎”这个形容词充满诙谐韵味，它指的是灰蒙蒙的、阴雨连绵的天气，而非人们常常与巴黎相提并论的精神生活。巴黎在书中是抽象的，叙述者无视它，在他与城市之间无任何互动联系。

威尼斯也如此，在小说中叙述者后来去威尼斯作了短暂逗留。此处一个有意识的城市似乎初见端倪。威尼斯，富有象征意义的城市：水城对应浴室中的洗手间，然而，事实上，这些象征涵义，在书中却几乎没有阐述。重复的主题是漠然，甚至予以了扩展。对威尼斯的漠然一如对巴黎的漠然，同样地拒绝描绘城市，拒绝赋予其存在。叙述者把自己关闭在酒店的房间里，足不出户，不游览城市，不透过窗户朝外看，不上博物馆(唯一的一次出门是到一个大型百货商店 Standa 买换洗的衣服)。

我们可以说在《浴室》中，既否认巴黎，也否认威尼斯。对城市以及其文化地位抱有一种漠视的态度。叙述者否认威尼斯的艺术之城地位，他把城市局限于毫无个性的酒店房间。同样他也否认巴黎作为小说故事发生地的重要性(这一点尤为明显，因为书中有两部分的题目恰好是巴黎，因此我们理所当然地期待他会谈论巴黎)。

在下列小说中谈到的城市也如此，《先生》中的戛纳，《照相机》中的伦敦。叙述者每次都特别狂妄地对他所过往的城市无动于衷。这一无礼的行为——否认谈及的城市——在《自画像(在外国)》中对布拉格的描述中达到顶峰：“布拉格，甭提了”。

或者如《照相机》中所提到的米兰：

我在米兰度过漫长的两天。在两个约会之间，我跑遍整座城市去寻找英文和法文报纸。随后我在不同的公园，随着太阳的移动，从一张长凳转到另一张长凳，把这些报纸从头到尾读完。

在无礼和唯我之间，我的首批作品中的城市，除了是无意识的城市之外，更是从精神分析上而言是被否认的城市，根据《罗伯特字典》，所谓的否认，就是拒绝承认那些从感知上会对主体带来创伤的现实。

二、有意识的城市

在这些被公开否认的城市（巴黎、威尼斯）之外，在这些带有轶事性质且几乎可以相互转换的城市（戛纳、伦敦、米兰）之外，在我的作品中随后还出现了一些具有关键的文学重要性的城市。这些城市不仅仅是行动发生的背景，其存在、其展现、其描述，均构成了作品计划的组成部分，成为小说具有承重作用的主题。

1. 柏林

第一次出现将城市肖像作为我的一本作品中心主题的想法，是《电视》中的伯林。

我是有意这样做的，但心中仍带有保持某种距离的想法。

所涉及的并非是要表现城市的过去，那些往往与柏林形影相随的历史内涵。

我有意识地将它作为一个反历史的城市。我想描绘一个90年代末的城市的肖像，既不谈第二次世界大战也不谈柏林墙。我想将柏林写成一个充满日常生活韵味、富有当代气息的城市。我描写的是一个出人意料的、阳光明媚的夏日柏林，叙述者甚至还中了一场暑。

2. 东京

我去过很多次日本，十年间一共去了十多次。我从前总是想着有朝一日会写点关于日本的东西，但我并不着急，我想让自己沉浸在所记录下来的印象中，让日本在我心中浸泡，就像泡茶那样。

我在构思玛丽和叙述者断绝爱情关系时，我马上就知道必须将故事地点定在日本。我当时想表现日本的光线。表现东京新宿区的灯光将是小说有意识的主题。

我在日本旅居回来近五年之后才写作《做爱》。其中一部分是在比利时的奥斯坦德（Ostende）写成，另一部分是在法国的科斯嘉岛写成。因此其中有双重的距离，即时间上和空间上的距离。

在我看来，这一距离的想法在创作过程中非常关键。因为距离强迫记忆作出更大的努力，在精神上去重造所描述的地点：若是就在眼前，历历在目，可能会在描述中引发懒惰，想象缺乏努力，而如果必须从一无所有，仅靠梦幻或记忆，去重建一个城市及其光线，那就会为所描写的场景带来生机、力量和信念。比如，在《做爱》中，我就是这样描述东京的：

> 夜间，从高处来看，大地似乎找回了自己某种自然本性的东西，跟原始世界状态更为合拍，近乎于无人居住的行星、彗星以及消失在无限宇宙空间中的星球。而现在，在游泳池的玻璃窗外面，东京给人的就是它自己的这一形象，一个在宇宙的心脏中沉睡的城市的形象——神秘的光芒星罗棋布，霓虹灯闪闪烁烁，路灯和店招五光十色，小街、大路、桥梁、铁道、城市高速路、错综复杂的高架路网络上光芒耀眼，钻石和手镯般的光斑闪烁，金色的光点流淌出线条与彩带，那些光常常细微无形，是稳当的、闪动的、邻近的、遥远的，而航标的红色信号，则在天线顶端，在屋角的角落一闪一灭。

当然，当时我脑海里是在东京，但我人是在比利时，而我在写下这几行文字的时候，眼前所看到的是奥斯坦德（Ostende）的海滩。

3. 中国城市

当我的中国出版人陈侗问我在《逃跑》中，我对北京和上海的看法有什么不同（因为对于他来说，这两个城市毫不相干），我回答说，我本人并不作什么区别，我把上海和北京当作两个等同的中国大城市看待。

我选择了将《逃跑》的地点定在中国，因为对于我来说，中国代表了当代世界。我觉得作家必须谈论、阅读、解密、反映当代世界。选择将逃跑的地点设在当代中国大都市北京和上海，就是出于这一意愿，走向现在，走向当今正在构建的世界，走向正在变动、活生生的、变化的世界。

《逃跑》主要涉及的是北京，小说开始也稍微涉及上海，描述了外滩的景致：

> 我穿过地下通道，我沿着河岸慢慢地闲逛，目光往返于一长溜欧式老建筑，但见它们的楼顶被灯光照亮，以一团绿莹莹的光晕照亮了夜空，连黄浦江上也倒映出祖母绿般的波光。水面上漂浮着大量的植物垃圾，黑暗中，滞留在水边的烂泥和水藻，随着波浪一下又一下地拍打着岸石，而就在江对岸，浦东那些摩天大楼的未来主义线条清清楚楚地刻写在天空中，就像手掌上的纹路那样清楚，近处有东方明珠电视塔标志性的圆球，稍远一点，靠右，则是金茂大厦，那巨大的身影颇为神秘，只是微微被照亮，仿佛害羞似地有意躲在后面。

此处是经典的描写，灵感源自真实的回忆，它如同诗歌，在小说中带来某种"梦幻般的忧伤"：

> 我趴在岸边的矮护栏墙上，若有所思，瞧着江水那黑糊糊的水面，在昏暗中波光粼粼，我带着那种梦幻般的忧伤想起了玛丽，眼前的这一片黑水夜景，越发让我触景生情，让我想起了那一段爱情，令我更为忧伤。

此处属于经典的笔调，我一般对此较为陌生。

北京的描述则刻意地与现实存在一段距离。叙述者坐在他的向导和陪同张向之驾驶的摩托车后座，他是在风驰电掣中观看城市，北京在他的眼前飞速掠过。这段参观北京的描述只有一句话（节奏十分紧凑，试图模仿在城市中穿梭的摩托车的飞快速度）。这一段的写作费了我不少心力，我起码写了 20 多个不同的版本。它是我写作方式的象征，因为在写作时，我有意识地作一次完全有别于现实的城市观光，与常规的旅游描述绝然不同。下面便是《逃跑》中的北京游览：

> 我们在车辆之间钻来钻去，以便在堵塞的街心环岛处见缝插针地向前挪，然后加大油门，跟随整个车流冲出去，一走上笔直的大街，劲风顿时扑面而来，大街两侧是一幢幢的居民楼，有的墙上贴着劣质的白瓷砖，有的干脆就露着水泥坯层，显出一种沙土或者旧石膏的颜色，除了居民楼，还有行政中心和机关办公楼，门口有武装警察站岗，这时候，我突然从我的左边看到紫禁城入口处城楼上毛泽东主席的巨幅画像，一瞬间里，在同一运动之中，从我们所乘坐的摩托车侧面掠过的，是整个故宫外墙著名的红墙，就在这一时刻，坐在我前面的张向之，一边毫不减速地开着摩托，一边一只手离开了车把，举起胳膊指着那建筑，对我高声喊道：故宫，故宫！同时还迎风跷起他的大拇指，无疑是想表示他对这一历史性建筑尊敬到了何等地步(通过这一动作，他甚至还向我建议，无论如何，你也得去那里参观一下)，而我，蜷缩在他的背后，视线被一辆正在超越我们的黄绿相间的旧公共汽车给挡住了，我扭转身子，最后一次遥望着已经在远方慢慢消逝的紫禁城的大屋顶宫殿(那一天我对紫禁城的认识是这个样子的：我刚刚有时间认出它来，我们就已经从它的面前过去了)。

这一段所描写的故宫游览，是一次失败的、与现实不符的参观，但这恰好是这一段中有意识的主题。

随后在小说中，一位年轻的女子(李琪)前来与他们汇合，三人骑着同一辆摩托车在黑夜中一起逃跑。他们穿越众多的高速公路都市景观，在书中这是北京的都市景观。但事实上，如果说我有时灵感取自在北京的真实记忆，但其实主要是广州的景象赋予了我灵感，写下了这几行文字。

或许人们就是以这种方式在一本书中建造一座城市的，它是通过下列重叠而构建：真实的场所和虚幻的场所的重叠，真实的记忆与想象的重叠，纯粹的杜撰和经过查询材料所得的具体元素(地图、城市指南、所描写的地点的照片等)的重叠。

这一张《逃跑》的象征性画面（三个人骑在摩托车上逃跑），其创作灵感取自我在 2001 年在长沙拍的一张真实照片。因此这一场景是发生在长沙的现实当中。在描写这一场景时，我从照片中吸取了灵感，并根据我对广州的高速公路景象的真实记忆予以了补充，而书中的地点则定在北京！

长沙，2001 年

但是，后来我将本书拍成电影的时候，这场原来应发生在北京的场景，我却是在广州拍摄的。可谓物归原主！

电影《逃跑》，广州 2008 年

译者注：文中的让-菲利普·图森的作品引文参照湖南文艺出版社的中文版。《浴室·先生·照相机》、《照相机》，孙良方、夏家珍译，湖南美术出版社1996年11月第1版。《迟疑·电视·自画像》，姜小文、李建新、曾晓阳译，湖南美术出版社2004年5月第1版。《逃跑》（与《做爱》合集），余中先译，湖南文艺出版社2006年7月第一版。

（蒙　田　译）

19 世纪书海中的巴黎

克里斯托夫·夏尔勒(Christophe Charle)/巴黎第一大学[①]

主题庞大　资料浩如烟海

帕特里斯·伊戈内(Patrice Higonnet)在其著作《巴黎世界之都》(*Paris capitale du monde*, 2002)中,估计以巴黎为主题的书约有 1 万多本。[②] 即便有几个来生我们也很难全部读完这些浩如烟海的著作,因此应该承认不可能真正地阐述"书海中的巴黎"这一主题。为了避免一开始就灰心丧气、高山仰止,我们将作出两个战略性的选择。

首先,已有人针对有关巴黎的文学著作作出了不完全的研究,这些著作包括旅游指南、[③]小说、社会调查、[④]诗歌、[⑤]插图印刷品、轶事文学等,[⑥]展现了 19 世纪期间法国首都相沿成习的重复性画面,其中某些记述甚至横跨两个世纪,

---

① 巴黎第一大学教授,法国高等院校学院成员,法国近现代史研究所所长。

② 伊格内(*Patrice Higonnet*),《巴黎世界之都》(*Paris capitale du monde*), Tallandier 出版社,2005 年,第 28 页。他也引述了《蓝色导游》(*Guide Bleu*)中估算的数目,第 396 页。

③ Claire Hancock,《十九世纪的巴黎和伦敦在旅游指南和游记中的表述》,巴黎,法国国家科学研究中心(CNRS)出版社,2003 年。

④ Louis Chevalier,《十九世纪上半叶巴黎的劳苦阶层和危险阶层》(*Classes laborieuses et classes dangereuses à Paris pendant la première moitié du XIXe siècle*),1958 年,巴黎,Livre de poche,1984 年。

⑤ Pierre Citron,《从卢梭到波德莱尔的法国文学中的巴黎诗歌》(*La Poésie de Paris dans la littérature française de Rousseau à Baudelaire*),巴黎午夜出版社,1961 年,共两卷。该书除了诗歌,还介绍了巴尔扎克、米什莱等大散文家。

⑥ Jean-Pierre A. Bernard,《两个巴黎,十九世纪下半叶巴黎的表征》(*Les deux Paris. Les représentations de Paris dans la seconde moitié du XIXe siècle*), Seyssel, Champ Vallon, 2001 年。

呈现出相对的延续性。这一有关巴黎花都的表征或神话的演变相对缓慢，但却出现过一些短暂的断裂，与政治、社会或都市生活的重大节律密切相连。然而，这些崭新的画面或主题一旦经由一些明星著作展现，其他大众类的作品便纷纷效仿。这是一种以巴黎为主题的作品的双层结构，从某种角度而言使我们避开了前面谈到的难以逾越的详尽性问题。所需辨识的，是关于巴黎的新型论说中的奠基性时刻，它们铭刻在数本名作中，成为活水源泉，引发上百种变化版本，对衡量 19 世纪书籍世界的广泛社会普及或文化等级具有重要意义。

然而，在此我们将采用第二种策略。我们不应像太多的研究那样，[①]只局限于在当今文学史圣殿占有一席之位的名著或名家的研究。因为其中一部分作家在巴黎的文学表现中并非总是崭新画面的创造者或社会断裂的记载者。一如某些二流作家或专业作家，他们有时也只是对前人已率先勾勒的画面或描述并已成为某一时代共同文化组成部分的内容予以简单的推广普及。而且他们也囿于自己的出身与见识，并非都能对这一神秘莫测、不断变化的城市拥有一个宏观的视野。相反，那些被人遗忘的作家或毫无文学地位、题材严肃且非大众化的作家，则往往能描绘出一幅幅更为新颖独特的画面，这恰恰是因为他们不受既定的文学陈规的束缚，或者是因为他们意识到自己才思浅陋，便努力去通过调查或开创一些独辟蹊径的视角以弥补文思修辞的欠缺，从而吸引那些对另类方式看巴黎的心怀好奇的读者的注意力。

还有最后一点，让我们在此前提到的浩如烟海的著作面前灰心丧气。即便选择了以下两种策略：在论述巴黎的书籍中，选择那些打破旧日表现陈规，具有创新性、革命性的作品，而不局限于文学“巨作”，谁人又能事先知晓我们将能在哪些记述巴黎历史的经典著作中找到一个对花都的精彩表述的代表作呢？从黑暗到光明，从中世纪令人不安的城市到奥斯曼式井井有条的现代城市，从拥

---

① Priscilla Parkhurst Ferguson，《革命巴黎：书写 19 世纪城市》（*Paris as Revolution: writing the nineteenth-century city*），伯克利；洛杉矶；伦敦，University of California Press 出版社，1994 年。Pierre-Jean Dufief，《19 世纪小说中的巴黎》（*Paris dans le roman au XIXe siècle*），巴黎，Hatier 出版社，1994 年。Marie-Claire Bancquart，《19 世纪末巴黎的文学形象，1880—1900》（*Images littéraires du Paris fin de siècle, 1880 - 1900*），巴黎，éditions de la Différence 出版社，1979 年，修改版，2002 年，等等。

挤不堪、充满争斗、街垒密布的城市到贫富分化、民众上街游行、彼此漠视的都市，从欧仁·苏或雨果笔下的神秘莫测、弱肉强食的世界到梦想通过透明的统计、避免社会动乱爆发的圣西蒙式的城市，从1827年和1871年间爆发街垒战的城市到美好世纪时期的博览会和国际旅游城等等内容都是这样。

我们在此所寻求的，远非是众所周知的巴黎历史的重大运动，而是这些有关巴黎的著述，在某一特定的时间序列中向我们所展露的其间的差距、论争、张力、不协调性等，因为巴黎也是一个充满不和、争斗、论战和丑闻的城市。

一、神秘巴黎

19世纪上半叶的巴黎是一个高速增长的城市，所展现是一幅幅对比鲜明、互不兼容的画面，媒体、文学和首批社会调查争相向当代人提供解读巴黎的钥匙，以过分敏感的笔触，倾向于夸大其辞、过度渲染，青睐哗众取宠的主题而无视平淡无奇的主题，对极端性的画面（沙龙世界、底层社会、奢华世界、悲惨世界、边缘人物和金钱贵族、血腥或精神世界）兴趣颇高，对漫画家、剧作家或全景式文学所热衷的"中等"巴黎人却兴致索然。为了捕捉这一纷繁多样的世界，全景式画面或由下向上的视野便成为探寻神秘巴黎速写的优先手段。

1. 全景画面

在此阶段的大部分著作中，巴黎总是被透过两个视角去观察：一般是透过一些具有象征性、富有强烈意义的特殊场所去表现，它们往往是"普通地点"或必经之道。城市的某些街区，无论是在旅游指南或小说中，都予以过度表现，如：中心区域（尤其是王宫、林荫大道）和边缘区域（关卡、某些原为市郊的街道）、古老或神秘的过去留存的记忆痕迹（地下墓穴、下水道、地下世界、古老建筑、废墟、老房子）或营造大城市特有的时间飞速流逝感的现代性和新颖性。

与之相反，全境视觉画面则可同时捕捉大城市的反差对照，这些反差相互共存却往往彼此漠视，但却能透过作者或作品中变得无所不知的代言人物的视觉呈现出来。他或者登上一座建筑（巴黎圣母院钟楼），或位于外部的一处高地，如拉雪兹公墓（《高老头》）：

拉斯蒂涅一个人在公墓内向高处走了几步，远眺巴黎，只见巴黎蜿蜒曲折地躺在塞纳河两岸，慢慢地亮起灯火。他的欲火炎炎的眼睛停在旺多姆广场和安伐里特宫的穹窿之间。那便是他不胜向往的上流社会的区域。面对这个热闹的蜂房，他射了一眼，好像恨不得把其中的甘蜜一日吸尽。同时他气概非凡地说了句话："现在咱们俩来拼一拼吧！"①

巴尔扎克在此为我们描述的巴黎景观是非常简单化的，因为它只局限于西边的华贵街区，此处灯火辉煌，是奢华和现代的象征，这是当时首先装上煤气灯的地方，它对黑暗区域颇具吸引力，另外还有两座历史性建筑，在密密麻麻的屋顶中鹤立鸡群。这是当时城中的两座显赫军事建筑，因为在小说的时间背景中，凯旋门此时尚未竣工。其中一座为路易十四所建，展现的是旧日法国，另一座为拿破仑所建，展现的是全新法国。拉斯蒂涅（Rastignac）企求飞黄腾达，将其视为个人面向社会的孤独奋战，在现代社会中，它取代了对权力的追逐，或旧日君主宪制下英雄对荣耀的追逐，或帝国对欧洲的征服。

雨果在其关于巴黎的两本主要小说《巴黎圣母院》（巴黎鸟瞰）和《悲惨世界》（巴黎枭瞰）中也提供了一些全景视野。与巴尔扎克不同的是，他不再借助小说人物眼光的虚构面具，去为描述性的补注提供辩解，而是重新收回他至高无上的创世主权利。因此而为读者提供一种双重视野，使其远离狭隘的时间和空间视野，与其一同分享神圣作品作者无所不能、无所不知的能力，能让一个业已消失的城市起死回生。雨果作品中所呈现的是动态式的全景视野：视觉的运动同时激活了历史的运动。城市是一种由他起死回生的化石，经其催生并快速壮大，犹如昆虫的蜕变，宛若"撕破陈年旧衣"的孩童。② 这一不断壮大的城市也犹如一片石林，一个错综复杂的原始森林，多种风格和时期层层叠叠交错其中。

2. 光与影

仔细看来，当时巴黎的对照反差或许在局部而言在某些集中性区域更为明

① 巴尔扎克，《高老头》，巴黎，袖珍版，1961 年，第 434—435 页。

② 雨果，《巴黎圣母院》，巴黎，Folio 版，Gallimard 出版社，2002 年，第 167 页。

显。也许在19世纪上半叶，融汇这些极端反差的最佳例证是王宫（Palais-Royal），它是各种奢华商业的中心地带，有游戏馆、书店，毗邻主要各大报纸总部以及政治集聚场所。此处也是娼妓的集中之地。因此它聚焦了引人入胜和全景文学描述的所有元素，但其地位后来逐渐为北部的林荫大道所代替：

> 在这些琳琅满目的市场上，商店主要出售奢华商品和浮华耀眼的小玩艺。①

欧仁·苏在1842—1843年的《巴黎的秘密》一书中，以更为双元的方式，挖掘此一极端反差的冲撞，表现了底层社会对诚实人士的威胁，表明在城中最为优雅、最为文明的地段居然存在如此野蛮的行径。那些无可救药的野蛮分子不惜一切代价去拥有上层阶级所炫耀的富裕财禄。小说一开头就极尽夸张之能描述了西岱岛的低级下流酒吧，一位妓女和一个戴着面具的王子展开先是身体上的随后是象征意义上的搏斗，这类描述在随后各章中重复出现并予以夸大：

> 房子是烂泥般的颜色，装有很少的几个玻璃窗，窗框已被虫蛀，玻璃已几乎掉光。漆黑一团、臭气熏天的走道通往更为漆黑、更为恶臭的楼梯。楼梯很陡，需攀扶一条用铁钩固定在潮湿墙上的井绳才能勉强爬上去。②

3. 奢华与贫困

这些对比反衬与感性和浪漫或悲喜剧的情感相和谐，但并不局限于光与影之间的效果。这些关于1848年之前的巴黎的著述大部分都呈现出一个城市所产生的更为复杂的新型社会地理景观，其城市人口增长了一倍，其地域已超乎官方的界限，拓宽至“小郊区”发展，这些郊区从1840年起就被由梯也尔（Thiers）建造的防御工事所夹持。与全景东西相对，两岸情景迥然不同，一边是

---

① E. Roch，《巴黎的王宫或一百零一之书》（*Le Palais-Royal in Paris ou Le livre des cent et un*），巴黎，Ladvocat出版社，1832年，第20和22页。

② 欧仁·苏，《巴黎的秘密》，Bouquins版，巴黎，Robert Laffont出版社，1989年，第32—33页。

热闹的工业场所，一边则是从事智力劳动或坐享其成的社群，在此基础上重叠着一张复杂的版图，其中分布着社会压力高低不同的区域，工作与居所、流放与表现场域均泾渭分明。

《小酒店》在开篇便对“小郊区”与夹持在旧墙间的老巴黎予以首次描述。朗蒂埃夜不归宿，居住在蒙马特高地脚下罗什舒瓦尔(Rochechouart)大道上的热尔维丝忧虑重重地等待其丈夫归来，黎明时分，她眺望外边的人行马路上的来来往往：

> 当她抬起眼睛向那围绕着这个荒漠绑匪般都市的一望无际的灰色城围望去时，猝然，一道闪光，那太阳下的尘埃充满了天空，一道带着巴黎喧嚣的晨光出现了。她最终还是把眼睛转向了鱼市巷，伸直脖颈，在苦闷中自蒙马特高地和教堂街上走下来的人群，其中有三三两两的牲畜。货车在入市税征收所的两座低矮的建筑之间川流不息地来来往往。那些成群的牛羊不时地阻断了路上的行人。络绎不绝的工人们肩上扛着工具，臂下夹着面包，熙熙攘攘的人流不断地冲进巴黎。然后又被不断地淹没在茫茫大海般的都市之中。[①]

为了阐明这一我们今天称之为垂直迁徙的描述，有必要重申几个事实元素。小说的背景时间是 1850 年 5 月，热尔维丝寄宿在城市兼并前巴黎外围的一个酒店里。蒙马特及小教堂周边的村庄已有很多工人入住，他们在此找到低廉住房并能买到便宜的商品，因为此处无需缴纳关垒抽取的税费(此处为鱼市巷关垒)。这一选择出自经济原因，其不利的一面在文中也予以了描述。每天清晨，居住在城外的工人都必须清早五点钟起床前往城中的工厂或工地(“肩上扛着工具”)上班，这些工厂或工地当时大部分仍设在居民聚集的巴黎老城区。因此每天早上，各城门总是堵塞不堪，各种材料的运输及菜农用木车运送的蔬菜需接受检查和交税，更加重了堵塞状况。

---

① 左拉，《小酒店》(1877)，La Pléiade 版，第二卷，第 377 页，中文版孙立坚译。

1830 年至 1850 年间，巴黎似乎免遭政治和警方的检查，受工业、商业、服务业工作机会的吸引，大量新型移民流入巴黎，由于缺乏相应的城市规划政策，因而出现了形形色色的城市疾病祸害。例如，1832 年巴黎死于霍乱的人数高达 19000 人，远远高于欧洲其他大都市的死亡人数。其原因是人口过于集中、垃圾堆积、水质低下、缺乏地下排水道。

4. 城市疾病

在巴尔扎克关于巴黎的著作中以及英国游客的巴黎游记当中，肮脏这一主题反复出现。大部分居民居住的住房由于过分拥挤和不透气，因此十分不舒适。例如，马丁·纳多(Martin Nadaud)在其《瓦匠回忆录》一书中，对移民建筑工人住所的描述便属此例。

> 当时，在我们的住所内没有书籍也没有报纸。我们只管吃和睡，从未想过精神修养。然后我们就上寝室睡觉，呼吸的是臭烘烘的浊气，最糟糕的是住所内供 60 多人使用的唯一的一个厕所恰好就位于我们的方块区域。我承认要进入其中很不容易，虽然马桶盖两侧都砌有石头。我们房间的男人上床前脱袜子时，从一周没换的脏袜伸出来的汗脚臭气熏天，唯有对这种生活习以为常的人才不会捂上鼻子。[①]

公寓楼房中拥挤不堪，因为很多手工劳动者都是在家里工作。

《小酒店》中描述的城郊楼房景象并未发生多大变化，只是下列情况更趋严重：房间拥挤不堪、缺乏个人私密空间、噪音污染、各种臭味(厨房、厕所)相互交杂，所有房客均深受其害：

> 确实，这灰色的 B 号楼肮脏不堪，扶手和梯级都布满了油腻，脱落的墙皮里露出了石灰墙，仍散发出浓烈的厨房味。每个楼梯口能通向许多走

---

① Martin Nadaud，《雷奥纳瓦匠回忆录》(*Mémoires de Léonard, ancien garçon maçon*)，Bourganeuf，A. Duboueix imprimeur libraire 出版社，1895 年，第 49 页。

廊,人声嘈杂。有些门敞开着,门都漆成黄色,门锁处被手的油垢染成了暗黑色。窗子里飘出湿臭的气味,与煮熟的葱头味混合在一起。从楼下到七楼,家家传出碗碟的声响,还有洗锅声,用汤勺刮汤罐的响动声。①

噪声、难闻的气味、油垢、人员拥挤、空间缺乏,其实相对从前的状况,无任何根本性的改变,只是工人居住的场所变高了、变深了而已(诸多庭院和楼梯)。②

5. 巴黎/外省

虽然贫苦移民及工人大众的生活条件极为艰苦,但前来巴黎碰运气的人在整个世纪中却有增无减。在移民群体中,除了想摆脱贫困的民众之外,还有梦想出人头地、来自外省的中产阶级继承人,他们期望能在巴黎攀到一个比在外省更高的地位,尤其是那些企求在艺术界、文学界、政界飞黄腾达的人。这一"上巴黎"的模式在整个世纪中为众多著名或不著名的作品提供了灵感源泉,如:司汤达的《红与黑》(1830)、巴尔扎克的《幻灭》(1837)、福楼拜的《情感教育》(1869)、瓦莱斯的《中学毕业生》(1881)、左拉的《作品》(1886)、巴莱斯的《离开本根的人》(1897)。这些关于巴黎对年轻知识分子或各类野心勃勃人士所产生的邪恶影响却是基于一种矛盾。上述提到的著作往往以主人公绝望、失败甚至死亡而告终,似乎这些作品的作者想对读者及未来效仿者提出警告,避免他们也陷入追求巴黎辉煌的幻想。相反,倒是那些失败的作家或二级作家,虽然心怀怨恨,却凭借轶事文学或歌颂文学,延续"巴黎生活"和"游浪生活"的神话,这是在外省百无聊赖生活中所缺乏的。而每次最痛苦的震撼是在茫茫人海中自我的丧失。

二、巴黎机器之城

在19世纪下半叶,这类文学表现仍不断延续。但随着拿破仑三世新城市

① 左拉,《小酒店》(1877年),见《卢贡—马卡尔家族》(*Les Rougon-Macquart*),Henri Mitterand版,巴黎,Gallimard出版社,Bibliothèque de la Pléiade,1969年,第二卷,第423页。

② 同上,第423—426页。

政策的推行，城市体验进而有所改变。它不再是一个如此神秘、狡诈、压抑的世界。肮脏和疾病现象有所改善。城市空间变得井然有序，城市功能交由专门机构承担。城市变得有章可循，而且对于统治者而言，已成为张扬其统治威力的补充性工具。即便对于平民百姓而言，随着城市的现代化，他们也感受到一些益处，虽然在初期他们其中一部分人被赶出城市中心，承受房租上涨的压力。这些益处包括：从 1881 年开始享受免费义务教育，掌握知识，这一点在城市比乡村做得更好；享受各式社会服务，而且随着共和国的成立，容许成群结队示威游行，民众有权集会结社等。

1. 现代化话语

拿破仑三世政权治理下的巴黎旧貌换新颜，报纸、宣传册子、官方言论、诗歌、戏剧、指南等，无不充满赞美之词。左拉在《神甫》开端的对话中，通过一段上流社会的对话，简述了当时的一些老生常谈：

> 沙卡尔说："你们创造了奇迹。巴黎已成为世界之都。"
>
> "是的，确实很神奇。"于贝打断说，"您想像我这样的老巴黎人，我都认不出我的巴黎了。昨天我从市政厅到卢森堡公园，途中都迷路了。太神奇，太神奇了！"
>
> 顿时全场鸦雀无声。所有人都神情庄重地聆听。
>
> 图丁—拉罗士说道："改造巴黎是帝政的光荣。民众太忘恩负义了，他们应该拜倒在皇帝的脚下。"①

第二帝国和奥斯曼工程所引发的对巴黎的描述，越来越多地借用工业隐喻。巴黎变得越来越井然有序，从上至下予以行政管制，因而常被比喻为一架庞大的机器，各元件结构协调运转，维系整体运作。这一比喻并非仅仅来自专制的政治氛围，以及由拿破仑三世以及塞纳省省长强制执行的整齐划一的市政

① 左拉，《神甫》(1871)，见《卢贡—马卡尔家族》(*Les Rougon-Macquart*)，Henri Mitterand 版，巴黎，Gallimard 出版社，Bibliothèque de la Pléiade，1969 年，第一卷，第 342 页。

建设。它与整个社会以及作家本人的眼光的改变密切相关。他们至此对工业及机器世界一直持抵抗的态度。城市本身在成为一台上满润滑油的机器之前，首先是一个庞大的工地，几乎整整20年间为其可怜的居民制造了诸多烦恼与不便。

为了使人更易于接受，现代化人士组织了一个有关现代城市和工业社会的名副其实的教育宣传。为了回应其对手伦敦在1851年举办的世博会，拿破仑三世于1855年组办了首届世博会，这绝非偶然。为此而修建的"工业宫"一直保留至1900年，随后为目前的大王宫所代替。1867年，机器展览厅屹立在巨型的椭圆形铁物下，位于现今的战神广场(Champ de Mars)之上，第二届世博会的所有展台均设于此。城市的其他工业和机器存在的印证是采用铁质架构、带有深邃铁道的火车站环绕城区，如圣拉扎尔(Saint Lazare)火车站便属此例，欧洲桥横跨其上，从上可远眺浓烟滚滚的火车头，这些景象日后因成为莫奈、马奈、卡耶博特(Caillebotte)等画家画作的题材而永垂青史。

在左拉的作品中，则是通过其他机器设备、中央市场、大型百货商店、大型银行、交易所来印证城市机器不断增多的现象。

此类隐喻最先出现在《巴黎之腹》对中央市场的描述中：

> 它们的出现，犹如一架庞大无比的现代机器，供人民消化之用的蒸汽机、涡轮机，宛如巨型的金属肚子。钉着螺钉、铆头，用木头、玻璃、铸铁做成，高雅、强悍的机械发动机，采用暖气为动力，轮子转动，轰轰作响，震耳欲聋。[①]

十年之后，在《妇女乐园》中，这一形象再次伴随着大型百货商店的出现。这一新型都市机器变成了能将人们的欲望变为金钱的仪器。同样，《金钱》中的世界银行也在投机分子的手中变成无法控制的火车头。左拉在此简述了各大

① 左拉，《巴黎之腹》(1873年)，见《卢贡—马卡尔家族》(*Les Rougon-Macquart*)，Henri Mitterand版，巴黎，Gallimard出版社，Bibliothèque de la Pléiade，1969年，第二卷，第626页。

首都尤其是巴黎的新型功能：存款银行和商业银行的总部大都设在首都，它将这些银行的资金集中起来，随后再输送到国家乃至地球的其他地方，将巴黎变成一个国际之都，一个国际资本经济的神经中枢，起到一个资金吸取泵和输出泵的作用。

马克西姆·杜坎（Maxime Du Camp）关于巴黎的重要著作《十九世纪下半叶的巴黎，其脏器、其功能及其生活》，其中前几册于第二帝国末期出版，也是从工业角度呈现城市的变迁。作品的前面几页中，开门见山地描述了城市的全景画面：

> 应该从亨利四世的雕塑旁去观察巴黎，若从蒙马特高地、巴黎圣母院或圣苏尔毕斯教堂去观察，则看不清楚。灰蓝色烟雾不断从屋顶上20万个烟囱冒出，将城市包裹在灰蒙蒙的氛围中，细节因之被淹没，建筑因之变形，营造一种纠缠不清的混乱。①

这无疑是首次强调日益严重的工业污染的文本，由于污染已无法呈现像上一代作家如巴尔扎克或雨果著作中的全景画面。然而，杜坎所描述的脏器却与机器密不可分，如邮局：

> 人们将心脏比喻为吸取泵和输出泵，同样的比喻也适用于中央邮局：它不断地将信件吞入，随后又将其吐出以分发到各个地方。巴黎是法国的精神中心，生命活力从巴黎向外喷涌，又从外向巴黎收拢。它不单是一个首都，而是一个世界。很多国家都不曾拥有像这一城市如此频繁的邮政往来。②

---

① 马克西姆·杜坎（Maxime Du Camp），《十九世纪下半叶的巴黎，其脏器、其功能及其生活》（*Paris, ses organes, ses fonctions et sa vie dans la seconde moitié du XIX siècle*），巴黎，Hachette出版社，1875版，第7页。

② 同上，第66页。

除了此类在时空上无往不胜的现代化言辞，也有人流露出一些反现代的怀旧情绪。

2. 反现代怀旧情绪

在公认的著名作家当中，此类赞颂新巴黎的言论尚属少数，但二流作家则利用这一题材跟踪时事，他们更容易对巴黎的新生事物感到神奇。我们都熟悉波德莱尔那首 1859 年献给雨果的名为《天鹅》的诗：

巴黎变了！但我的忧郁
丝毫未变！宫殿崭新，层层叠叠，堆堆整整，
老郊区，对我来说一切都变成了譬喻
而我珍贵的记忆比石头更重。

准确点说，正当巴黎经历了最彻底的变化时，有很多作品出于有意或无意的反应，试图让 19 世纪上半叶消逝的巴黎甚至旧日时光重新复活。1862 年，雨果的《悲惨世界》在书店销售空前成功，书中最后部分赞颂了巴黎这个浪漫之都，也展现了巴黎的 1832 年动乱、深邃神秘的地下水道、阴谋诡计等内容。1869 年，福楼拜的《情感教育》最后一次再现了 1840 年代及 1848 年革命的巴黎景象，其中不乏夸张渲染、滑稽可笑之处。营造视觉差异的是时间差距，是福楼拜对青年时代的怀恋，他当时年逾 40，试图想让青春时光再现，而当时的社会已转向文学工业化，新富们讲求排场炫耀，在他们的眼里，艺术无非是小型歌剧和《巴黎生活》中的上流趣闻轶事而已。

三、世纪末期的巴黎

1. 数字巴黎

随着奥斯曼的市政规划及城市的理性化建设，统计信息越来越精确而繁多。《巴黎城市统计年鉴》于 1880 年开始发表，取代了 1817 年至 1860 年间发表的《巴黎市及塞纳省统计研究汇集》。五年一度的人口普查也越来越细致(包括年龄、职业、家庭状况、国籍等)。其中一些卷册(尤其是 1891 年)甚至精细至街区，描绘出一幅十分精确的巴黎社会画卷。1867 年、1878 年、1889 年和 1900 年

举办的世博会也催生了针对不同工业、商业、艺术或精神产业撰写的大型报告，编辑人员每每透过数字阐述巴黎及其周边地区在国际上处于领先的领域。

现在借助数字可以在时间和空间上进行比较，去阐述在知识、生活改善方面的进步（住宅的舒适度、水网、地下排水道）、疾病的改善（卫生保健统计）。

收集的统计数字同时也突出了水、食物供应、公共城市交通（小型公共汽车、有轨电车、环城公车、塞纳河船运）不断改善的情况。这些统计数据也提供了更为乐观的总结，表明巴黎对世界的影响日益扩大，如外国学生的数目、参加世博会的国家情况、出席绘画沙龙的外国画家人数等。其中众多统计数字用于介绍巴黎的小册子、面向公众的期刊文章甚至政治辩论中，用作针对已完成或正在讨论中的政策的正面或负面的论据。

2. 世纪末文学中解体的巴黎

与此同时，蓬勃发展的小说文学摒弃了自巴尔扎克和雨果以来的全景画面描述传统。需等到 20 世纪 30 年代才重新出现全方位展现形形色色的社会和城市景观的意愿。

普鲁斯特的《追忆逝水年华》所呈现的是一幅甚为片面且不太客观的巴黎景象，所描述的是一些较为上流的街区或阶层。高尚街区成为这一当时被人们称之为“巴黎小说”的文学流派的重心。侧重心理刻画的小说家如布尔热（Bourget）、巴雷斯（Barrès）、弗郎士、莫泊桑，街道戏剧作家等，将他们作品的主人公（尤其是女主人公）置身于经过豪斯曼改造的西部崭新街区中。在巴尔扎克作品中乃至在《巴黎的秘密》中曾起着如此重要作用的圣日尔曼大街如今已为华丽的香榭丽舍大街周边街区以及蒙苏公园或欧洲街区光芒所淹没。

莫泊桑在同年代发表的上流社会小说也描写类似的区域。在《漂亮朋友》（1885）中，作者在描述《法兰西生活报》的老板瓦尔特时这样写道：

瓦尔特先生住在马勒泽布大街，那儿有两座楼房，彼此相连，都是他的产业，其中一座出租给别人，这是讲求实惠的人的经济做法。两家合用一个门房，住在两座大门之间，如有客人来访就拉铃通知房主或者房客。这个门房穿着教堂瑞士侍从的漂亮装束，白色袜子里裹着粗粗的小腿，制服上缀着金色纽扣，加上大红衬里，使两所房子看上去俨然是有钱人富丽堂皇的宅第。

客厅在二楼，前面有候见室，室内有门帘，四壁有挂毯。两位听差坐在椅子上打盹。①

这个新巴黎组成了一个独立的城市，四分之三的真实社会群体已经消失。这是一个由游手好闲、不劳而获、沉湎于社交生活的人士和投机商以及没落贵族组成的群体，其中唯一的平民是常常装聋作哑的仆人。这些人消磨时间的方式无外乎到布洛涅森林漫步、出入豪华街区的咖啡店和高级餐馆、到乡间海滨水乡度假、沙龙清谈、股市投机、跑马赌博、看戏剧、看歌剧（歌剧院于1875新近开业）等。

在这一城市中，其他阶层的人因无法享受此种奢华，便尝试到梦幻之宫去感受异国情调的浮华和梦幻。这些梦幻之宫从1860年代开始如雨后春笋涌现：咖啡厅、音乐厅、夜总会以及各类娱乐活动在所有街区都蓬勃发展，成为想了解"巴黎生活"的外国人和外省人的必经之道。

统治阶层的巴黎地域格局根据不同团体呈现出明显的色彩，与1870年前巴黎大型社会区域的划分同样的明显。除了公寓与宫邸、资产阶级、贵族与平民之间的传统对立之外，还叠加了1860年代舒适度一般、装饰较为朴素的现代楼房与1890—1900年代的新型楼宇的反差对比。在普鲁斯特的著作中，这些细微差别能察觉出来，但并非是露骨地呈现，而是通过暗示的方法。《追忆逝水年华》的主人公的童年与普鲁斯特的童年那样，是在马勒泽布（Malesherbes）大道、玛德莱娜区（Madeleine）和香榭丽舍花园之间度过的。出身高贵的人物如盖尔芒特公爵夫人住在圣—奥诺雷（Saint-Honoré）大街，新富或来历不明的斯万一家则住在森林大道的另一边。②

---

① 莫泊桑，《漂亮朋友》（1885），G. Delaisement出版社，巴黎，Garnier，1959年，第112页。
译者注：中译本参见人民文学出版社插图本《漂亮朋友》，2005年版，张冠尧译，第99页。

② 参见Shinichi Saiki的《普鲁斯特小说中的巴黎》（*Paris dans le roman de Proust*），巴黎，Sedes，1996年，第81—87页和第190—191页。

《追忆逝水年华》在小说结尾突出了上流社会团体战前和战后的令人惊讶的重新组合，维尔迪兰女士，当年在塞纳河畔马拉凯堤道（Malaquais）主持沙龙的资产阶级知识分子的女精英成为了盖尔芒公主。

因此众多小说是否已不在表现平民或中产阶级的巴黎呢？如果我们仅聚焦于声名显赫的作家的话，则其数量越来越少，因为即便左拉也在《巴黎》（1898）之后更多地转向故事地点位于外省或城市之外的乌托邦小说。

然而，如果我们扩大作品的样品范围，拓宽至大众文学、连载小说乃至戏剧，那么另一个巴黎则仍占有一席之地，尤其是随着新型小说如侦探小说的发展，一些在《巴黎秘密》和《悲惨世界》中已挖掘的人们耳熟能详的题材和场所又再度深受青睐。在此，犯罪地点仍承袭旧日格局，主要集中在中央市场和拉丁区的贫困角落，以及 1860 年后纳入城区的工人新区，如蒙马特、美丽城、小教堂、维莱特（Villette）、贝尔希（Bercy）、格勒奈尔（Grenelle）以及防御工事之外的正走向工业化的郊区。[①]

结语

以上所论及的所有作家和书籍，尽管其历史、社会和政治背景各不相同，却拥有着共同的信念：即如同旅游指南或小说家那样，细致入微地描写巴黎；如同历史学家那样，重现其激情和抗争；如同科学家那样，通过调查和统计，用手术刀去解剖它；如同诗人那样，透过文字的魔力，使其起死回生。唯其如此，方能使我们有缘去分享其伟大与不朽。这一明星城市的威力与活力，将我们升至理性和激情的顶峰。在整个 19 世纪期间，在所有赞颂或声讨它的书籍中，巴黎俨然以文明世界的面貌出现。雨果早在 1831 年便如此写道：

这种城市就像大漏斗，一个国家地理、政治、精神、智力的所有川流，一

---

① 参见 D. Kalifa 的《犯罪场所。19 世纪巴黎犯罪地志和社会意象》（*Les lieux du crime. Topographie criminelle et imaginaire social à Paris au XIXe siècle*），刊于《社会与表征》（*Sociétés et Représentations*），第 17 号刊，2004 年 3 月，第 131—158 页，其中第 139—144 页提到了一本小说《逮捕幽魂》（*L'Arrestation de Fantômas*），巴黎，Fayard，1912 年。

个民族的所有自然川流，通通流到这里汇集。可以说是文明之井，又是阴沟，凡是商业、工业、文化、居民，一个民族的一切元气、一切生命、一切灵魂，都一个世纪又一个世纪，一滴又一滴，不断在这里过滤，在这里沉积。[①]

巴尔扎克在其不同作品中，使用现成的修饰语去描述城市的中心性："思想之都"《驴皮记》、"意象之都"《朗热公爵夫人》、"知识世界之都"《幻灭》、"现代巴比伦"《苏镇舞会》、"都市之王后"《贝姨》。[②] 1872 年，雨果将《恐怖岁月》赠给"巴黎—人民之都"。[③] 在世纪末期，左拉在他那本以巴黎命名的小说中，最后一次赞颂这座城市，它是欧洲的历史与文明潜力至高无上的化身，而这一点在整个 19 世纪一直为人所称道。以下是左拉《巴黎》最后的一段文字：

世界曾拥有罗马，但它已濒于灭亡。而巴黎在现代世界中独领风骚，它占据各民族的核心地位。在持续不断的运动中，从一个文明走向另一个文明，与日月同辉。它是大脑，辉煌的过去将其孕育为城市之翘楚、文明的启蒙者和解放者。昨日，它向各民族高呼自由，明日，它将为其带来科学、正义、民主期盼的新信念。它是善良、喜悦、温柔、激情、宽容的化身。在它身上，在城郊的工人中，在乡野的农民中，有取之不尽的资源。未来可在此一人文源泉中无限地吸取养分。一个世纪经由它结束，另一个世纪经由它开始、延续。它壮观无比的劳作之声、气吞山河的灯塔光芒，所有东西雷鸣般、风暴般、闪电般地从其腹腔喷涌而出，辉煌璀璨，成就明日人类之幸福……

它已不再是各街区迥然不同的城市，东边是灰色烟雾笼罩的劳作街区，南边是安详宁静的研究学区，西边是富裕、宽阔、明亮的街区，中部是街

① 雨果，《巴黎圣母院》，第 167 页。

② P. Citron 曾引用过这些修饰语，参见《从卢梭到波德莱尔的法国文学中的巴黎诗歌》(*La poésie de Paris dans la littérature française de Rousseau à Baudelaire*)，巴黎，午夜出版社(Minuit)，1961 年，第二卷，第 184—185 页。

③ 引自 P. Citron 的《从卢梭到波德莱尔的法国文学中的巴黎诗歌》(*La poésie de Paris dans la littérature française de Rousseau à Baudelaire*)，同上，第二卷，第 306 页。

道黑暗的商业区。似乎同一种生命的涌动、同一种鲜花的盛开充盈着整个城市，使其无比和谐，构成一个无边无际的田野，孕育着同样的生命力。①

任何城市都从未像巴黎那样招致如此多的赞誉和咒骂，引发如此绝望的呼喊，人们为了从内或从外去征服它而不惜流血。它令观光客发出讥笑或愕然的惊叹，引发流落他乡者的乡愁，燃起人们去游览它的欲望。如今，如果说它每年都吸引世界上为数最多的游客，无疑是因为这些不同体裁的书籍。两个世纪以来，它们将巴黎作为叙述主题，引发读者的神往，并随后亲身前往参观一睹为快。

（蒙　田　译）

① 左拉，《巴黎》(1898)，Henri Mitterand 编辑介绍版，巴黎，Stock，1998 年，第 457—458 页。

一个欧洲大都会的变迁，公共交通及其活动
20世纪的巴黎城市人口聚集

米歇尔·马尔盖拉兹(Michel Margairaz)/巴黎第一大学

本文立足本世纪之前的一个时期，即从1880年起到2000年止的广义的20世纪，分析广义的巴黎人口(包括作为中心的巴黎市及其周边郊区)由公共交通来维系的城市内部流动方式的变迁、以及巴黎大区中的经济活动变迁之间的联系。人们常常倾向于把城市人的移动方式和人口问题联系起来，虽然我们知道这二者之间不存在机械的联动关系，但要脱离人口变化，把人口移动方式变迁和经济活动变迁直接联系起来就更加复杂了。

在正式开始讨论我们的问题之前，应该先来大致勾勒一下20世纪之前作为法国首都的巴黎这座大都会的一些特点。我们知道，与其他欧洲国家不同，法国的首都巴黎虽然在1860年吞并了周边一些小城市，但在面积上仍然相对较小，占地仅为一百多平方公里。然而就当时标准而言，巴黎的人口却是高度密集，加上当时正在形成中的巴黎大区(可以粗略定义为塞纳省的80个市镇)，这造成了法国城市等级严重的头重脚轻，表现为以大都会型首都为中心的向心发展，这在其他方面也有体现。到了1880年，巴黎内城已经有大约220万居民，20年之后，这一数字上升为300万。巴黎大区真正的大发展是在这一时期，到了20世纪初，塞纳省(包括巴黎)所有的市镇总人口已达到350万，也就是说，严格意义上的巴黎人口又增加了50万。我们知道，除了政治和外交功能，巴黎城还集中了法国绝大部分的财政、经济、社会和文化活动。要研究如此一个大都会居民的出行方式的构成因素，便需要分析公共交通的供求，这势必要探讨技术、经济发展、时局因素，以及人们的行为方式、经济活动、时尚和生活水准，以及能够对有关大区发展的决策产生重大影响的权力体制和机构。这样看

来巴黎的一个独特之处便是市、省（塞纳省）及国家权力关系的错综复杂。巴黎人在19世纪数次遭到镇压的暴动（1870—1871年巴黎公社以及之前数次）或取得胜利的革命（1830年、1848年）中推翻或动摇了一些政权，因而长期受到中央政府的监视。他们并没有真正的人民主权议会，被选举出来的巴黎市议会受到中央政府（内政部长）任命的两位高级官员的高度监管：塞纳省省长（Préfet de la Seine）和省警察局局长（Préfet de Police）。尤其是，巴黎大区的内部交通问题由于战略和政治意义重大，在20世纪几乎始终被认作是国家事务：巴黎对从东北面来的战争入侵几乎大门敞开，1870—1871年、1914—1918年和1940—1945年三次对普鲁士或德国的战争便可佐证；之前提到的数次巴黎人民革命则证明了交通问题在政治变局中举足轻重的作用。这一点便使得当权者行动更为困难，尤其在城市交通的决策层面。

一、动荡起伏和两个关键时刻

如果我们把1871年和1996年之间巴黎大区中各种公共交通形式每年运送的人口总量作为人口市内出行的指标（尽管这好比管中窥豹只能略见一斑），我们将得到一个曲线图，其波动能使我们更清楚地看到巴黎人口出行现象的一个重要变量及其演变。这些统计数据是城市和地区交通私营公司的交通情况报表的集合，它可以让我们对总体情况有基本了解，尽管它并没有包含其他交通方式，如步行或个人交通（马车和机车。步行在该段时期一开始、汽车在其最后30年作用非常重大）。这一点之后还会进行阐述。

这是一条不平滑的上升曲线，其中明显有两个飞跃，分别对应两个交通大发展时期：20世纪初直到1920年，以及20世纪最后15年将交通总量按不同公共交通形式划分开来，并做了一些补充。我们首先可看出，1900年开始投入使用的巴黎地铁和1970年代末首次运营的巴黎第一条城郊快线（RER）（东西向A线）是造成飞跃的两个重要力量。

我们下面就利用这两个飞跃时刻作为分野，将20世纪的巴黎公共交通史简要划分为四个各具特点的时期。

二、1900 年之前：出行稀少，公共交通不符合未分化的经济活动需要

1880 年甚至是 1900 年以前的巴黎仍然保存着 19 世纪最初几十年的某些城市特点，大量人口聚集在中世纪特点依然明显的城市中心；居民活动种类繁杂，犬牙交错，而且不同的社会群体尽管还不至混居在同一套住房内，但同一地点或同幢楼房内的混居现象是很普遍的（可以概括为"两不分"）。占主导地位的是商业、手工业、早期工业化遍地开花的消费工业小企业（衣着、布料、食品、建造、艺术职业、奢侈行业……）。无论对于富人还是对于赤贫者（后者数量无比庞大），拥挤的居住条件意味着很少需要出行，因为住址和工作地点相近，又因为巴黎依然深受中世纪城市布局的影响，建筑甚不便利，街道狭窄，城市被划分为互相独立且难以穿行的微型街区，除了 19 世纪 60 年代奥斯曼新建的环城林荫大道和穿过旧城的新拓道路。正如菲利浦·阿里耶斯（Philippe Ariès）不久前指出的那样，尽管他的某些观点仍值得商榷：

> 老巴黎的巴黎人生活在一个极狭窄、极有限，但却自给自足的小世界中，这是因为这个世界中生活的人是三教九流，从事的活动也五花八门……在阅读巴尔扎克的作品时，千万不可忘记他书中的人物被挤压在狭小的生活空间中，虽然身在首都的心脏地带，视野之短浅却一如最偏僻闭塞的外省。①

虽然城市本身和人口的扩张超越了 1860 年之前老的界限，并正在带来阿里耶斯似乎没有注意到的深刻改变，但 1880 年前的巴黎人的生活世界依然与 19 世纪初大同小异，从社会角度而言鱼龙混杂，差异极大的活动麇集于狭小的空间内。

---

① Philippe Ariès，《法国人及其 18 世纪以来的生活态度史》（*Histoire des populations françaises et de leur attitude devant la vie depuis le XVIIIè siècle*），Paris，Le Seuil，édition de 1979，p. 130.

既没有个人的孤立，又没有集体的统一：19 世纪初期的老巴黎虽然人口急剧增大，却没有这两个形成“群众”所必需的条件。[①]

人口急剧增长（1850 年至 1870 年间年增长率为 2.5%至 3%）并不足以增加人口出行。首先，由于公车和电车费用直到 1890 年仍然相当之高，其实用范围便被限定在中产阶级，绝大部分的老百姓以及上层阶级均被排除在外，后者厌恶公共交通，拥有自己的个人马车。一些社会学调查事后显示，虽然收入确实在提高，但工商业的大部分雇员仍需将其收入的四分之三投入食品、住房和衣服支出。[②] 此外，交通网络的结构反映出其隔离性。私人公司优先在城市中心区域设立线路，尤其是中产阶级经常光顾的右岸商业和大商店区。这块区域对于私人公司来说是回报率最高的，这些公司并不急着去穿越位于城市边缘人口稀疏的贫民街区，更不必说位于城市东部或北部边缘的新兴工业区，即使市政议员大力强调公共服务原则。倒是在西部第一批资产阶级郊区住宅和市中心活动地之间的交通往来推动了有轨电车线的建设，在 1880 年之后补充了公车网络。另外，交通时间表对于早晨上班的工人来说太晚了，并不适合平民阶层。总而言之，交通网络不太适合城市中星罗棋布的小工业活动，而更适合中产阶级的娱乐性出行。

另外还有技术障碍：私人公司出于经济考虑不愿对马车进行现代化改造，由此便造成交通效率低下：巴黎 1881 年每车每年运载 111 人次，这一数字到 1896 年也只达到 123，而这两个数字在整个塞纳省分别为 88 和 94，相当于每三天不足一人次。

由此产生了两个现象。早期工业化时期的巴黎出行率低，多为就近出行（尤其是居住地与工作地之间），于是，步行成为最主要交通方式。更仔细观察就能发现，巴黎社会是一个二元对立的社会，极少数的中产阶级常使用公共交通，而占人口大多数的平民阶级则极少、极偶然地才会使用公共交通。

---

① Philippe Ariès，《法国人及其 18 世纪以来的生活态度史》（*Histoire des populations françaises et de leur attitude devant la vie depuis le XVIIIè siècle*），Paris，Le Seuil，édition de 1979，p. 131。

② 莫里斯·哈尔沃兹，《工人阶级需求的变化》，巴黎，企鹅出版社，1933 年。

但是,20 世纪 90 年代需求大增,公共交通显得越来越供不应求,当权的共和派计划,即以公共服务——这个第三共和国核心价值——的名义,在 20 世纪即将到来之际,真正地推动公共交通的民主化。在他们看来,公共交通是城市规范化管理的一个重要手段,也许同时也是一个用以平息社会不满情绪的工具。不过,市政议员们与巴黎地铁公司(CMP)的上层领导达成妥协,让地铁直到 1930 年都局限于奥斯曼时期确定的巴黎内城之中,因为后者担心地铁的巨大成功会削弱其高回报率,这依然暴露出市政部门一定程度上的政治自私性。

三、第一次飞跃:1900—1920 年,第二次工业革命初期的出行

公共交通在 1900 年之后的 20 年间第一次得到快速发展的技术原因是巴黎市内电力地下铁道的建设和投入使用,它是由巴黎地下铁道公司(CMP),即昂班集团(groupe Empain)的私营子公司完成的。同时也由于城市与公车、电车公司之间协定的修订,马车逐渐被汽油驱动的公共汽车所替代,另外还因为主要几家私营铁路公司郊区线路的迅速发展。这个时期的发展与第二次工业革命相关活动的发展同时,并紧密地相互作用,后者在技术领域主要表现为电在交通业的应用(更为广泛地运用在城市照明和工业活动之中),以及点火式内燃机的发展,并包括 1906 年在公共交通中第一批公共汽车的出现。从这个角度来看,是铁路、电力和内燃机合力提供了解决方案以突破公共马车系统所无法突破的技术极限,后者从 1890 年开始便无法再适应交通需求扩大的形势……然而最后一批公共马车仍然坚持运营至 1913 年。

这也是巴黎人口持续增长的时期,它导致巴黎大区城镇群的真正形成。巴黎人口从 1901 年的 270 万上升到 1921 年的 300 万,而塞纳省的总人口从 350 万上升到 450 万。进一步细分,巴黎的市中心和人口过度集中的街区开始疏散,人口的主要流向,首先是北面、东面和东南面与市中心接壤的、新兴工业(如机械或汽车)色彩浓厚的街区,但更主要的是新形成的郊区居民点,其中西郊是巴黎最早形成的住宅区,北郊和东郊则更为平民化和工业化。总体上,在 1900—1910 年之后,人口的增长已不能再完全解释人们出行活动的增加了。后者既源于第二次工业革命相关活动中的技术内容的变化,也源于这些工商业活

动选址的变化，此外，如果把视野放宽到城市结构，我们会发现人们出行活动的激增很大程度上是因为公共交通的飞速发展。

而公共交通的发展主要表现在两个方面。

首先，之前已提到过，这表现在城市交通方式的技术革新。1890—1910年间，先后紧接着出现了3种现代交通工具：郊区铁路、地下铁道和公共汽车，此外还要加上有轨电车。技术革新的同时，交通费用也大幅度降低，而且在1900年左右出现了郊区铁路卡，旨在降低公共交通的价格门槛，让更多巴黎人享受到这项便利。这同时也是城市和国家决策者协商的结果。经过了20年关于城市利益的争论，市政府出让了地铁的特许经营权。另外，这也要特别归功于众多市政议员、法学家和共和派人士的共同努力，他们赞成将城市交通定位为公共服务项目的原则，即便它是由私营企业来运营的。这意味着低价位，以及更均匀地覆盖整个城市交通网络。

接下来，更深刻的变化是，产生于第二次工业革命的经济活动的发展与巴黎城镇群的地理扩张结合，产生了两个相关联的现象：巴黎城镇群内部不同区域的专业化分工，以及与之相关的人员的分类聚集。居住地和工作地的脱钩进一步增加了人们出行的几率。同时，随着中世纪旧城中心（塞纳河两岸）的人口密度降低，部分人口转移到位于1860年之前被巴黎吞并的老市镇旧址上的街区（按顺时针排列的十三区到十六区）。这四个区中，我们知道，西部主要是资产阶级住宅（奥特耶 Auteuil、帕西 Passy、鲁勒 Roule、蒙索平原 plaine Monceau），但西南部十五区的工厂区（格勒奈尔 Grenelle、沃日哈尔 Vaugirard），如雪铁龙位于扎维尔（Javel）的厂区，或是十六区和十七区星形广场（Place Etoile）之外的汽车机械外包车间。与之相对的是，北部、东部和东南部则是平民、手工业和工业的天下（蒙马特 Montmartre、克里尼安古尔 Clignancourt、罗什舒阿 Rochechouart、梅尼尔蒙唐 Ménilmontant、贝尔维尔 Belleville、奥斯特里兹 Austerlitz……）。在这众多诞生于第一次工业革命的小企业之旁，也出现了第二次工业革命新兴活动，特别是各种机械和电汽制造业，如汽车（如依弗里 Ivry 门外的帕纳尔 Panhard 汽车厂）、航空、化学、能源。不过这些占地面积巨大的新工业主要还是选择了近郊市镇，如城北的圣丹尼（Saint-Denis）、奥贝维里耶

(Aubervillier),城东和东南的邦丹(Pantin)、蒙特耶(Montreuil)、依弗里(Ivry)、维特力(Vitry),以及西北郊外的飞地热纳维里耶(Gennevilliers),这是因为它们需要巨大的仓库和车间,且会产生各种严重的污染。尽管早在19世纪末,西郊的资产阶级住宅区(从讷依Neuilly到圣日尔曼莱伊Saint Germain en Laye)的交通设施就开始建设,但是到1920年代末,随着需求不断增加,平民郊区的交通设施已经明显滞后,因为郊区铁路很少一直延伸到这些地区。

四、公共交通的老化和出行活动的停滞不前(1930—1950年)

从20世纪30年代开始的二十多年,巴黎的交通状况处于停滞甚至倒退的状态。这固然有政治经济局势惨淡的不利因素,包括经济大萧条、战争、战败、德国占领以及其所带来的资源紧缺和限制。但这段时期的另一个显著特点便是平民购买力的停滞,50年代初期的工人购买力迟迟无法恢复到二战前的水平。此外,直到1945年,省、市、国家政府部门之间协商机制几乎瘫痪,不过维希政府统治期间,国家还是做出决定,将地铁和公交合并为一家企业。人们的出行活动不再增加(除了战后短时间内一段不正常的高峰,这是由于资源匮乏,导致人们没有其他交通工具)。50年代初,巴黎城镇群居民总人数从470万上升到了600万,但涨幅主要集中在郊区,巴黎市内人口则稳定在300万上下。

然而进入50年代,巴黎城市交通也并没有从战后黄金30年开始阶段的繁荣中受益,这主要有三个原因:首先,这不是国家优先考虑的问题,自从1948年最大的城市交通企业巴黎交通自主专营局(RATP)被国有化之后,巴黎大区交通已经基本被国家把持。第二,由于国家为防止通货膨胀而禁止交通涨价,RATP十年后几乎无钱维持运营。最后,更广泛地看,由于让-弗朗索瓦·格拉维耶(Jean-François Gravier)的著作《巴黎和法国沙漠》(1947年初版,之后数次再版)大获成功而滋生的敌视首都发展的情绪使得公共交通部门更加无力更新、扩建设施,尤其是在郊区。然而在此期间巴黎城镇群始终没有停止膨胀,进入60年代,居民人数已上升至800万。

但公共交通的衰弱在一定程度上由于缺乏强有力的竞争对手而得到了缓冲。当时,私人汽车还几乎是一件奢侈品。无可奈何的平民阶层不得不继续乘坐陈旧不便的公共交通往返于住地和工作地之间。当时，工作和住宅之间的往返已经成为了巴黎人出行的主要目的，而这是由于巴黎地区工作和住宅布局的失衡，前者主要聚集在巴黎城镇群的中部和西部，而后者则集中在北部到东部的一个圆弧形地带上。

五、出行方式的第二次飞跃发展(1969—2000年)，并摆脱公共交通的束缚

从60年代开始，国家开始意识到公共交通的落后，并决心对老化的交通网和设备进行现代化改造:地铁线向郊区的延伸，并开始兴建一个新的交通网"城郊快线"(RER)。之所以能迈出这重要一步，首先是由于地区行政体系的简化，新成立的第五共和国建立了巴黎地区(District de la région parisienne)，另外还由于这一时期经济迅速增长，就业率高，政府得以投入大量资金翻新基础设施。这一时期人们出行的变化不再仅与公共交通发展相关，这是因为从70年代开始，私人汽车开始普及，并对公共交通发起了有力的竞争，不过后者在工作日上下班高峰时期仍然是主要交通工具。

这次公共交通的飞跃发展正好与第二次工业化的巅峰期吻合，后者表现为泰勒式工业管理的大规模普及，以及居住区(主要越来越向外、向北、向东)和工作区(更多集中在中部和西部)之间人口的钟摆状往返移动。

然而最近这20年以来(即从80年代开始)，我们看到，公共交通网络和正在增长的出行活动之间开始脱节，这主要是源于与第三次工业化相关的活动，表现为三个方面。

首先，60年代以来，巴黎城镇群的非工业化进程改变了就业岗位的布局，使其空间分布更加复杂。其次，住宅与工作地之间的往返在人们出行活动中所占的比例一路下降，到20世纪末已下降到40%，同时交通工具的多样化使得私人汽车比公共交通更具优势。到2000年，私人汽车担负80%的出行总量，尤其与工作无关的出行。最后，在六七十年代，公共交通系统在规划大运力交通网(地铁或RER)的时候，将重点放在了联结城市郊区间的主干线上，这种交通网络布局无法应对今天人们更复杂多样的出行要求。与此同时，人们从一个郊区到另

一个郊区的移动也日益增多。郊区之间公共交通网络的缺位使它目前还无法替代私家汽车，而这种替代只在巴黎市中心，由于市政当局出台的各种旨在促使人们减少私家汽车使用的措施，得到了一定程度的实现。

（吴蕙仪　译）

首都城镇群的宏大承诺

布鲁诺·绍费尔·依瓦尔(Bruno Chauffert Yvart)/法国文化部建筑和遗产总监

绪论

想象大巴黎,就是在想象现代化大城市的性质,它的景观品质,它的肌理构造,以及它各个中心之间的关系。归根结底,巴黎城向心辐射的平面结构首先是从防御考虑出发而形成的。城市的轮廓与城墙的走向吻合,城市的形状就是城墙的形状,而这一切又都是政治权力机关意志的产物。巴黎很长时间都无法突破以环城公路为界的城郊二元分野,而 1924 年获批的地铁延长工程只涉及少数几条线路。尽管法国国家政府四十年来始终不懈的努力,但直到今天,郊区新城的人口依然只占全巴黎地区 10%(1999 年为 74.1 万),还没有如愿在巴黎地区发展格局重组过程中成为当仁不让的轴心,甚至还没能成为巴黎远郊环带发展的龙头。巴黎是法国全境公路和铁路的汇聚点,而这种万川归海的格局也是法国自路易十一、叙利、黎世留、柯尔伯、拿破仑以来的高度中央集权的行政体系在国土上的折射。法国人根深蒂固地认为,国家是公共政治权威的守护者。1965 年规划的多极城镇群并未真正实现。1994 年的 SDRIF(法兰西岛大区指导规划)指出,多极格局具有另一种优势:相对于由公共交通线路相联的明确的中心,这一规划提倡一种更为灵活的交通出行方式,由此催生一种更分散的多极格局。实际上,这两种规划方案背后是两种相反的理念:一面是独幢别墅加私家汽车,另一面是公寓楼加轨道交通。"中心"论倾向聚合,而"多极"论则趋于分散。这不是一个单纯的"中心”还是“极”的问题。鸵鸟政策让我们无法看清，巴黎市和巴黎城镇群的命运是休戚相关的，而后者的设施薄弱与前者的博物馆化是同一块硬币的两面。

大巴黎地区应该以什么为界限？巴黎城应该拥有怎样的形状？

首先要厘清一个定义：界限并不意味着封闭的樊篱。

大巴黎本身就体现了一种“合”(l'adhésion)的思想：选举机关的整合、居民的整合，因为只有他们对此衷心赞同这一理念，大巴黎才能变为现实，展现活力。这一计划的主要内容为：第一，确定一个或多个试点区域；第二，从其各个中心的点，也从其广延的面入手，对大巴黎进行思考；第三，对稠密区的处理，现在稠密区 = 巴黎市 + 一环三省 = 775 km^2 = 650 万人口；第四，多极视角的支撑点是巴黎外围若干个强势的市镇联合体，它们可以构成副中心，甚至是制衡力量。这包括：

1. 北郊圣丹尼附近的 PLAINE - COMMUNE；

2. 东南郊的塞纳河上游发展区，它依托的是由国家建立的 OIN(国家利益行动)；

3. 以布洛涅为主导的西南郊的塞纳河下游；

4. 西郊的拉德芳斯-南泰尔，这是面向欧洲的一个区；

5. 大凡尔赛园区：10 个市镇，14 万居民；

6. 南郊的 MASSY：这是巴黎城郊轨道快线(RER)和高速铁路(TGV)的交汇点。

大巴黎地区目前已有三道轮廓为支撑：

1. 过去的梯也尔城墙；

2. 186 - A86 国道；

3. A 104 国道

我们可以通过三组数据直观地理解这三道轮廓的尺度：

1. 稠密区：500 到 775 km^2，550 到 650 万人口，80 到 120 个市镇；

2. 坚实区：1450 到 1650 km^2，800 到 850 万人口；

3. 城市化范围：超过 3 万 km^2(方圆 100 km^2)；1400 万到 1500 万人口(法

国人口的25%)。

我们可以以这样的提议作为绪论的总结:“让所有的居民实现三个平等:住房平等,教育平等,交通平等。”这个分析思路可以让我们在众多目前仅停留于分析阶段的提案中鉴别出富有潜力的项目。

项目考核

1) Rogers Stirk Harbour 及合作者。

在分析了SDRIF、IAURIF和APUR的行动之后,设计师提议:

—— 治理体系各个选项的整合。

—— 一个作为交锋和辩论场所的新议会。

—— 一份公民宪章,旨在改善治理能力和解决有关城市形态及密度的问题。

—— 完善交通网络,提高其“互联性”。

2) Castro Denissof Casi 工作室。

宣布其构思原理之后,团队提出了一系列“去行政化”的建议:在现有规范和法规框架下是无法实现大巴黎构想的。必须清除一切可有可无的条文规章,让城市行动成为积极的政治决策的结果,而不再是由于条条框框限制而无可奈何的政治选择。

—— 在思想上似乎应当把法国铁路局(SNCF)和巴黎地铁自治机构(RATP)合并为一体。

—— 管理洪灾隐患地带(l'inondable)不能只靠一个“禁”字。

—— 过去河流和运河只被视为货运通道。对“水”的巧妙管理可以让管理者摆脱洪灾隐患地带建筑的种种限制。

—— 不能让官僚体制和同行相护的流弊束缚住城市创新的活力。

—— 解码、打破国土区域:

打破区划,就是促进城市连续性,而后者由于功能区划(工业区、住宅区、商业区)和城市肌理的层层历史烙印,几乎是不存在的。

—— 整形、融合、美化:

巴黎大区史无前例的是，城市政策得以在一个大范围内展开。

—— 对现有大楼进行必要的节能化处理。

—— 环城带上存在一片片形似孤岛的领土，公共交通网络匮乏。

—— 向最高水平看齐，提高住宅楼布局、公共部分以及每户住房的舒适度，以求更好实现城市一体化。

—— 如何兼顾各种相互抵牾的利益：

国家一方面以建设大巴黎的名义在某些领域强加了种种限制，但同时又对其他一些领域不闻不问，任由各地方政府处置。

—— 建设可持续的大巴黎的行动步骤：

本段讨论相关行动的质量目标和管理体系……建设可持续领土之行动的质量目标定义……讨论四部分十一个标准：1. 城市化目标；2. 三大经济目标；3. 四大社会目标；4. 三大环境目标。

3）AUC - DPAP Djamel Klouche：除了放开 Issy-les-Moulineaux 市的建筑权管制之外，该团队没有提出变更现行法规的建议。

4）Christian de Portzamparc + C. R. E. T. E. I. L. 实验室：在基础设施方面，设计者提议沿巴黎一环建立一个环带，同时向内和向外分流交通，并建设一条连接戴高乐机场和拉德芳斯区的快车道。

—— 可持续即意味着可改造。制定游戏规则，打破封闭领土，重新划分土地，允许获得土地所有权。

—— 制定住房群的规则，为未来改造留有余地的住房群。开放的住房群，演进的社区，开放的住房群才能带来道路的可塑性。

提案建议，建立六个城市规划法规试点的“窗口”区：

南分支（Rhizome sud）三个窗口：Massy-Saclay/Orly-Massy/Evry-Grigny；

北分支（Rhizome nord）三个窗口：Bobigny/Roissy-Le Bourget/GareEurope。

5）Antoine Grumbach 及合作者团队。该团队计划旨在联结巴黎和勒阿弗尔，让领土运动起来，建立新的治理模式。跨地区政治合作机制：塞纳-都会 SIVOM；统筹房地产中介；塞纳河谷交通组织机构；塞纳河谷企业家委员会；旅游中介；一个统一大港（塞纳河-英吉利海峡港？）。

6）Jean Nouvel-AREP：Lacaton 与 Vassal 两名建筑师也提出，改革法律法规势在必行：必须打破樊篱，突破陈规，扭转趋势，改变政策……问题来源于叠床架屋的规矩章程，它们不断制造着新的掣肘。限制建筑面积、把压力转移给了每平方米土地价格的 SHON 封顶，以面积而定的房租计算法，公共部门拨给拆毁重建的款项十倍于改造的款项，同一幢住宅中的混合——居住和其他功能的混合、廉租房和非廉租房的混合——无法实现等等，必须继续建筑更大、更好、更廉价的住宅。

重新协商住宅的大小、分配方式、公共面积的管理、经济和代际分区、停车位、商业标准化、住宅—办公—活动功能的可转换性，必须彻底打破现行的过于冗长复杂、阻碍建设的行政程序。

被动态建筑：通过提高墙体厚度、屋顶覆盖植物来提高房屋隔热能力。附带能源设施：光伏屋顶。

7）Studio 09：Bernardo Secchi 和 Paola Vigano，两名建筑师首先围绕着多孔性、互渗性、互联性和联系的断裂等概念研究了巴黎大区领土，其次也涉及了能源问题，建议政府确立导向，为发展计划提供可依据的基础，以求更好地保障其所采取的措施的连贯和效率。总体而言，他们的建议比较理论，没有提供具体的法规建议。

8）LIN. Finn Geipel + Giulia Andi：该团队只在一点上提议改革现行法规，即对城市“摊大饼式扩张”的原因分析：建筑密度下降，城市功能被分配给各个彼此隔离的区域，移民，以及工业的新布局，而这些都在最近 30 年促使了城市无节制扩张。

9）“笛卡尔”集团：Yves Lion，在所有的参选方案中，这支团队在推进大巴黎所需的法律法规问题上提出的建议是最具创新性的。他们提出了改善治理效率、交通、住宅和气候的建议，并提出建立 20 个约 50 万人的可持续城市，每户 20 平方米。

—— 把税收与交通出行方式挂钩，以促进出行方式的层级分化。

—— 把税收与驻地挂钩，对与整体不协调的领土组织形式课以重税。

—— 鼓励创建大型城市共同体。

—— 建立巴黎都会区的最高顾问团。

—— 巴黎大区可供支配的土地：268 km^2（巴黎的面积 105，4 km^2）。

—— 冻结区(PPRI)的布局调整：塞纳、马恩、瓦兹。

—— 促进各层次的密度提高。

—— 允许每个别墅主人在其名下土地上加建 100 m^2。

—— 对集体所有的住宅：只要房屋结构允许，就可以加建一层。

—— 不把别墅群认为是城市的终结，而是储存房地产资源的方法。

—— 把房地产作为撬动“特殊城市化区”(ZUS)发展的杠杆。

—— 鼓励移动式居住。

—— 为社会廉租房的流动提供便利。

—— 降低过户费及其他购房附带费用。

—— 调整相关法律法规，降低中介费。

—— 为搬家的工薪阶层提供相当于六个月工资的奖励。

—— 将新建商业中心限于有公共交通抵达的地带。

—— 建立一种统一的职业税，对税款进行再分配。

—— 在当地的城市规划文件中建立“农业活动带”的概念。

10）MVRDV・Winy Maas：该团队没有提出改革现行法规的提议。

结论

这些提案处于全面停滞状态，人们都有意识无意识地表达了同一种挫折感：在当前的政治和行政环境下，大巴黎不可能成为现实。法国目前的相关法规不是由建筑师和城市规划师，而是由建设部门的技术官僚制定的。自从中央放权法颁布以来，各地方政府成为了闭门造车的议政机关。为摆脱现有桎梏，政治机关必须采取一些简而易行的决策：

1. 对于各设计团队提出的领土方案，决策权应收归国家，但需要征得相关地方部门的同意，并经过公众辩论。合并公共交通机构，建立从郊区到郊区的环形交通，而不是只从巴黎中心向周边放射的交通线。

2. 方案的成功与否主要取决于地方执行者，因此，我们认为，建筑师和城市规划师必须在地方政府中获得一席之地。

3. 巴黎都会区的“最高权力机构”或“最高顾问团”只能是政治性的，必须摆脱大量行政束缚才能发挥作用，过度的权力下放只能适得其反。如 Philippe Panerai 在他的著作结尾写到的：一个更公平、更契合的大巴黎的地图就是它的公共交通图。

（吴蕙仪　译）

凡尔赛宫：重新赢得公众

让-弗朗索瓦·卡贝斯坦（Jean-François Cabestan）/法国建筑师

凡尔赛宫目前正进行大规模的修缮和改造工程。虽然正门庭院、王家金色铁门的修复和路易十四骑马塑像的移位工程在公众中引起很大反响，但这场由凡尔赛宫历史古迹主任建筑师狄迪耶（Frederic Didier）主持的重大修复工程是一个十分独特的范例。修复工程在尽可能保持历史原貌的基础上，着重重新规划入口通道，以求再现旧王宫周围原有的空间特性。

凡尔赛宫历史虽然不太久远，但它的现状仍具有十分丰富的层次。从最初的起点即路易十三的狩猎行宫开始进行的那些扩建工程，其规模之宏大，在法国宫殿之中，无疑属于史无前例。第一批花园的开发，在被夷平的原有村庄上修建一座城市，工地的平整、对有损王家景观美感的小丘予以铲除等等工程，无不印证了当年治理 15 万公顷土地的宏愿。将水引入天然水池的方案则将这一整治工程推至顶峰。当年曾设想将卢瓦河引入凡尔赛宫，后以失败告终，随后曾设想过引入厄尔（Eure）河水，并几乎得以成功。整个工地的施工规划通过整体的征地得以实现。主宫呈东西南北轴向，坐落在方圆 12 公里的场地上，视野开阔，在城市、宫殿、花园和森林庄园之间，营造出某种绵延不断的视觉、客观和实用效果。宫殿及其他建筑体构成一个密集、繁复的建筑主体，王城之外有城墙环绕，四周的自然景观虽带有人工色彩，但在远处则回归乡野古朴的特色。著名的三叉戟形街道构成王宫的主要通道入口，[①]将王城一分为二。这些宽阔的通道设计几乎类似高速公路，将王宫与首都连接起来。

---

① 此处与并不通往他方的第三条大道 avenue de Sceaux 相对。

一、宫廷系统

阅兵广场(place d'Armes)是各干道的聚合中心，向四处辐射，令游人不由自主停下观赏。从这片宽阔的、局部被填平但仍呈现出斜坡的场地向王宫主体延伸。在旧帝政时期，三庭院嵌合的宫殿体制逐渐萎缩，呈纵向长形，高低错落有致，辅以体现森严等级的围栏。继前庭的长坡之后，为两片几乎平行的高地，上建有王宫，稍高处则为大理石庭院。[①] 两道铸铁围栏及五级台阶构成通往这三个空间的必经之道。如果说围栏是前往王家圣殿的出发点，之后则需拾级而上穿越前庭，最终抵达堪为朝廷纪念圣殿的大理石庭院。在三分之二距离处，大革命时期设置的王家铁门构成一道实实在在且极富有象征意义的关口。在凡尔赛宫主轴线上，这是各干道系统的聚集点，也是上坡登上朝廷空间的最后一道关口。穿越金色铁门所经过的数平方米空间，是整个园区的重心和视觉焦点。鉴于此一场景的重要性，在提交王室的改造计划中，就必须无条件地保留它，并且还要突出它的地位。虽然加百利(Ange-Jacques Gabriel)、巴里斯(Pierre-Adrien Paris)甚至布雷(Étienne-Louis Boullée)等建筑师都曾希望破旧立新，但我们发现王家铁门始终保持原样，任凭提议频繁出现。[②]

二、路易-菲力普的作品

七月王朝时期，一度遭受冷落的凡尔赛宫获得彻底的整修。在保留国王寝宫的同时，对王宫及靠近城市的边缘地带的空间进行重新规划。随着庭院的迁移和王家铁门的消失，巴洛克式的过渡及连接便显得毫无用处或消失在人们的视野中。法国历史博物馆针对居住场所而作的修缮，是本着赋予更多的开放性、流动性和重新规划通道的意愿。由于挖深了地面，因而在王家庭院和大理石庭院之间建立起一种独特的同一水平的关系。这一工程没有考虑到已经具有数层墙基的各建筑的相对比例。标示着进入王宫世界的各干道聚集点及坡

---

① 路易十四不顾建筑师的反对，坚持维持这个格局。主宫立面力图将一度摇摇欲坠的政权之正当性载入史册。

② 在帝国时期，让-弗朗索瓦·厄尔捷(Jean-François Heurtier)曾设想按原貌重建刚刚建好的围栏。

度尽头随之消失，以往等级森严的整体空间便一目了然地呈现在眼前。在此处竖立起路易十四骑马的纪念雕塑。在前庭四周，立有十四座向“伟人”致敬的巨形人物雕像。整个场址洋溢着画像和宇宙的象征意义，除此之外，将入口服务于法国历史的特定时期，意味着其作者不愿或不能将此一修复工程放到宏大的尺度去考量，而这恰好是凡尔赛宫的特征。

三、恢复 1789 年原貌设想

凡尔赛近一百年来的修复工程是本着法国对旧日建筑的典型态度进行的，即它是建立在回归旧帝政时期王宫原貌的设想之上。[①] 然而实现这一雄心意味着要作出某种叛逆。1789 年靠近城区一侧，凡尔赛宫看似一个废弃的工地，与决策者、赞助人和公众的现今期待毫无关联。路易十五时期由加百利(Ange Jacques Gabriel)主持的重大修复项目一直未能完工。在新建筑附近的金色铁门处，原先只是简单地修了几间棚屋和一个临时围栏。[②] 在路易十八时期，由于加百利(Gabriel)翼楼与用砖砌成的旧翼楼不对称，且影响外观，因而建造了杜富(Dufour)翼楼。这一计划表明了当时想继续施行加百利计划的愿望，但由于王室最终定居巴黎而收效甚微。试图恢复凡尔赛宫 1789 年的原貌，便成为横贯历史的虚构幻想。人们企图根据从前确实存在却早已消失的状况去恢复其原貌，其中一些计划从未完成过，包括 1821 年最后重新启动的加百利(Gabriel)计划。如果考察最近修复金色王家铁门的决定，其计划可上溯至 1680 年，从中可发现，所提出的真实的或想象的修复建筑方案几乎在整个 150 年间未曾间断过。

四、王宫和博物馆

如果忽略不谈伴随凡尔赛宫历史的层层叠叠的细节，目前该建筑群的现况呈现出两种相互共存的对立体系：一是旧王宫，“1789 年原貌”指的就是这一情况，二

---

① 凡尔赛庄园在路易十四执政时期无疑更为和谐统一，但由于 18 世纪所进行的大规模改造，回归此一黄金时代已纯属幻想。

② 这些景象可在画有蒙哥尔费(Montgolfier)兄弟在阅兵广场上作热气球飞行表演的版画上看到，其远景为凡尔赛宫。

是法国历史博物馆。20世纪初期，人们不太赞成修建博物馆，其外观延展部与整体外观不甚和谐。由勒·诺特尔(Le Nôtre)、勒·沃·芒萨尔(Le Vau Mansart)作出的改造计划似乎影响到了庭院新近的整治改造。二战期间，决定放置伟人头像，但这破坏了这些巨型头像与路易十四骑马雕像的和谐感，同时也破坏了将前庭改为博物馆前厅的有效性。这一计划从19世纪50年代就提出来，但只是到了70年代才开始启动，外部工程主要立足于现有的建筑框架，并着眼于地面的改造。正是在此时期，大理石庭院以及王家庭院的一部分空间才恢复了其原有水平。由于需要按照现今的需求整修宫殿各通道入口，但这恢复了原来的长形外观，与前庭相融合。工程业已告终，它其实源自一个远久的策略，曾无数次予以确认。遗憾的是，金色王家铁门的复原以及相应的岗亭成为此次修复工程最显眼的败笔。虽然从工程而言，其地位是次要的，但公众的批评却主要聚焦在这一点上。

五、修复的正当性

要体现空间和物理的现实，并非易事，单用语言和图像也很难将其表现出来。为此，必须如实客观地去评判凡尔赛的改造工程。如果我们还记得当年踩着低陷的地面走向路易十四雕像的话(谁会想到要保持或改善质量如此糟糕的地面呢)，就会意识到有必要采用宫体嵌合的系统，从而使空间组织更为明晰，漫步其中，心中激情会油然而生。回想起来，这是在路易十四几乎整个执政期所进行的一系列漫长整修工程的结晶，因此路易·菲利普时期为了使凡尔赛宫免遭悲惨命运所做出的仓促行动，自然就不会获得同样的赞誉。建筑整体以及竖立在按原貌新建的岗亭上的雕塑作品均神奇般获得保存，更为该项工程提供了依据。凡尔赛宫的修复虽然失去了无可挽回的历史内涵，但其建筑与以往各阶段相比，是一个较为罕见却令人信服的例子，在保存原貌方面的成就则更加突出。凡尔赛宫金色王家铁门的伪历史修复虽然备受批评，但却因其重拾巴洛克式的联结所带来的典范意义而得以弥补。空间是没有年龄的，场址真实性的重建已无任何疑问。凡尔赛宫的成功修复印证了人类在地域整治方面的超凡才华。

(蒙　田　译)

巴黎大区的新城及建设多中心城市的意义

迪迪埃·戴斯彭兹(Didier Desponds)/塞尔日-蓬图瓦兹大学

巴黎由于其城市发展史以及各种城市功能(政治、经济、行政、文化)在有限空间内的高度集中,长久以来都是单中心城市的典型。法国从旧制度到第五共和国诞生初期,无论政权如何更迭,始终保持着高度的中央集权,这在法国的都城和其余城市之间形成了巨大的差距。这种差距在20世纪50年代由于巴黎地区的人口迅速增长而进一步加大:1954—1962年间,巴黎地区的人口年增长率为1.7%,占全法国新增人口的30%。1954年,巴黎地区的人口为732万(占法国本土人口的17.1%),1968年已达到925万(本土人口的18.6%)。这些变化既是战后法国人口激增的结果,也有经济因素。工业化和农业现代化进程加速了农村人口外流,而经济中第三产业比重的加大则进一步巩固了城市的地位。与此同时,巴黎内城人口迅速流失(从1954年的285万减少为1968年的259万)。这表明,巴黎的人口增长主要集中在城郊,并在空间上带动了城市整体的对外扩张。在此背景之下,公共部门开始针对巴黎及其周边城区面临的新挑战寻求对症的解决之道。

谈及巴黎的城市规划政策,就绕不开奥斯曼(Haussmann)男爵的名字。他在1853—1870年间担任塞纳省省长期间,主持了大规模的首都改造工程。这开启了巴黎的现代化进程,也铸就了其内城的城市格局。但这些雄心勃勃的改造工程并未直接触及当时还处在工业化和城市化过程中的城郊空间。20世纪先后出现了多个旨在对巴黎城区的扩建予以统筹、规范和限制的城市规范方案。首先是1934年提交审核、1939年通过的普罗斯特方案(Plan Prost)。它同时提出了两个目标:避免土地化整为零,阻断城市摊开式的扩张;出于卫生考虑，控制现有城区人口密度的增加。二战结束后，巴黎人口激增、住房短缺的严重问题在1954年冬皮埃尔神父（l'abbé Pierre）的大声疾呼下暴露无遗，这促使了1958年优先城市化区（ZUP）的成立及其主导下的大规模住房区建设的开始。与此同时，普罗斯特方案于1956年被巴黎地区规划局（PARP）修订为巴黎地区总体规划和组织方案（PADOG），于1960年批准通过。该方案预计巴黎地区人口将在1970年稳定在900万上下，它据此提出"收复"郊区的旧城中心，对其进行翻新，并建立新的城市核心。它旨在重新组织、构造，而不是扩大郊区。PADOG提出严格限制巴黎地区的发展，除非事先取得特殊许可，否则只允许加大现有城区的密度。1961年被戴高乐将军任命为巴黎大区长的官德卢弗里耶（P. Delouvrier）上任后很快意识到，PADOG的各项措施不足以解决巴黎地区所面临的人口、经济和体制问题，它制定的目标是无论如何不可能实现的。

依靠1960年成立的巴黎地区城市规划研究院（IAURP）提供的技术支持，德卢弗里耶及其团队开始了对PADOG各项建议的批判性分析，并同时开始思考新的规划方案。PADOG遵循的是马尔萨斯理论，它最关注的问题是巴黎相对于法国其他大城市的"分量过重"。1947年格拉维耶（J.-F. Gravier）发表《巴黎和法国沙漠》，引发了一连串类似的批判，受其影响，PADOG的主导者唯一考虑的是全国通盘的平衡。而在德卢弗里耶看来，巴黎的人口增长和空间扩张是不可阻挡的，因为它反映了居民对更高质量、更大面积的住宅的追求。此外，工作岗位高度集中在巴黎中心地带使得交通问题雪上加霜。在机动车大发展的背景下，一般来说交通问题很可能成为无法解决的痼疾。所以当务之急是制定一套截然不同以往的城市规划方针。为此必须跳出法国的框架，借鉴其他国家大都市规划的经验。1944年阿贝克隆比（Abercrombie）制定的大伦敦方案为巴黎提供了范本，这一方面是由于其创新性，另一方面则是由于它当时已经初见成效，可以作为巴黎的参照。

经过对不同可能情形的设想，1965年，巴黎地区城市规划布局指导方案（SDAU RP）提交审核（见图1）。从此，规划者的目标不再是遏制巴黎的扩张，而将更注重引导其发展。该规划方案至少从三个方面彻底改变了过去的思维范式：首先，它不再构想一个理想化的城市群，而是务实地对待各种决定着城市

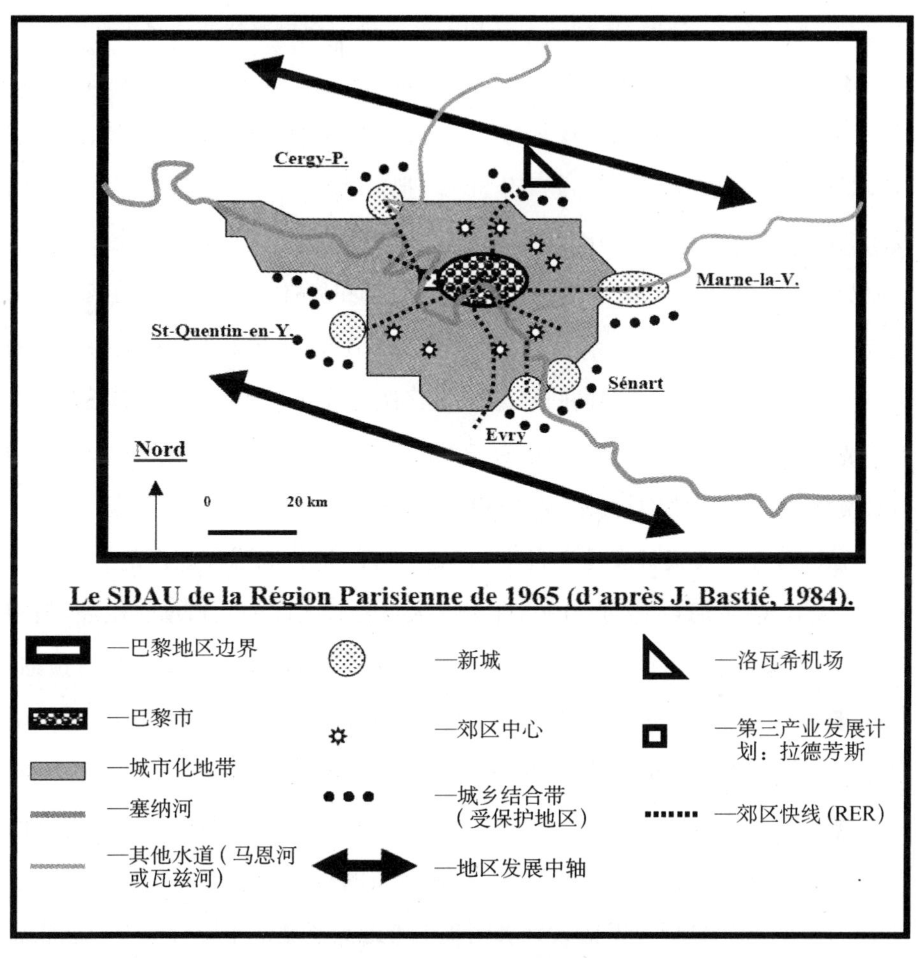

图 1　1965 巴黎地区城市规划布局指导方案示意图

发展的力量（如城市的扩张趋势）；其次，它承认城市的扩张是一种必然，试图按马尔萨斯理论遏制这种趋势只能徒劳无功；最后，它不再局限于法国的本国经验，而是吸纳了一些外国规划师的成果。它就此与格拉维耶影响巨大的学说拉开距离。这最终形成了（或至少开始转向）一种多极都市理念。这是优化经济活动布局的需要，同时也是人口流动新方式出现的结果。这个大胆的尝试之所以能够付诸实施，首先在第五共和国刚刚成立的背景下行政权力得到强化，其次是由于国家的长期支持。这个规划的目的不再试图控制巴黎的扩张——它预计巴黎地区人口将在 2000 年前后达到 1200 万—1600 万——而是相反力图让城市适应人口的增长。这在一定程度上是和国家宣扬的中央放权政策背道而驰的。

建设新城是 1965 年的 SDAU RP 最具标志性的一点，但不是唯一的内容。SDAU RP 是一个庞大的城市规划，其中包含多个具体计划：建立城郊铁路快线(RER)和一个空港平台(未来的戴高乐机场)；把郊区城市作为重塑巴黎区域结构的发动机，强化其经济活动及基础设施；确定以拉德芳斯(la Défense)为立足点的第三产业发展计划，把这一区域用于接纳各大企业总部和战略活动。此外，与城市布局改造同步进行的还有行政体系的大规模调整。1964 年，为更好地满足人口增长的需要，解决行政资源总体不足的问题，巴黎地区决定成立 5 个新省。它们正式成立要等到 1967 年，5 个新城中有 2 个成为了新成立省份的首府(埃松纳[Essonne]省的首府埃弗里[Evry]，瓦尔杜瓦兹[Val-d'Oise]首府塞尔日[Cergy])。

在 1965 年方案设计者的心目中，新城的目的是分流巴黎地区的大部分新增人口。其实，考虑到 1954—1962 年两次人口普查之间的人口增长幅度，最初计划建立的新城不是 5 座，而是 8 座。之后由于下调了对人口增速的预期，1976 年修订的法兰西岛(即巴黎大区)城市规划布局指导方案(SDAU RIF)确定将新城数量维持在 5 座，它们预计吸纳的人口数量下调至 20 万而不是 40 万—100 万。新城的选址经过反复研究取舍，分析了城址在各种可能情境下的优势劣势。1965 年制定 SDAU RP 时作为参照的是大伦敦方案下建设的新镇(New Towns)。SDAU RP 的设计者明确地考虑到了城市布局对城市功能收放的影响。正因为如此，他们格外注重新城的城市功能多样化，尤其是保证新城的就业岗位数量充足。这可以避免在居民人数越来越多的郊区和集中了绝大多数就业岗位的市中心之间形成“钟摆式移民”。新城必须吸引就业岗位，尤其是第三产业岗位。在这点上，巴黎的新城与屋苑式卫星城(grands ensembles)截然不同，后者是为缓解住房紧缺而建的，经济潜力很弱。另外，巴黎的新城是紧连原有城区，而不是照伦敦新镇的模式远离旧城而建的。它们在设计者眼中是调整巴黎经济结构的杠杆，而不是独立的就业市场。新旧城区之间强有力的交通网必不可少。新城需要拥有一个城市应该具有的各种功能，这意味着它们在就业潜力之外还不能缺少商业、行政以及娱乐设施，以满足增长中的人口的各种要求。所以，巴黎新城既不同于屋苑式卫星城的模式(它们是为缓解住房燃眉之急而建的，与旧城结构难以融合），也不同于伦敦新镇的模式（它们在设计者心中更像是独立的城市，与母体城市之间不存在直接的延续关系）。巴黎方案的成功取决于多个互动的要素，尤其是人口和经济领域的因素。

在最初计划中，截至2000年，巴黎新城应当接纳约全巴黎大区1400万居民（可能性最大的假设）中的300万（即近20%）。最重要的是，5座新城应当尽一切可能，使自己成为巴黎大区新移民的首选。尽管1962年之后历次人口普查显示，巴黎的人口实际增速总体比预期要慢，但新城的居民数量（无论是绝对数量还是相对比例）都在增长。套用法国国家统计和经济研究所（INSEE）最新一次（1999年）对巴黎大区的范围下的定义，新城的人口比例在快速增长之后趋于停滞，从1968年的2.1%增长到了2006年的7.8%。

多中心格局的另一个指标是就业岗位数量。巴黎大区各种类就业岗位总数在1990—1999年之间有所下降，又在1999—2006年之间重新回升，这3个年份的就业岗位总数分别是509万、504万和551万。位于新城的就业岗位绝对数量从27万上升到41万，占巴黎大区总体就业岗位的比重也从1990年的5.4%上升到2006年的7.5%。相比之下，位于巴黎内城的就业岗位同期从1990年的180万（占巴黎大区的35.3%）下降到2006年的176万（31.8%）。如果说新城的就业岗位比重增加有政府扶持之功的话，那么紧邻巴黎一环的市镇的就业岗位在最近两次普查期间同样出现净增长的事实则说明，巴黎的经济结构已经发生了变化：70到80年代，巴黎一环市镇大量企业和工业用地流失，工业化程度下降，而远郊新城则强化了自己的地位。这一趋势从90年代中期开始有所改变：巴黎近郊空闲出来的土地重新变得富有吸引力，尤其对新型经济活动。在此背景下，已经不再享受国家强大政策扶持的新城需要自力更生，依赖自身内在的优势才能继续吸引就业岗位。它们辖区内的大量高校（除塞纳尔[Sénart]之外，所有新城都有了全日制大学）无疑是一张可依赖的王牌。新城最终是否已形成了坚强的就业轴心？如果按净就业率来看的话，[1]除塞纳尔之外，

---

① 即一块国土上（这里指新城辖区内）就业岗位和就业人口的比率。1975年和2006年，这一数据在塞尔日-蓬图瓦兹是0.97和1.04，在圣康坦（Saint-Quentin-en-Yvelines）是0.81和1.27，在埃弗里是0.95和1.54，在塞纳尔是0.72和0.71，在马恩河谷是0.61和0.97。

所有新城的数字都是净增长的。

最初营建新城还有在巴黎郊区建立第三产业轴心的目的。新城的第三产业比重一直在上升，符合巴黎整体趋势，但始终低于巴黎市内水平，也低于巴黎大区的整体平均水平。1990 年，新城附着于第三产业的就业岗位占 67.3%，而这一数字在整个巴黎地区是 73.5%，在巴黎市内是 83.9%。2006 年，这三个数字分别变为 79.4%，84.2%和 90.3%。在这一水平上，我们就必须进一步细分"普通"第三产业岗位和居于领导地位的"高级"第三产业岗位。我们的方法是，参考职业和社会职业类别(PCS)，得到每个个人所实际从事的活动的信息，而不是把他们按其雇主所在行业归类。在此只对比管理人员和高级知识分子(CPIS)和工人。巴黎大区一方面由于其高度第三产业化特征，另一方面由于它在领导型的第三产业中的专业化，因而 CPIS 类岗位的比重始终很高：1990 年 20%，2006 年 26.6%。这些数字在巴黎市内(24.4%和 31.3%)更高于新城的整体水平(20.4%和 26.1%)。与此同时，工人比率则随着附着于第二产业的岗位数量急剧下降一路下滑，无论是在巴黎大区全境(1990 年 21.3%，2006 年 14.7%)还是单看巴黎市(14.4%和 10.3%)，新城相比降幅不那么显著(21.1%和 15.2%)。

总而言之，新城对巴黎地区向国际化多中心大都市的布局转型过程做出了巨大贡献。在此过程中出现的其他中心，一些如拉德芳斯或洛瓦希-戴高乐机场(Roissy - CDG)成为了重要就业中心，另一些相反则更符合功能逐渐多样化的郊区城镇模式。这些现象的根源很大程度上要回溯到 1965 年 SDAU RP 的决策。之后的修正和为实现这些修正目标而投入的资源都没有从根本上动摇最初的规划。所以，巴黎地区在 21 世纪初的结构同时继承了奥斯曼和德卢弗里耶团队的遗产。今天，巴黎作为一个大都市如何适应全球化的要求又引发了新的思考，并催生了一系列宏伟的计划。这就是 2007 年由现任总统萨科奇启动的大巴黎(Grand Paris)计划，在他的推动下方案于 2009 年表决通过(见图 2)。当今的局势迫使规划者考虑一些新的问题，尤其是环保和能源问题。但是，尽管这个国家大力推行的规划在交通以及企校联合问题上的一些建议值得期待，但它忽略了其他很多重要问题，如社会、住房、文化设施、区域治理等问

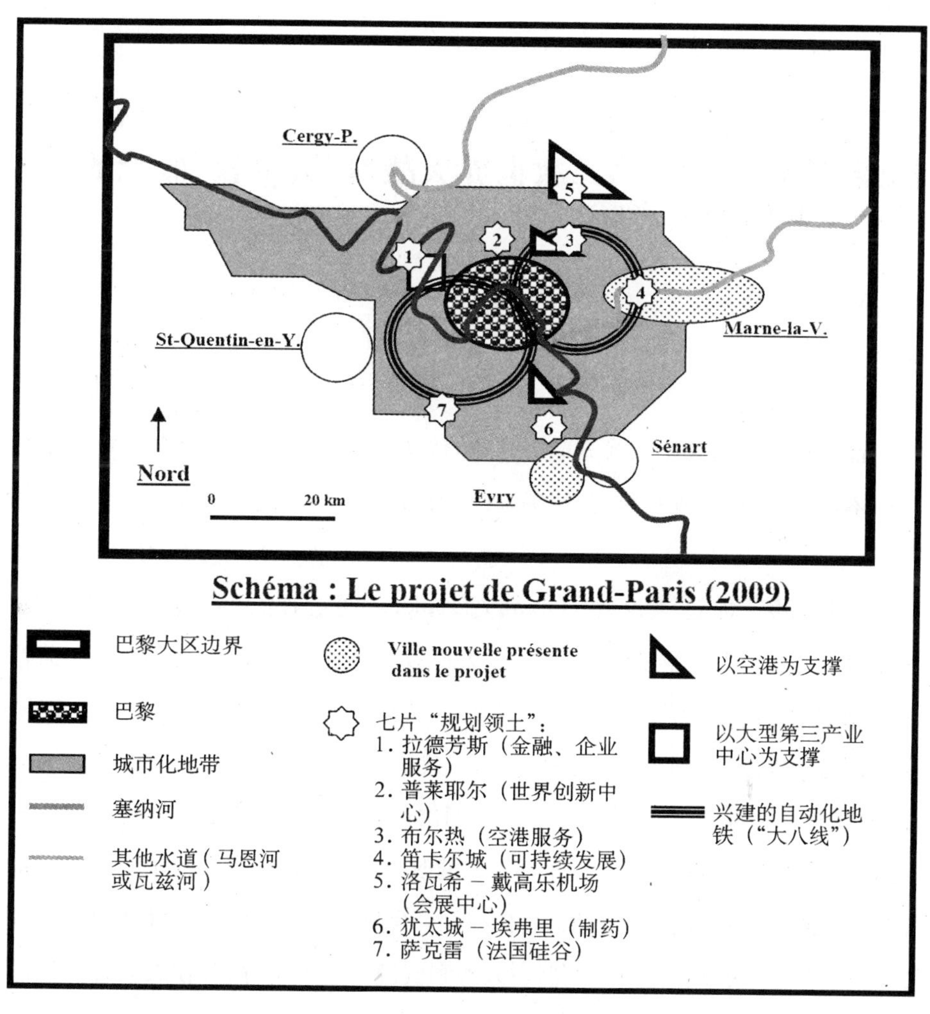

图 2　2009 大巴黎计划示意图

题。此外，新城在这个规划中的分量无足轻重，但它们作为郊区发展轴心，已经在巴黎向多中心布局的发展过程中表现出了重要的空间结构作用。这是今天看来最符合可持续发展各方面要求的城市组织方式。

（吴蕙仪　译）

拆毁，重建，新城：第二次世界大战对“大伦敦”概念的产生和演变的影响

克莱尔·桑德森(Claire Sanderson)/法国兰斯大学

伦敦从来就是一座丑陋的城市，这是它身份认同的一部分。它一直在不断地被重建、被摧毁、被蹂躏，这就是它的历史。[①]

当我们今天提起“大伦敦”(Greater London)，便立刻会想到从第二次世界大战结束后不断扩大的城镇群。[②] 然而，“大伦敦”这个提法可以追溯到第一次世界大战刚结束时，“好房配英雄”[③]的宣传攻势，以及打破了城市原有界限的房屋建设促进了这一提法的产生。二战期间的这一代决策者和改革者的头脑中仍然保留着对这“第一次世界大战后”的经历以及两次世界大战间歇社会经济艰难状况的记忆，于是关于城市重建和人民生活水平的改善的思考和建议在战争期间就开始进行了，这其中也包括关于卫生、教育和社会保障[④]领域的思考；危机（即战争状态）使得英国人可以接受国家不但在人力和资源的征用中，而且在人们日常生活中实行更大规模的干预。[⑤] 城市中曾遭受轰炸的地点（以及一些战争中开辟的

① Peter Ackroyd, *London*, *The Biography*, Londres, Vintage, 2000, p. 760.

② 1939 年，战争初期，“大伦敦”是世界上最大的城市，人口为 820 万。Philip Ziegler, *London at War*, *1939 - 1945*, Londres, Pimlico, [1995] 2002 p. 4。

③ “好房配英雄”。根据 1919 年关于房屋的新法令《房屋法令》(*Housing Act*)的规定，当地政府必须为战争老兵提供住房补贴。1930 年的《房屋法令》则强调了大城市内部的房屋条件以及居住人口最多的地区的未来规划。

④ 1942 年 William Beveridge 关于社会保障体系的报告，是大战结束后福利国家的前奏；1944 年的《教育法令》(*Education Act*)。

⑤ 国家级身份证，城市儿童疏散至农村，等等。请参阅 Philip Ziegler，引文同前。

菜地[①])留出的空地后来得到彻底改造，用以改善人民生活条件和健康。然而重建远远超过了被摧毁的范围。关于重建的新举措以及关于城市模式的新构想初见雏形。1666 年伦敦大火过后，人们没有抓住机会对伦敦城及其周边地区进行改造，第二次世界大战后，伦敦不能再次错失机会。1944 年二战结束前，新的"大伦敦"已跃然纸上。[②]

一、在遭受破坏的同时诞生了第一批新的创意

今天，英国正在为 1940 年 7 月至 10 月的不列颠空战(伦敦人俗称的"Blitz"[闪电])举行 70 周年纪念：[③]德国空军的空袭从 1940 年 9 月 7 日[④]开始，先是袭击了伦敦港口和伦敦东部工业化地区，持续了 57 天。1940 年 9 月伦敦所遭受的空袭第一次将首都全部摧毁，其他主要的英国城市也未能幸免于难：伯明翰、利物浦和南安普顿在伦敦之前便遭到轰炸；接下来又有曼彻斯特、格拉斯哥、考文垂(中世纪大教堂被毁[⑤])、普利茅斯、朴茨茅斯、布里斯托尔、贝尔法斯特及众多其他城市被袭。然而 1940 年 9 月至 1951 年5 月[⑥]间轰炸总数的三分之二都集中在伦敦。在此期间，全国有 4 万 3 千人死亡，14 万人受伤，350 万房

---

① "为胜利而耕锄"(Dig For Victory)的广告宣传的是自给自足，小菜园在城市中随处可见：公园里，遭受轰炸地点，甚至在伦敦塔的护城河里。Roy Porter，《伦敦社会史》(*London, A Social History*)，Londres，Penguin，1994，第 341 页。

② 此处关于 1666 年伦敦大火错失城市改造良机的影射，出现在伦敦郡规划草案的第一句话里。Jacques Carré，《务实的预测者？ 1943 方案》(*Des visionnaires réalistes? Le plan de 1943*) in François Poirier (éd.)，《1935 年至 1945 年的伦敦》(*Londres 1939 - 1945*)，Paris，éditions Autrement，1995，p. 278。

③ 在最近的出版物中有：James Holland，《不列颠战役：改变历史的五个月》(*The Battle of Britain: Five Months That Changed History*)，Londres，Bantam，2010；Leo McKinstry，《飓风：不列颠战役的胜利》(*Hurricane: Victor of the Battle of Britain*)，Londres；John Murray，2010。

④ 事实上是 8 月 25 日，但是将错就错的意外：1940 年 8 月 25 日深夜，几个德国轰炸兵正在试图炸毁泰晤士河三角港的艾塞克斯沿岸的石油存储箱，但由于迷失方向，便违反德国空军的命令而把炸弹投向了伦敦城。丘吉尔立即作出回应，派出英国轰炸兵袭击了柏林城。紧接而来的便是德国的报复，在 1940 年从 7 月到 10 月的不列颠战役进行的同时对伦敦城进行了深夜炸弹袭击。最终这些夜袭还是占了上风。Peter Davis，"The mistake that unleashed the Blitz"，*The Times*，2007 年 7 月 17 日。

⑤ 1940 年 11 月 14 日的轰炸最终摧毁了四千所房屋，伦敦城三分之二的工厂，以及所有的电力、天然气和水的基础设施。五百多人死亡，一千多人受伤。之后紧接着的 4 月 8 日和 10 日的轰炸又导致将近五百人死亡。

⑥ 从 1941 年 5 月开始，德国的进攻逐渐转向俄国。

屋被毁。[①] 仅伦敦一处，就有 2 万人死亡。但是我们仍然记得伦敦市民之间的团结精神，以及“伦敦能扛过去!”(London can take it !)或者“保持冷静，坚持到底”(Keep Calm and Carry On)等口号。[②] 温斯顿・丘吉尔的演讲和广播发言起到了巨大的鼓舞士气的作用。[③] 他在 1940 年 8 月 20 日在议会下院的发言中对皇家空军部队飞行员的赞美“有史以来，在任何一次战争中，从来没有这么多人欠了这么少的人的债”(Never in the field of conflict was so much owed by so many to so few)，至今都还深深地印在所有英国人的记忆中。

从伦敦在轰炸之处首次遭到破坏开始，丘吉尔本人就立即号召人们开始思考重建计划，不仅针对伦敦城，也针对其他遭空袭的大城市(利物浦、曼彻斯特和伯明翰)。1940 年 10 月 8 日，他发表演说：“最痛苦的莫过于看到这么多工人的平凡住房毁于一旦。我们要把它们重建起来，而且要让重建后的家园比之前更值得我们自豪。”即使这些城市“也许还会遭遇其他不幸……但它们将从废墟中浴火重生，变得更为健康，而且我希望，它们会更加美丽”。[④]

思考分几个阶段：巴尔娄委员会(Commission Barlow)在 1940 年讨论了将伦敦中东部的产业工人人口(及工业活动)重新布局的问题，并建议划定一条界限，阻止伦敦向这条边界外无限制扩张。然后 1941 年斯科特委员会(Commission Scott)的报告和 1942 年乌斯瓦特委员会(Commission Uthwart)的报告又提出了使用农地的问题，并建议制定全国的系统规划。1942 年，皇家学院又提议对伦敦中心布局进行调整。

---

① Roy Porter，《伦敦社会史》(*London, A Social History*)，Londres，Penguin，1994，p. 341。

② 关于战争期间的伦敦城和伦敦人的生活，参阅 Philip Ziegler，*London at War，1939 - 1945*，Londres，Pimlico，[1995] 2002。

③ 他在英国国际广播电台的讲话具有决定性的作用，正如对他的演讲和在市镇议会上的讲话进行的播送一样(1940 年 6 月 4 日的演讲“我们绝不投降”[We shall never surrender]；6 月 18 日的演讲“他们最好的时光”[Their finest hour]，以及其他)。Winston S. Churchill (éd.)，*Winston Churchill's Speeches，Never Give In!*，Londres，Pimlico，2007。还有一段更为幽默的记录，是他在 1940 年 6 月 20 日关于轰炸时这样说道：“学着去适应吧，鳗鱼也能学会蜕皮”(Learn to get used to it. Eels get used to skinning)。J. A Sutcliffe (éd.)，*The Sayings of Winston Churchill*，Londres，Duckworth，1992，p. 38。

④ 引自 Jacques Carré，《务实的预测者？1943 方案》(*Des visionnaires réalistes? Le plan de 1943*) in François Poirier (éd.)，《1935 年至 1945 年的伦敦》(*Londres 1939 - 1945*)，Paris，Éditions Autrement，1995，p. 277。

1943 年，伦敦郡规划方案（County of London Plan）完成，1944 年，“大伦敦方案”（Greater London Plan）完成，它同时提出了在伦敦周边“绿腰带”（green belt）之外建设“新城市”的建议。与我们关系最密切的是 1943 年和 1944 年这最后两份方案。它们为战后的城市政策奠定了基础，而这一政策正是始于 1946 年，伦敦周边和英国其他地区[①]开始新建城镇。

二、“务实的预言家”以及新的“大伦敦”

1943 和 1944 方案是由日后被称作“务实的预言家”[②]的人们制作完成的，他们是帕特里克·阿贝克隆比（Patrick Abercrombie）教授[③]和约翰·亨利·富尔肖（John Henry Forshaw）教授。[④] 阿贝克隆比教授[⑤]是这两份方案的主要设计者，是当时最受尊敬的英国城建专家之一。他同时也是英国建筑师皇家学院（Royal Institute of British Architects）和景观建筑学院（Institute of Landscape Architects）的成员，城市规划研究院（Town Planning Institute）的前主席，大战期间，他已有了非常多年的关于英国城市建设的经验，并极大地影响了日后的大伦敦方案。

我们通常所说的“阿贝克隆比方案”事实上是两个方案的统称，1943 年[⑥]与约翰·亨利·富尔肖合作并由伦敦委员会（London County Council）组织的伦敦郡规划方案，以及 1944 年的大伦敦方案。这两份文件的提议主要是关于在闪电战中被毁的伦敦城东街区的重建；其次，调整和新建绿化带（开放空间 open spaces）；最后，在“绿腰带”之外的新城市的建设。在第一份方案的前言开始，两位城建专家便着重强调了伦敦城必须消除的四个“缺陷”：交通问题，工人住宅条件悲惨，绿化带分布不合理，以及产业区和住宅区的犬牙交错。[⑦] 他们根据三

① 例如，在格拉斯哥，1946 年克莱德山谷方案。

② Jacques Carré，引文同上。

③ 英国城市建筑专家，1875—1957。

④ 英国城市建筑设计师，1895—1973。

⑤ 从 1945 年开始，阿贝克隆比爵士。

⑥ 关于 1943 年伦敦郡规划，参阅 Jacques Carré，《务实的预测者？1943 方案》（*Des visionnaires réalistes? Le plan de 1943*）in François Poirier (éd.)，《1935 年至 1945 年的伦敦》（*Londres 1939 - 1945*），Paris，Éditions Autrement，1995，第 277—287 页。

⑦ 他们倡导根据以下分区原则来对这些街区进行整治：工业区和住宅区分离，公共建筑和娱乐场所分离。

个范畴来评价伦敦:“社会”、“都市”和“机器”(société, métropole, et machine)(包括交通基础设施,也包括绿化带)。尽管这并不包含社会改造的政治意图,然而它必然在社会领域产生影响,而且它明确表示希望能“像解决战争问题那样漂亮地解决和平年代问题”[①]。

三、伦敦城市本身的重建

伦敦城的重建以及新的“大伦敦”影响深远。阿贝克隆比认为对伦敦人口的重新分布是至关重要的,目的是创建“平衡的社区,每个社会群体都包含好几个相邻的六千至一万居民组成的单位(有一个可步行到达的小学)”[②],按照“密度区域”来对伦敦城进行重建,拆除人口过度密集的老街区。他力图寻求住宅、工业发展以及绿化带之间的平衡,并用一个铁路网把不同的社区联系起来,这在日后变成了现实。在伦敦城内部,遭到炸弹轰炸而被摧毁的城市区域(225 英亩——只是 1666 年伦敦大火损毁面积的一半,但受害区域更为分散)必须得彻底整治。[③] 老街道将得以重建;伦敦空战时受到严重破坏的斯泰尼(Stepney)和哈克尼区(Hackney)需要重新整治;布里克斯顿区(Brixton)将和劳士布鲁格(Loughborough)区的 11 层高楼齐步发展。贝斯纳尔·格林区(Bethnal Green)的大部分人口都被迁置到伍德福德(艾塞克斯)(Woodford [Essex])的“低密度”街区;接下来是坡普拉尔(Poplar),轰炸中被毁的街区之一,重建后易名为兰斯巴里区(Lansbury)。就这样,“伦敦城的不同构成元素被重新分配,以得到更多的光亮和空气”[④]。

1947 年颁布实施的《城市和乡村法令》(*Town and Country Act*)意味着阿贝克隆比关于新的“大伦敦”成为“内循环城市”(*Circular Inland City*)的构想

---

① 他们倡导根据以下分区原则来对这些街区进行整治:工业区和住宅区分离,公共建筑和娱乐场所分离。

② 同上。

③ 这些区域一直延伸至斯泰尼 Stepney、坡普拉尔 Poplar 和贝尔蒙德塞 Bermondsey。此外 1666 年大火之后重建的迫切性并不如此强烈。Roy Porter,《伦敦社会史》(*London, A Social History*), Londres, Penguin, 1994, p. 341。

④ “The elements of London were being distributed, to create more light and air”. Peter Ackroyd, London, The Biography, Londres, Vintage, 2000, pp. 755—756.

又实现了一部分。为了“控制”城市中心的规模，他倡导建设四条“腰带”：一条“内城腰带”（Inner Urban Ring），一条“近郊腰带”（Suburban Ring），一条“绿腰带”（Green Belt Ring）和一条“远郊腰带”（Outer Country Ring）。这便意味着把人口、工业从“内城腰带”迁向新城镇——这将涉及大约100万居民，当然，还必须“保护”伦敦城市中心（当时的大多数规划图都把这片市中心地带涂成黑色①），因为它已经没有拓展余地了。当然，后来的事实证明真实情况也并非完全如此：战后经济和商业活动逐渐恢复，伦敦城继续更新面貌。②

四、绿色或“开放”地带

阿贝克隆比和富尔肖的提议所体现的精神即使并非全新，③也至少在伦敦城的规划上具有前瞻性：绿化带或“开放地带”的创建。他不仅强调创建这些绿化带的重要性，还将其置于大伦敦全部地区一个有序的公园系统框架之下，这些提议均附有极为详尽的说明。

在他关于在伦敦及其周边建设绿化带的重要性的思考背后（然而，当时的伦敦仍继续处于空袭轰炸的威胁下），是这样一个信念：人民需要“可用于娱乐和休憩的‘开放’空间”以保证并改善其健康状况。为了准确定义何为“必需的”空间，他计算了伦敦周边地区（沃尔维希 Woolwich，肖尔迪希 Shoreditch……）现有的“开放”空间，并证明地区间巨大差距的存在，有些地方的“开放”空间比别处多了60倍之多。阿贝克隆比便试图达到一个平均数值，并按照他所谓的“开放地带标准”（Standards of Open Space）来对其进行实施。具体说来，即每1000人4英亩，这个数据明显低于他在别处提议的7英亩，但他考虑到在这些地区，土地已经得到了高度的开发。④

1944年的大伦敦方案还包含了在首都之外的地区建造绿化带或“绿腰带”

---

① “绿腰带”图可参见 Roy Porter, *London, A Social History*, Londres, Penguin, 1994, p. 350。

② 出处同上，第756—757页。

③ 出现在1929年的另一份方案中。

④ “This is considerably below the 2.83 (7 acres) suggested by many competent authorities, both in this and other countries, but it is put forward in view of the already highly developed use of the land in these areas”。

的提议。阿贝克隆比所建议的首先建立主要供休闲用的8公里宽(8 km deep)的绿腰带,其外再建一条主要用于农业的"外部腰带"(Outer Country Ring)。在这两条腰带内部不能再进行任何新的建设。[①] 这将不仅成为一系列绿地,而是成为一个绿化带网络,之间由步行小道(footpaths)相连接,一些步行道之前已经存在,它们将有序地扩展开来,最终形成该网络。[②]

阿贝克隆比的公园体系依据的原则是:吸纳一切形式和形状的"开放"空间,构成一个公园体系,公园相互之间由新建的小径(parkways)来连接,与连接不同公园之间的已有和新修的道路平行。这些绿色道路将被分成七种类型:(1)线状"开放"地带(linear strips of open space);(2)沿河步道(riverside walks);(3)穿越农田的小径(footpaths through farmland);(4)马道和绿色车道(bridle tracks and green lanes);(5)自行车道(bicycle tracks);(6)穿过公园的摩托车道(motor parkways);(7)快车动脉(express arterial roads)。

最后两种类型,即穿过公园的摩托车道和快车动脉看起来似乎与绿色道路的设置相互冲突,尤其是这两者占据了阿贝克隆比的方案中"开放"地带之间联系的绝大部分。事实上,这两者起源于二三十年代,那时不论在乡村抑或是在公园内部,对于拥有汽车的人来说,乘车出行都属于娱乐休闲。大战以后,由于机车的使用越来越得到普及,开车便由娱乐活动转变成为必需的交通方式。

从而,由以上的七种绿色道路构成的网络,阿贝克隆比这样说道:

> 城市居民可以从家门口一直走到开放的乡村中去,途中轻松地从花园的开放区域走到公园,从公园走到绿色道路,再从绿色道路走到绿腰带。
>
> ……相连的绿色道路的优势之一便是扩大那些最大的绿化带的影响范围,并将其与周边环境紧密地联系在一起。

---

① 之前提到过的乌斯瓦特报告当中也提出了此条建议。直到1947年的《城市和乡村规划法令》开始实施时起,城市建设才开始得到监管。

② "(It is) ludicrous that it should still be necessary to produce some ancient rustic or coastguard to prove the antiquity of a path or track."

五、"绿腰带"之外的新城市建设

在提议建设这些绿色道路的同时，阿贝克隆比还建议在伦敦城周边，即"外部腰带"之外的地区进行新城镇的建设或重建。这些建议（他提议建设拥有50万人口的10个新城市，位于离伦敦市中心20至25英里远的地点）由于1946年的《新城市法令》(New Towns Act)的颁布而成为现实，法令规定将建设20座"新城镇"①，其中8座城市是为一大批房屋在战争中被毁的人而建（但并非仅仅为此）。这条法律之后便有了1947年雷斯委员会(Comité Reith)关于"所有涉及新城镇建设的问题"的报告出炉，即雷特报告。② 最后，1947年的《城市和乡村规划法令》(Town and Country Planning Act)出台，这份法令要求任何发展都必须取得许可令，不论申请者是否为房屋产权所有人，都应由当地政府下达许可令。③

这条新城市政策的出台得到了战争期间设立的众多委员会指导（之前已提到过的巴尔娄和斯科特委员会，以及乌斯瓦特理事会）。该政策使得不断增长的城市人口可以体面地住在城市之外，并鼓励战后的工业发展在首都以外的新区域上进行，同时，也起到控制伦敦城本身扩张的作用。然而，由于战后短时期英国遭遇的经济困难，这些新城市及其工业和工厂的发展相对缓慢，这种情况一直持续到50年代初期，越来越多的老伦敦人渐渐填满这些新城市，他们从此在这里生活、工作。但对于最穷的人来说，一座体面的住房仍然是高不可攀的奢望：闪电战让10万人无家可归；到1949年，"大伦敦"范围内只修建了5万所新住房，而预计还要建造64000座住所（独立房屋和公寓式套房）。④ 新城市通过一个发展委员会而得到财政支持。⑤

---

① 最终的数字远远高出设想：28。

② 网址：http://www.publications.parliament.uk

③ 从此，这些当地政府有可能会拒绝发放许可令，自己着手发展工作，或者为了把土地租让给私人企业而进行强制征收。

④ 主要是在 Camberwell, Stockwell, Walworth, Peckham, Deptford, Camden Town, Kentish Town, Kensal Rise, Shepherd's Bush, Hammersmith, Fulham, Stoke Newington, Woodberry Down, Tottenham 等街区，以及伦敦东部的所有街区。Roy Porter, *op. cit.*, p. 351.

⑤ 对于每一个城市，发展委员会致力于土地购买（价格按照农用土地率值进行计算），建设和基础设施所必需的财政投入则按60年时长向不列颠国库借贷。

这些新城市的变化经过了三个阶段：

1. 1946 年左右在伦敦周边建设的“第一代”新城市，在伦敦和泰晤士河的东边，城市有斯蒂文纳奇[①](位于赫尔福德沙尔 Hertfordshire 的一组三个小城市)、巴斯尔敦(Basildon)、艾塞克斯(Essex)和博尔翰伍德(Borehamwood)、米德莱塞克斯(Middlesex)。计划中在更为靠近东北方向建造其他新城市，牛顿・艾克里弗(Newton Aycliffe)和彼特利(Peterlee)，还有两座在苏格兰，1947 年的东基尔布莱德(East Kilbride)和 1948 年的格朗罗兹(Glenrothes)，最后是 1949 年的布兰克尼尔(Bracknell)(位于伯克郡 Berkshire)。

2. “第二代”新城市的建造符合了特殊的需求，比如在工业领域(1950 年格尔拜[Corby]钢铁厂)。

3. “第三代”新城市规模相对较大，于 60 年代末期建造或者是在已有城市上发展起来的。其中的代表是泰晤士梅德 Thamesmead(靠近泰晤士河)、皮特波罗(Peterborough)和弥尔顿・凯恩斯(Milton Keynes，位于伦敦和伯明翰之间)。随后又在苏格兰建设了三座新城：坎贝尔诺尔德(Cumbernauld)，1956 年；利文斯顿(Livingston)，1962 年；依尔文(Irvine)，1966 年。最后，所谓的“扩展城市”：阿什弗德(Ashford、位于肯特郡)、贝辛斯托克(Basingstoke)、斯文顿(Swindon)。这些“第三代”城市较之第一批建造的新城市拥有其他优势，首先提供更多的本地服务(包括在社会领域)，还拥有更好的公共交通、自行车道，以及一套真正的社区基础设施。

六、长时段的相对影响

长久看来，新城市发生的变化首先是美学方面，每当要开始一项新工程时，总会先改进建设风格。“第一代”新城市的“老”房屋依然完存，并表现出更为坚实的特质：最大的建筑两两“黏合”在一起，周围则可拥有较大的空间，有时前后会有花园，还有一些房屋沿街紧靠在一起，没有花园，与之前已有的房屋相似。

---

① 斯蒂文纳奇(Stevenage)是第一座新城市，其建设开始于 1946 年。接下来 4 年间，又有 7 座新城得以建设。

按照第一种孪生房屋的模式，又建设了完整的街区，其中很大一部分保留至今，不论是在新城市中或是在其他英国城市中。

“第二代”和“第三代”的新城市楼房越来越高，却并不太坚固，[①]它们大多建于60年代。[②] 同时，一些建造过急的用预制构件造的房子很快就被损坏，时间一久必定得拆除。从70年代开始，“第一代”新城市在增长速度上已达到了预定目标，之前为监管城市发展而设立的众多委员会先后解散（然而“第二代”和“第三代”的委员会由于还远远未达到预定的增长目标，将在日后撒切尔当政时期才逐渐解散，例如“新城市委员会”[Commission des Villes Nouvelles][③]）。

大部分绿化带仍旧存在，伦敦城和周边的公园依然是英国城市居民钟爱的地点。让我们试举阿贝克隆比的提议当中的一例，开发最完善的李河谷（Lee Valley）公园（位于首都东北部）。随着1968年一条法令（Act of Parliament）的颁布，整个公园区域从此处于拥有全权的本地政府机构（Lee Valley Regional Park Authority）管理之下。直到今天，所有的伦敦居民仍需交纳一种特殊税款作为公园的保养维护费用，尽管大部分人根本不去这个公园。

伦敦城本身还留下了什么？在战争中彻底被毁的曾经的“东边尽头”（East End），已不再是考克尼斯（Cockneys）区了，而是大部分仍住在战后短时间内建造的房屋内的第一代和第二代移民的街区。“船坞码头”（Docklands）街区[④]前身是同样几乎被炮弹全部炸毁的伦敦港口，战争刚结束的一段时间它依然存在。1956年，据记录表明每周有1000只船靠岸，相当于7000万吨货物。然而随着大英帝国的没落，英联邦各国开始直接与美国、德国或日本进行贸易往来，不用再经过伦敦（60年代期间伦敦与英联邦贸易量下降了50%），“伦敦船坞”江河日下。再加上货物装卸时的技术问题，以及五六十年代此起彼伏的罢工

---

① 指的是1968年伦敦东部纽汉姆（Newham）地区的罗南点（Ronan Point）（高塔建筑）天然气爆炸事故中，房屋倒塌，数人死亡。Peter Ackroyd, London, The Biography, Londres, Vintage, 2000，第763页。

② 60年代末接近400处，出处同上，第759页。

③ 其财产和资金均转移至英国工业地产公司 *English Industrial Estates Corporation*。

④ Southwark, Tower Hamlets, Newham 和 Greenwich 区。

浪潮，[①]第一批停业于1967年到来（东印度船坞 East India Docks），一直到1980年的“皇家船坞（Royal Docks ）”关门。从此时起，该街区开始逐渐发展，[②]1981年又创建了一个拥有特别权力的委员会，它有权绕开规划的惯常程序（尤其在私人领域的财政拨款方面），目的是推进整个被称作“创新区”（zone d'initiative）的区域之发展。[③] 创新的举措涉及瓦宾（Wapping）、罗瑟海德（Rotherhide）、“犬岛”（the Isle of Dogs）、银城（Silvertown）、北伍利士（North Woolich）和贝克敦（Backton）等街区，并包括建设伦敦城机场，连接船坞码头地区和中心城市的一条火车道，[④]以及伦敦地铁的扩展（庆典线 Jubilee Line）。如今位于“犬岛”[⑤]的“金丝雀码头”（Canary Warf）已经成为一个相当时髦的住宅兼商业区，而它伫立在“西印度船坞（West India Dock）”旧址上的大楼已成为“新”伦敦的象征，几乎所有的英国媒体都搬进了靠近瓦宾的历史悠久的“跳蚤街”[⑥]（Fleet Street），数家投资银行离开“旧城”，即伦敦传统金融中心，进驻这些新街区。[⑦] 这里出现过一些问题。首先是交通，其次是一些旧“船坞码头”（Docklands）社区依然盘踞在这里，另外街区还经历了某些剑拔弩张的时刻（最主要便是围绕着对私营部门财政拨款的问题，以及已消亡的船坞失去传统“生存方式”的问题）。但是历史建筑还是尽可能地被保存了下来（如果在60或70年代，这则是不可能的）。从80年代起，“船坞码头”的民众支持率经历了上下波动（90年代初期经济危机中的金丝雀码头尤其如此），然而该街区在今天仍被普遍认为是个成功的范例。

今天，只有极少数伦敦人才有能力居住在首都内部，市民只能依靠低效率基础交通设施进入城内。很多在首都工作的人都住在城外，要么住在“新城镇”

---

① 雇员数量不断降低，从50年代的3万人减少到1981年的2000人。Roy Porter，《伦敦社会史》（*London, A Social History*），Londres，Penguin，1994，第348—349页。

② 在70年代间，爱华德·希思政府（1970—1974）建议对这些街区进行重新整治；哈罗德·威尔逊政府抛弃了这些新的建议，并提出了其他建议，其中一条便是财政拨款将分为公车和私人两部分。政府方面，此项拨款从未下达，然而私营部门坚决不作出让步，于是计划也就此泡汤。

③ 船坞区发展公司 Docklands Development Corporation。

④ 船坞轻轨 Docklands Light Railway。

⑤ “犬岛”区是现代化（成为一段传奇的金丝雀码头大楼）和19世纪末期老建筑以及第二次世界大战前后时期建筑的混合体。

⑥ 除了设立在国王大道的《卫报》。

⑦ Peter Ackroyd, London, *The Biography*, Londres, Vintage, 2000，第764—765页。

中，要么住在距离更远但一个小时火车车程之内的其他城市，如布莱顿(Brighton)或者布里芝井(Tunbridge Wells)，对于居住在城内的人而言，一些街区经历了巨变：从 70 年代开始，拆除维多利亚时代或乔治五式时代风格老建筑的政令得以中止，政府还给予财政补贴来鼓励这些房屋的修缮工作。伊斯灵顿(Islington)和斯彼塔菲尔兹(Spitalfields)街区便是例证，这些曾经贫穷的街区如今备受上班族青睐，另外还包括海布里(Highbury)、诺丁山(Notting Hill)、帕丁顿(Paddington)和康贝威尔(Camberwell)等区。[①] 至于在伦敦周围建设多条快车道的建议[②]则遭到搁浅，因为遭到当地居民和政治对手的反对，以及巨大的资金困难。最后，同样是从 70 年代开始，“大伦敦委员会”(Greater London Council)开始资金扶持一些项目，对城市遗产的保护工作开始越来越得到重视。

综上所述，尽管新城市继续繁荣发展，且绿化带仍然作为伦敦及其周边不可或缺的城市风景线，但伦敦城也依旧在不断扩大。彼得·阿克罗依德(Peter Ackroyd)在关于伦敦的一部鸿篇巨制中[③]写道，这是超出战争期间一切预测的具有历史意义的现象：这个新的“大伦敦”其实就是 11 世纪[④]以来就存在的城市的延续，在这层意义上，它“吞没”了这些在今天被人们看作是伦敦城组成部分的新城镇。“绿腰带”没有成为抵挡城市生活的“路障”，但成功地遏制了伦敦市中心在“物理意义上的扩张”，让市中心转而向自身寻求各种革新的可能性(仓库和厂房改建成的艺术工作室、老建筑的翻新……)。阿克罗依德认为，阿贝克隆比和他的同事们的创意与 17 世纪的布鲁姆斯伯里街区(Bloomsbury)以及考文花园(Covent Garden)的建筑设计师们的创意类似，都属于“直觉创造”。新城市在今天属于伦敦不可分割的一部分。尽管建造了重重“腰带”，但城市并没有

---

① Roy Porter, London, A Social History, Londres, Penguin 1994, p. 352.

② 1666 年伦敦大火之后克里斯朵夫·韦恩(Christopher Wren)和约翰·艾弗林(John Evelyn)就城间大道的建设也提出过极为相似的建议。Peter Ackroyd，引文同上，第 758 页。

③ Peter Ackroyd, *London*, *The Biography*, Londres, Vintage, 2000, p. 822.

④ 真正的城市地图直到 1550 年开始印制。在这之前，城区地图和区域地图虽然已经出现，然而一份完整的城市地图的概念还没有诞生。Peter Whitfield, *London*, *a Life in Maps*, Londres, The British Library, 2006, p. 8.

真正受到约束，它还在继续生长。“……这就是伦敦城一直以来的境遇。一旦有了天时地利，它便重新展示出自己独特的身份。”①

皮特·阿克罗依德在他被人们称作不可逾越的伦敦城市传记中提出这样的问题：当今天的人们自我描绘为伦敦人或者像伦敦人那样生活时，这意味着什么呢？“大伦敦”面积如此之广，以至于整个英国东南地区都成为了伦敦城的实际影响范围：

“伦敦，难道仅仅是一种精神状态吗？城市里的界限越是模糊，身份就越是变幻莫测，它是不是成为了一种态度，亦或是各种偏好的集合？在它的历史长河中，它不止一次地被描绘成包容着一个或几个世界。今天，它被归类于‘全球化城市’，用詹伯特(Gebbert)的话来说，就是一个‘真正冲破了民族界线且拥有自己规则的宇宙’。所以说，它包含着一个‘宇宙’，就像一团在中心神秘转动着的厚厚的云层。但这也是为什么数百万人都自称‘伦敦人’，即便他们离伦敦市中心千里之遥。这是一片两千多年以来持续有人居住的土地，这便是伦敦城市的力量和魅力，它给人以永恒持久、坚固踏实的感觉。这是为什么总有乞丐和潦倒之人栖身在它的街头巷陌；这也是为什么哈罗(Harrow)和克莱伊敦(Croydon)的居民自诩为‘伦敦人’。即使他们自己不知道，历史也会这样称呼他们。他们走进的是一座能预见未来的城市。”

(吴蕙仪　译)

---

① *That was always the condition of London. Whenever the opportunity and location are offered, it replicates its identity.* Ibid., p. 757.

区域发展与高科技：20 世纪 60 至 80 年代布列塔尼的电信研发

帕斯卡·格里塞(Pascal Griset)/巴黎第四大学

拉侬(Lannion)是布列塔尼北部阿尔莫海岸省(Côtes d'Armor)的一个小城市，在 20 世纪 60 年代初仍以农业为主。

就在这里，1905 年 10 月 24 日，奥诺琳·马赞(Honorine Marzin)的第二个孩子皮埃尔(Pierre)降生。她的丈夫夏尔(Charles)是这个特雷戈尔(Trégor①)小城的一家企业主。他继承了父亲纪尧姆(Guillaume)创办的一家农机厂，该厂在世纪之交早已名声远播至拉侬小城之外。皮埃尔·马赞儿时就是一个精力充沛的孩子，兴趣广泛，其父也不介意在儿子 15 岁时就派他去农场为客户修理农机。

几年后，皮埃尔考进了综合工科学校(Ecole Polytechnique)。对这个青年来说，这无疑是令人侧目的成功，他以最耀眼的方式，使自己的人生轨迹融入了第三共和国时期的社会擢升模式。

一、一个布列塔尼小城如何在 1962 年成为了欧洲第一个空间通信站

1. 思想初成

皮埃尔·马赞认为，法国对德战败在很大程度上要归咎于技术劣势。这也是戴高乐将军 1940 年 6 月 18 日演讲中发表的观点。这时，马赞已经在思考如何建立必要的手段，使法国电信业能够有朝一日为国家的复兴发挥作用。

这是当时法国很多工程师共有的抱负。它付诸实施的第一步是科研和技

① 法国旧省名，位于布列塔尼半岛西北，今分属阿尔莫海岸和芬尼斯特尔(Finistère)两省。

监局(Direction de la recherche et du contrôle technique,简称DRCT)的诞生。这个拥有较高级别和权限的机构旨在保障科研工作高速发展,重振法国的电信产业。1942年,皮埃尔·马赞被任命为该机构的总工程师。他在这一岗位上为罗贝尔·凯勒(Robert Keller)的抵抗组织提供了支持,后者的活动主要是对占领军的通信缆线实施窃听。

马赞的这一职务同时也使得他自草创阶段就参与了多部门大型电信实验室(grand laboratoire interministériel des télécommunications)的计划,DRCT是该计划的主导力量。实验室于1944年5月正式成立,命名为国家电信研究中心(Centre national d'études des télécommunications,简称CNET),其组织和职权之后于1945年1月获得了法兰西共和国临时政府的确认,亨利·雅纳(Henri Jannes)被任命为中心主任。在CNET担任"邮政、电话、电报(PTT)特别处"主任的皮埃尔·马赞很快与他发生了对立。马赞坚持认为,法国应当拥有强势的工业部门,与公共研发部门结成真正的合作伙伴关系,在此框架下保持稳步持续发展。而雅纳推行的国家专断的政策极不受工业界人士欢迎。

1954年,CNET经过调整,集合了全国科研力量,皮埃尔·马赞成为了新的中心主任。

这位在46岁即获得司令级荣誉军团勋章(commandeur de la Légion d'honneur[①])的领导为这个总部位于巴黎近郊Issy les Moulineaux的机构注入了新的活力。由于他从1957年起推行的一系列极富创新性的研发项目,CNET成为了一个强大的科研中心,获得了国外同行的高度尊重。

2. 万事开头难:荒草丛中的科研中心

马赞的家乡特雷戈尔省是一个贫困、封闭、传统力量强大的农业社会,20世纪初一定程度上的繁荣局面没有经受住第一世界大战和30年代经济大萧条的打击。在30年光荣时期为法国带来翻天覆地的变化的同时,这个拉侬小城的孩子不得不看到,自己的家乡几乎隔绝于变革之外。于是他决定以自己的能量和影响力服务家乡、回报家乡。1955年6月30日政府令所颁行的地方分权政

① 法国荣誉军团勋章共分五级,司令级是第三级。

策(politique de décentralisation)给了他千载难逢的契机。作为CNET的主任，他一方面强调指出了中心在Issy-les-Moulineaux原址发展的局限，一方面决定对地方分权委员会(Comité de décentralisation)的呼吁做出回应。

他后来承认："我得承认，我们当时的第一选择就是布列塔尼，特别是拉依地区，因为我生于斯长于斯，熟悉地情。对于这项开创性的工作而言，选择布列塔尼的确不是最平坦的一条路，但我们已经决心面对各种反对之声，同时也确信能够获得各种建设性的帮助。"

布列塔尼计划的反对者主张将新址选在格勒诺布尔。的确，格勒诺布尔是一座工业化历史较长的城市，已经拥有一系列电力和电子部门的企业和研发中心，总体而言，条件比拉依地区优越。1948—1976年间担任北方海岸(Côtes-du-Nord)省[①]议会主席的勒内·普雷万(René Pleven)动用了自己的全部政治影响力以压倒格勒诺布尔的呼声。他在1959年12月宣布自己"决心为所有愿意创立或扩大工厂的企业主提供最大限度的支持，营造有利的环境，为他们的努力铺平道路而不是设置路障"。就这样，他调动了整个地区的力量，支持皮埃尔·马赞的计划。

在邮电部长最后一次乘直升机视察过后，拉依成了笑到最后的赢家。地方议员也动员起来，成立了拉依地区工业发展跨城镇工会(Syndicat intercommunal pour le développement industriel de la région de Lannion，简称SIDIRL)。项目资金由布列塔尼国土规划和配套设施建设混合股份公司(Société mixte pour l'aménagement et l'équipement de la Bretagne)和国家信托局(Caisse des Dépôts)的子公司"中央国土配套设施建设公司"(Société centrale d'équipement du territoire)联合承担。

1959年4月，CNET的"空中实验"(Essais en Vol)部门率先迁离巴黎。在航空工程师布罗兹(Buloz)的率领下，五十多名中心工作人员组成了名副其实的先遣部队。第一批人员在夜幕降临时抵达了这个大多数居民似乎不知本地有飞机场的城市。第一架、也是唯一一架直升机被拖吊至这个德占时期修建的

① 1990年更名为阿尔莫海岸省。

塞尔维尔(Servel[①])飞机场一条长着三米高荆豆的跑道旁,而工作人员则在机场年久失修的飞机库里安营扎寨。马赞认为,这是"从技术和人员角度都给予我们莫大鼓舞的第一次试验"。

拉侬研究中心顺利跨出了第一步后,1960 年 5 月 19 日邮电部部长博康诺夫斯基(Michel-Maurice Bokanowski)亲自为其奠基。数月后的 9 月 8 日,戴高乐将军前往视察,宣告项目圆满成功。皮埃尔·马赞取得了数年前还不敢想象的成功……

3. 接受航天通信的挑战

60 年代初 CNET 在业界早已拥有了毋庸置疑的地位,而比起过去的成绩,它未来的发展空间还对人才具有更大的吸引力。但前路依然漫漫,皮埃尔·马赞也不放过每一个能使他麾下的科研中心真正成为主角的机会。

作为 CNET 的领导人,马赞对美国同时正在进行的项目了如指掌。他清醒地看到,外太空将为他的部门提供崭新的用武之地,是拓展业务范围的大好机会。至此为止,这个领域完全看不到法国企业的身影,法国科研人员的水平也远远落后于美国同行。皮埃尔·马赞将在这里充分发挥他务实作风和政治嗅觉。

最早的相关接洽在 1959 年底开始了。谈判结果是,法国与成立不久的美国宇航局于 1961 年 2 月签订合作协议,在"接力反冲"(Relay et Rebound)项目下进行卫星传输实验。尽管科研成果斐然,但中心所收获的荣誉却十分有限。局面不久出现了巨大转机:美国电话电报公司(AT&T)建议马赞和英国邮政局一同成为其跨大西洋通信卫星 Telstar 项目的欧洲合作伙伴。作为贝尔实验室的热情崇拜者,马赞立即看到了法国能够从中获得的利益,毫不犹豫地接受了提议。

稍作研究后,马赞意识到时间不允许法国独立迎接这一挑战。于是他力排众议,决定全盘采用美国技术。法国的站点被 AT&T 收购,站址选定在了离拉侬的新科研中心一箭之遥的 Pleumeur-Bodou。

---

① 毗邻拉侬的镇(Commune),1961 年并入拉侬。

法国邮电部和得到 AT&T 工程师协助的法国电力总公司(Compagnie Générale d'Electricité)的团队只用了创纪录的九个月就完成了这项行之不易的计划。除了技术因素外,Pleumeur-Bodou 站的成功也要归功于皮埃尔·马赞的管理才能。在这个项目的操作上,作为 CNET 主任的马赞可能受到了那时常笼罩着家乡特雷戈尔田野的云雾的启发。戴高乐将军同意从美国采购器材了吗(他对大多数来自大西洋彼岸的事物都无好感)?如果这得到了他最低限度的默许,那么决定是在充分考虑了采购所需的全部经费后作出的吗?无论如何,这笔采购案最终得到了邮电部的正式批准。1962 年 7 月 10 日至 11 日夜间如期而至的成功消除了一切质疑之声。史上第一次,电视图像在欧美两大洲间实现了实况转播,而法国与其英美盟友一道,都是这历史新篇章的直接缔造者。有谁这时还记得那个令人过目不忘的喇叭形天线和它硕大无朋的天线罩来自美国?这样的人肯定少之又少,甚至邮电部长博康诺夫斯基本人都不在其列。1962 年 10 月 19 日他在拉侬的科研中心揭幕仪式上毫不犹豫地称赞 Pleumeur-Bodou 是"法国技术的伟大胜利"。

皮埃尔·马赞打了一场漂亮仗。这个电信工程师证明自己在宣传和沟通上也是一把好手,而 1962 年夏的这场巨大成功也使电信工业一举成为法国的战略产业。

然而这一项目的成功不能仅仅解释为媒体造势的结果。CNET 的团队的确在短短几个月内积累了无可估量的经验,并将成为 INTELSAT(负责管理新通信网络的国际组织)的技术对话伙伴,切实参与航天通信产业的发展。随后,一个又一个"第一"接踵而至,尤其是 1965 年 6 月第一颗地球同步轨道通信卫星"早鸟"(Early Bird)投入运营。1966 年获批、1969 年 11 月投入使用的第二个通信站完全由法国设计建造完成。

二、投资发展大型工业轴心

1. 投身数字革命

航天通信业是以令人措手不及的速度突然崛起的,皮埃尔·马赞很快作出了反应,并制定了一个应急式学习和"补课"的程序。而网络数字化则与之不同，它是在两次世界大战间歇起步的，马赞的团队从50年代起就对这一领域的走势有了预判，并早早制定了更为大胆的战略，这在60年代随着电子部件的发展，催生了脉冲编码调制和信号传输的数字化。

所以，早在50年代末，通信网络的全盘数字化就已经是一个可行的中期目标了。为了达成这一目标，必须设计新一代的换流站（central de commutation）。1957年，经过多年研究和据估计高达五亿美元的投资（最初预算的10倍），AT&T宣布自己已经掌握了具有划时代意义电子换流技术。CNET的工程师在受邀参加这次发布活动后，回到Issy-les-Moulineaux总部向马赞详细汇报了贝尔实验室的成果。这项技术其实还未实现百分之百的电子换流，但依然是一项重大进步，并能够保障在较短的时间内实现网络数字化。

马赞反对完全通过购买外国技术来实现法国电信的现代化。不过50年代的教训也让他明白，在一个美国人拥有数年领先优势的领域，试图迎头赶上只是徒劳。唯一的选择是另辟蹊径，大胆发挥想象力，跳出这种“落后/赶超”模式的禁锢。马赞决定不把研发任务交给换流部，而是交给一个特意为此成立的新部门。他把这个新部门命名为“电子机械研发部”，由路易-约瑟·利布瓦（Louis-Joseph Libois）领导，研究电信传输的数字化。就这样，通过改变思维模式，从科研自身逻辑出发而不是从机构划分出发，为创新注入了新的动力。

利布瓦很快说服了马赞，不再寻求模仿美国技术，而是直接致力于开发下一代技术，追求“跳跃式”发展。他的目标是此时全世界尚无一人掌握的技术：全电子化换流站（时间转换[commutation temporelle]）。但作为一个凡事审慎的人，马赞同时要求另一支团队更为“实事求是”地即沿着贝尔实验室的思路（空间转换[commutation spatiale]）寻求创新。两支团队，两个互相竞争的项目，这一决策证明这位40年代的杰出工程师已经成为了真正的科研管理大师。

一俟新中心配置到位，利布瓦团队就立即入驻拉侬。同时，留守Issy-les-Moulineaux的空间换流项目研究组迅速取得进展：1963年，样机“亚里士多德（ARISTOTE）”就在Issy-les-Moulineaux投入使用。

利布瓦坚信，电子部件的价格随着其功能的增强将相反不断下降。他因此决定最大限度地依托电子科技的发展。于是，“柏拉图”项目（projet PLATON）

所设计的未来换流站大大超前于当时已有的电子技术，而这种超前性在第一个实验性换流站的建设过程中为工程人员提出了大量难题，他们必须时刻紧张地寻找最先进有效的技术方案。天道酬勤，1970 年，世界上第一个时间性换流站在 Perros-Guirec 投入使用。它的运行效果或许并不尽如人意，研究团队付出了大量人力，但是这并无损于成功本身的辉煌。

2. 发展大型网络

1972 年 7 月 18 日，新型换流站的正式落成为这一筚路蓝缕的创业时代画上了句号，同时开启了法国数字化电讯全民普及的时代。这是 20 世纪一段几乎独一无二的科技探险之旅的圆满终场：一支法国团队在一个对工业发展具有决定性意义的领域摘取了世界第一的桂冠。

这个尤为突出的成功案例并非特例。自 60 年代末以来，法国又在除换流器之外的越来越多的领域取得了优势，包括卫星接收放大器（Maser①）、数字编码、语音识别与合成技术和电子部件。CNET 的 Issy-les-Moulineaux 和拉侬的新旧两个中心都成为了全世界一致认可的杰出研究中心，它们带领法国电信产业步入了现代化时代。

1968 年 1 月，皮埃尔·马赞被任命为法国电信总署署长。从此，他负责的不仅是一个研究中心，而是整个法国电信网络的发展。

在蓬皮杜总统的支持下，他基本制定了依靠法国技术实现电信网络现代化的中期计划，同时大幅度提高了短期投资。这些短期投资在马赞退休时已经初见成效。继马赞入主电信总署的是利布瓦。在他任内的 1973 年，法国新开通 53 万条电话线，而 10 年前这一数字只是 15 万条。

然而，面对暴涨的需求——1973 年法国有 87 万用户申请开通电话线——这一增速仍然不够。1974 年开始这一领域的投入继续不断加强。被德斯坦任命为电信总署署长的热拉尔·特里（Gérard Théry）凭借着前者给予的雄厚的预算支持，加快了法国电话业“赶超”差距的步伐。“柏拉图”项目在弗朗索瓦·塔莱加斯（François Tallegas）领导下的工业化过程中建造的 E10 站（它属于法国

① 微波激射器 Microwave Amplification by Stimulated Emission of Radiation 的简写。

电信工业公司-阿尔卡特[CIT - Alcatel]的子公司拉侬电子公司[Société lannionaise d'électronique])在其中与汤姆逊(Thomson)生产的设备仪器发挥了积极的作用。这是法国工业第一次在设备制造领域取得如此成就。此时的法国工业的面貌远非60年代可比,这种脱胎换骨的变化虽然在皮埃尔·马赞离职后几年才完全显露出来,但它无疑要归功于马赞在其任内的关键贡献。

3. 确立拉侬-特雷吉耶-甘冈三角科技集群(cluster technologique)

如果单看马赞的家乡,他的影响力则更可见一斑。他没有满足于成功地将一个国家级研究机构移植给特雷戈尔,而是以CNET和Pleumeur-Bodou站为动力源,拉动特雷格尔一省乃至整个布列塔尼大区的发展。受他邀请的工业界人士都清楚,自己获得的大量科研合同和政府订单都归功于他,而拥有CNET研究团队的拉侬对工业企业而言亦充满无限机遇。地方议员也为有意在实验室附近安家落户的工业企业创造了便利条件,拨出紧邻CNET的67公顷土地供这些企业使用。

工业企业踊跃回应了这个机遇:1964年拉侬电子公司(Société lannionaise d'électronique,简称SLE)和电报电话线路公司(Lignes télégraphiques et téléphoniques,简称LTT)、1965年特雷格尔电子(Trégor Electronique,简称TREL,SAT卫星的子公司)、1967年电话设备公司(Le Matériel téléphonique,简称LMT),1970年无线电和电话通信公司(Télécommunications radioélectriques et téléphoniques,简称TRT)和1971年CGEE-阿尔斯通,这诸多企业的到来见证了拉侬地区的高速工业化进程。由此产生的活力还使得拉侬有条件进一步接纳其他在地方分权运动中迁出巴黎的机构,包括1963年的气象航天中心(Centre de météo spatiale,简称CMS)、1970年的电信业地区培训中心(Centre régional d'instruction des télécoms,简称IRET)及1972年的法国电信及邮政退休服务部门(Service des pensions de la Poste et de France Télécom,简称SEDEP)。

这些企业和机构在80年代意味着3800个私营部门和1700个公营部门的就业岗位。这些就业岗位大多数集中在拉侬,但同时落户特雷吉耶(Tréguier)和甘冈(Guingamp)的业务使得整个特雷戈尔省都从中受益。这证明,皮埃尔·马赞最初播下的种子唤醒了“布列塔尼的电子业抱负”,激活了整个地区。

在有些恋恋不舍地从法国电信总署退休之后，马赞更加将全部精力和影响力投入了故乡的事业。由于1961年以来一直担任拉侬市长的亨利·布朗丹（Henri Blandin）退出，马赞得以于1971年春当选故乡的市长。在这个全新的岗位上，擅长实干胜于演说的马赞倚重勒内·吉茹（René Guillou）的辅佐，并让亨利·布朗丹担任第一副市长。当选市长后的马赞也获得了谋求参议院席位的资格。1971年夏，他的候选人资格已经提上了议事日程，得到了阿兰·波尔（Alain Poher）①的欢迎和勒内·普雷万的引导与支持。9月26日，他在第一轮即以65％的票数当选。作为参议员的马赞主要活跃在他所熟悉的领域。他关注着自己在电信总署署长任上启动的项目，如在雷恩建立电视播送和电子通信综合研究中心（Centre commun d'études de télédiffusion et télécommunications，简称CCETT）。另外，在参议院的经济事务和规划委员会（Commission des affaires économiques et du Plan）中，他参与了一系列与电信有关的法律提案的起草，目的是确保后继者不放松维护法国电信业独立自主地位的努力。

皮埃尔·马赞还积极参加了1977年的市政选举，在1980年参议院任满后退出了政坛。

三、结语

1962年到1999年间，拉侬的人口翻了一倍，接近了2万大关。

80年代初期以来，特雷戈尔受到一波波危机的冲击，尽管不可否认这是高科技领域的"常态"，但对于一个绝大多数就业人口依赖于电子设备市场的地区而言，其影响远为明显。

这种联合不同领域参与者的能力在发起竞争力产业轴心（pôle de compétitivité）项目时更凸显其重要性。的确，2005年7月12日，国土规划部门间委员会（Comité interministériel d'aménagement du territoire）肯定了布列塔尼在电信领域的专业能力，并为由落户在这一地区的企业提交的"图像与网络"（Images & Réseaux）企划书颁发了"面向国际的竞争力产业轴心"认证标志

① 1968—1992年间的法国参议院议长。

(label *Pôle de compétitivité à vocation internationale*)。参与这个计划的大企业集团包括阿尔卡特、法国电信、法国广电公司(TDF)、法国电视一台(TF1)、泰雷兹(Thalès)和汤姆逊,此外还有多家科研、高教机构、众多中小企业、各地工商会和地方政府。特雷戈尔的企业现在将凭借它们在电信业方面的丰富经验,在未来的几年继续围绕创新性、合作性的项目取得自身发展。

这个总部设在拉侬的产业轴心旨在促进企业集群的建立。它将促进图像科技和固定或活动内容传输网络的新产品开发。它看准了布列塔尼在这一领域的巨大潜力,尤其是地面数字电视、高清电视、DVD、视频点播和宽带网络电视。这些技术简而言之,就是通过大众化的数字科技手段,让任何用户、在任何终端、任何时间接收到任何图像。技术创新只是手段。这个产业轴心的首要战略目标是,创造有针对性的数字服务和数字内容。

皮埃尔·马赞缔造的历史并非一条坦途,他本人亦非完人。他是一个性格强硬的创业者,但也深知何时该坚持已见,何时该灵活变通。他能够实现抱负的一大原因可能是他与其雄心相辅相成的低调作风、实干精神,以及坚忍不拔的品格。他自始至终都不是一名技术官僚。"在他壮阔的职业生涯中,始终没有放弃直言不讳的作风,这也是他性格的标志。"他葬礼的当天,拉侬当地的媒体如是总结。

(吴蕙仪　译)

区域特征和价值重现——以安徽省查济村和山西省平遥梁村的联合设计为例

弗朗索瓦丝·热德(Françoise Ged),邵甬(Shao Yong)/法国-上海同济大学

城区及其空间,城市与区域发展等问题在中国长期没有得到很好地处理,但它们构成了历史的连续性与景观的连续性,以及文化遗产整合的重要因素。

事实上,在毛泽东时代,人们认为城市性质应该从消费性改造成生产性。20 世纪 50 年代初期,随着工业化的发展,出现了新的城市形式:城市人口在 2 万到 4 万之间,拥有配套完整的住房、教育、卫生和行政设施。这些城市功能主义思想是与 20 世纪初诞生的新学科——城市规划,以及建筑功能主义思想相呼应的:功能决定了建筑的体量和形式。这是对法国美术学院所倡导的且在世界其他地方广泛传播的艺术思想的回应。中国新城区的建设,几乎都不考虑所在城市的历史情况。

然而,有些城市如北京和上海,在这个时期中,其城市脉络还是保持了一定的连续性,主要建筑还是在原地保留并且被赋予了一些新的功能。但是后来,众所周知的中国自 20 世纪 80 年代改革开放后,很多城市进行了大规模的拆除,与 20 世纪 50 年代初消除一切旧社会痕迹时所拆除的建筑物相比,数量有过之而无不及。

在毛泽东时期,政府并没有忽略文化遗产这个问题。20 世纪 60 年代初便确立了第一批国家级文物保护单位名单。如果说,战争破坏往往是文化遗产概念形成发展的重要动因之一,那么在中国以及世界其他国家,过去二十年中现代化改造和仓促的拆除行为对文化遗产概念形成和发展具有更大的影响。

在简要回顾历史之后,我们通过非常实际的案例来介绍一下同济大学和法

国文化与交流部下属的建筑与文化遗产城的合作成果。

一、城市化、现代化 VS 遗产保护?

经济现代化依靠城市建设，城市建设的发展支撑又促进了国家经济的增长，将全国平均 GDP 增长速度提高到两位数。中国城市现代化进程之所以那么快，是因为中央权力的下放，每个省和城市能够自行使用该辖区内的土地用于建设，而为了更好管理土地而设置的控制手段长久缺失。由于过度强调了经济发展，对于品质、文化以及社会的考虑相对欠缺，最近才提出了重视以建筑、城市品质、景观品质等为其中表现形式的文化“软实力”的观点。

中国住建部副部长在访问法国时曾说道:他所在的部负责颁布相关条例，但是相关手段措施缺失导致很多工作不协调。另外，还有很多领导干部缺乏相关建筑和城市文化方面的素养，他们希望看到所谓“现代化”的面貌，往往只是流行一时的材料和形式，而缺乏真正的品质。

中国国家文物局局长单霁翔对过去几年中大规模的拆除行动非常愤怒，2010 年他在《人民日报》上多次发表文章论述这个观点。早在 2007 年，住建部副部长仇保兴在城市峰会结束后的一场新闻发布会中，表达了其个人观点:“文化与历史遗产正面临自新中国 1949 年成立以来第三轮的破坏行动，某些官员打着‘城市更新’的旗号已经毁坏了很多古迹。”国家文物局副局长也表示:某些“无意识的决定”把具有重大历史价值的古迹夷为平地，并且在文化遗址上树立一些“伪劣商品”。他说道:“这样的行为无异于毁坏一件极其珍贵的绘画作品，用一件廉价的印刷品去取而代之。”

这些公开的讲话非常有意义，它显示了政府高层已经意识到这个问题(在国外并不多见)，同时告知了媒体让群众了解这个问题并判断错误行为。另外，这些讲话也说明了中国高层官员与他们的西方对话者之间思想的相似性。

因此，在中国从开始研究城市化进程，到对现代化进程中出现的破坏行为的谴责(对文化的破坏以及资源的浪费)，这个转变速度是如此之快，而我们法国的媒体对此谈论得很少。

二、我们是如何到达这一步的?

中国城市化进程的速度主要受以下三个因素影响。

首先,是当地政府的能力。当地政府进行大规模建设,往往会征用城市郊区以及人口密度较小的老城区的土地,建设多层甚至高层的建筑物,迅速获得投资回报。当没有完善的法律法规和个人利益保障措施的情况下,一方面会导致贪污贿赂等行为,另一方面就会产生弱势群体的反抗。重庆一对"钉子户"夫妇留守在他们的屋子里与动迁人员对抗,而他们屋子周围已经是一片废墟,最后他们获得了胜利,这张图片也通过网络在全世界传播。

这起事件使城市动迁涉及居民具有了更多的权力,但是并没有使城市在文化和整体上有所提升。

另外,人们对国家历史了解较多,而对地方特色和文化则了解较少。在这个方面,学校和媒体在向公众介绍有关地方文化知识方面相当欠缺。

我记得1999年,有次我在中国沿海最富有的省份之一——浙江省一个重要的中等城市里散步时,看到一些青年人正兴致勃勃地与像我们一样的外国人用英语交谈。青年人说道,老城区的中心刚刚被拆除,电视和学校告诉他们,这是为了开始中国城市所需要的现代化进程。他们的表情是喜悦的,但面对我们的反应时,显得稍有震惊。随之而来的是城市面貌单一化,白色的瓷砖外墙、蓝色或绿色玻璃,或许对他们而言,这就是现代化的标志。

另外,在山西省(目前该省的煤矿比建筑财富更加出名)某个城市,当地历史协会的代表在我们出席一个研讨会时,谈到该市市长建了一座"假的"城墙,以吸引游客和电影人前往(模仿电影《大红灯笼高高挂》的拍摄地),而这个城市原来就拥有非常丰富的遗产和亲切宜人的街区。

最后,业主们(居民中大多数从此之后都成为了业主)从每个城市迅速发展的房地产市场中获得的剩余价值导致了这样一个现象的产生:人们更热衷于咨询股市走向,而不是历史走向。

三、与哪些人对话可以进步?

我们提到,国家机构对文化遗产严重毁坏这个现象非常关注。破坏遗产的行为不仅有对城市原有建筑与纹理的摧毁,还包括以发展旅游为借口新建“古”街区的行为。由于对区域特征和历史的不了解,也由于缺乏交通基础设施以及带薪休假政策(该政策直到90年代中期才出台),可选择的措施并不多。

所以,启蒙教育与专业教育非常重要,能够帮助重新获得历史的连续性,发挥乡村和城市中高品质的文化遗产的作用。正是基于这个观点,同济大学与它的法国伙伴于1998年开始了合作,我们和当时刚在同济大学成立的国家历史文化名城研究中心建立了工作联系。

1982年起,一百多个城市被贴上了“国家历史文化名城”的标签,并从中获益,这些城市需要编制《历史文化名城保护规划》以及相应的法规条例,并需到国务院报批。2003年开始,中国又建立了“中国历史文化名镇、名村”的清单。

我们发现,中国的土地是那么的广阔,可利用的管理手段又非常有限,并缺乏技术人员。2002年,仇保兴问:法国如何避免或拆除差品质的建筑物。国家建筑与城市规划师答:要把培训放到第一位,培养为公共利益服务的专业技术人员,这比采取制裁措施更加有效,而且比寻求法律求助更迅速。

在中国,建筑与城市规划学校的特点是将教学、研究与实践相结合。这个传统始于20世纪50年代末,可以促进学生对研究小组或项目所涉及的未来的工程进行研究。研究工作非常细致,包括景观、历史构成、建筑物、植被绿化、家庭构成、卫生间、厨房的内部设施,等等。研究持续几个星期,由十几位学生共同完成。我们提议,将参与人员集中起来,共同研究一个真实的案例,以便形成一种可以被重复使用并传播到更广的范围的方法论。为此,两名中国研究生前往法国接受特别培训,专家团前往现场与项目研究者与当地领导共同工作,慢慢形成了这个引人注意的项目,不仅在中国获得认可,并在世界文化遗产领域获得国际声誉。

中方教授与实践者在此过程中展现了高超的能力和技术,比如在上海,他们建立了中心城区12片历史文化风貌保护区,共计27平方公里,郊区共33片历史文化风貌区。上海市向同济大学委托这项富有创新意义的项目，在很短的时间内上海得到了非常满意的成果。毕竟，面对如此大规模和快速的拆除行为，在城市技术人员与大学研究人员之间展开的是一场不平等的战斗。

可以看到，合作开始对精英、教授以及教授们优秀的研究生的培养无疑是基础的，但是如果这个培养没有推广，那么优先的人才要应对这么大国家的需求是远远不够的。十年后，同济大学给城市规划与建筑学研究生开设了专业培训课程，在本科教学中增加了文化遗产普及课程。这些课程让学生们对地区历史开始感兴趣，还有地方工艺的应用，并且重新关注那些一直被忽略的乡村。毛泽东时代将年青人送到乡下进行“再教育”的运动并没有提高这些被忽视地方的价值。农村户口受到很多限制，无法获得城市中最有效的服务。给予乡村积极的形象需要真正的理解和工作。当然有小部分人，通常是知识分子，向往乡村的生活，感受奢侈的宁静风景。但是在公共意识中，却并非如此。

四、如何行动：以查济和梁村联合设计为例

我们工作的一个基本目标是对地方领导干部在景观的再利用、遗产的保护以及历史的延续方面进行感化。在这里我们介绍两个案例，这是在两个高等院校之间进行的有关遗产的专门化联合培训工作。这两个学校一个是法国的夏约高等研究中心，另一个是中国的同济大学。其中有建筑师和规划师参加。

在这个联合设计过程中，先由双方的建筑师和规划师在实地调查工作一个多星期，对当地的历史、社会、地理、建设等等进行研究，为后面的再利用、整治甚至某个建筑的加固等方案确定基础。第二年的夏天，中法两边的教授和学生们又聚集在一起共同工作。

两个基地的选择都考虑了不太知名，但具有悠久的历史。工作的目的是在将整个区域作为一个整体看待的基础上如何改善人们生活条件，确定新的发展模式等。这些目标对学生以及对当地的领导干部都是非常有兴趣的。这对那些习惯于城市生活的学生来讲，通过观察和研究，是一个非常重要的了解乡村的过程。

在查济的案例中，其所在地区的领导希望能够进行大规模的旅游发展，从

而吸引更多的旅游者。有个年轻的法国人几年前在查济修复了一个破损严重的老房子,向其客人展现查济的地方文化,通过互联网帮助当地工艺小生意的发展,为避免"弄虚作假"的行为寻求帮助。

选择这个基地作为大学联合设计的基地除了教学以外,还希望能够通过这个活动对老百姓进行教育,对地方甚至地区的领导进行教育。这个目标达到了,一年以后,在这个村子最漂亮的建筑中,我们的联合设计展览开幕了,村民们都来看这些城市人找到了他们所熟知的村落和生活这么多有意思的地方。

接下来在南京举行的第四届"世界城市论坛"之际,查济的展览再次引起重视,查济村的主任也到南京介绍查济的情况,目前,查济村正在寻求各种方法,实施相关的设想。

如何使乡村区域保持活力和生机,是山西省建设厅总工程师的目标之一。山西是中国文化遗产最丰富的省份之一,也是污染最严重,经济最落后的省份之一。

在 1997 年成为世界遗产的平遥古城的郊区参观的时候,中法专家都希望在这个地区进行一个联合设计。而这个愿望立即得到了地方政府的欢迎,于是,三十几位大学研究生和教授们聚到梁村对这个村落进行了从风水、生活和生产、宗教和社会、建筑空间的哲学和技术、贫穷化、空心化等等方面进行了研究。

在我们研究村落如何适应现代生活需求的时候,一个新的问题出现了,这个问题既是地方工艺的问题,又是一个地区文化的问题:如何继续修缮生土建筑,因为生土建筑长期以来在中国如同在西方国家都是落后的象征。如何找回并且理解传统技术,然后应用到今天的实践中,就是在为了保持区域活力而从过去中学习。

区域的发展,遗产的保护和再利用都需要根据现代生活要求对景观和现有建筑进行必要的改变;因此,了解区域的特殊性,品质以及需要改正的错误等都是需要观察和分析的文化要素从而获得新的理念。我引用作家 Fernando Pessoa 的一句话来作为结尾,"真正永恒的新生事物就是人们从传统中学习,并且根据某个目的进行归纳总结,而这是传统所不能的。"

长三角地区经济思想的历史特点

钟祥财(Zhong xiangcai)/上海社会科学院

长三角地区的经济发展能有今天的辉煌，与其自然禀赋和人文传统密不可分。这里气候温湿，适宜人类居住，但面积有限，而且据《禹贡》记载，土地肥力被列为下下等，是国中最差的，搞农业没有绝对优势，经济就有了多样性，因此，在新石器时代的稻作经济中，农业和渔猎是并存的。随之，既迫于生计，又得益于文化交往，工商业发达起来，最早的经商智慧产生于此，就不足为奇了。司马迁在《史记》的《货殖列传》中记录了春秋时越国计然概括的"积著之理"，内容是："务完物，无息币。以物相贸，易腐败而食之货勿留，无敢居贵。论其有余不足，则知贵贱。贵上极则反贱，贱下极则反贵。贵出如粪土，贱取如珠玉。财币欲其行如流水。"这是从商品供求关系的变化来预测商品价格的波动规律，具有一定的直观性，但主张在商业经营活动中掌握时机，争取主动，确实显示出高超的经验积累和判断技能。史称："计然之策七，越用其五而得意。"范蠡则将它运用于私家经营，"十九年之中三致千金"(《史记·货殖列传》)。可见这套理论行之有效。

由于经商传统悠久，人们对市场交换较为熟悉，金融意识也相对普及。北宋沈括曾提出中国历史上最早的货币流通理论，他说："钱利于流借，十室之邑，有钱十万而聚于一人之家，虽百岁，故十万也。贸而迁之，使人飨十万之利，遍于十室，则利百万矣。迁而不止，钱不可胜计。今至小之邑，常平之蓄不减万缗，使流转于天下，何患钱之不多也。"(《续资治通鉴长编》卷二八三，熙宁十年六月壬寅)沈括是杭州人，他批评朝廷用多发货币的做法，显然是基于对江浙一带经济现状的观察。在他看来，金属货币是一种财富，更是一种交换手段，缺乏流通的金属货币，不能使财富增值，更无法发挥促进社会经济发展的作用，所以关键是要让已有的货币活起来，单靠政府增发货币不是消除经济停滞的根本办法。

明代的陆楫是上海松江人，在经济思想史上，他的消费观念是比较独特的。与传统的崇俭禁奢论不同，他说“吾未见奢之足以贫天下也”，即认为高消费并非对社会经济不利，在他看来，节俭仅对个人和家庭有利，从社会考虑则有害：“自一人言之，一人俭则一人或可免于贫。自一家言之，一家俭则一家或可免于贫。至于统论天下之势则不然。”(《蒹葭堂杂著摘抄》)秦汉时期的《管子》最早提出用鼓励富人奢侈消费的途径解决贫民的生计困难，认为“上侈而下靡，而君臣相得，上下相亲，则君臣之财不私藏，然则贫动肢而得食矣”。但这种高消费主张一方面是认为富人奢侈可以增加穷人的谋生手段，因“彼有所损，则此有所益”，能“均天下而富之”。另一方面是让民众效力于统治者，所谓“饮食者，侈乐者也，民之所愿也。足其所欲，赡其所愿，则能用之耳”(《管子·侈靡篇》)。而陆楫则将风俗奢侈看作商品经济得以发展的决定性原因，认为苏杭和上海等地所以繁荣发达，“其大要即在俗奢”，“特以俗甚奢”，有人却只看到那里的市场发达，只看到“市易之利，而不知所以市易者正起于奢”(《蒹葭堂杂著摘抄》)。

众所周知，秦汉大一统局面确定以后，中国古代的经济体制逐步形成了国家主导的特征，特别是以《管子》中的轻重理论为依据的盐铁官营政策实施以后，政府财政的黑洞常常依靠行政驾驭市场的方式获得弥补。但正如傅筑夫所说：“由桑弘羊负责推行的禁榷制度，在中国的商品经济发展史上是一件划时代的大事，因为它给商品经济一个致命的打击，从此把商品经济正常发展的道路完全堵塞了。又由于它在财政上是成功的，给后世历代王朝解决财政困难树立了一个成功的样板，故一直为历代王朝所踵行，并不断地变本加厉，以扩大禁榷的范围和规模”，问题还在于，“有利的工商业收归官营后，私营企业固然是被扼杀了，但是官营企业并没有成功……事实上也不可能成功”(傅筑夫：《中国古代经济史概论》，中国社会科学出版社 1981 年版，第 217—218 页)。不仅如此，后来的统治者每每故伎重演，激起有识之士的抨击。“永嘉学派”是南宋时期在浙东永嘉(今温州)地区形成的学术流派，以提倡事功之学为特色，其主要代表人物叶适反对政府干预经济，这从他对北宋王安石变法的强烈否定可以明显看出。

叶适把王安石列入言利之臣，指出："熙宁新政，重司农之任，更常平之法，排兼并，专敛散，兴利之臣四出候望，而市肆之会，关津之要，微至于小商、贱隶什百之获，皆有以征之。盖财无乏于嘉祐、治平，而言利无甚于熙宁、元丰，其借先王以为说而率上下以利，旷然大变其俗矣。"（《叶适集》第三册，中华书局 1961 年版，第 772 页）"《周官》晚出，而刘歆遽行之，大坏矣；苏绰又坏矣；王安石又坏矣。千四百年更三大坏，而是书所存无几矣。"（《叶适集》第一册，中华书局 1961 年版，第 219 页）"今天下之民，不齐久矣。开阖、敛散、轻重之权不一出于上，而富人大贾分而有之，不知其几千百年也，而遽夺之，可乎？夺之可也，嫉其自利而欲为国利，可乎？呜呼！居今之世，周公固不行是法矣。"（《叶适集》第三册，中华书局 1961 年版，第 659 页）"盖王安石之法，桑弘羊、刘晏之所不道；蔡京之法，又王安石之所不道；而经总制之钱法也，虽吴居厚、蔡京亦羞为之。"（同上书，第 775 页）不仅如此，他还把批评的矛头直接指向管仲："王政之坏久矣，其始出于管仲。管仲非好变先王之法也，以诸侯之资而欲为天子，无辅周之义而欲收天下之功，则其势不得不变先王之法而自为。然而礼义廉耻足以维其国家，出令顺于民心，而信之所在不以利易，是亦何以异于先王之意者！惟其取必于民而不取必于身，求详于法而不求详于道，以利为实，以义为名，人主之行虽若桀、纣，操得其要而伯王可致。此其大较而已。"（同上书，第 705 页）"天下之才，未有过于管仲者也，皆不若仲而已矣；皆不若仲，则皆师其故智而拾其遗说，然其所以使后世廓然大变于三代者，岂其一人之力也？治变而世变，世变而俗成。然则后世之事，有望管仲而不可及者矣，而况于三代乎！若桑弘羊之于汉，直聚敛而已耳，此则管仲、商鞅之所不忍为也。盖至于唐之衰，取民之[利]无所不尽，则又有弘羊之所不忍为者焉。"（同上书，第 706 页）在叶适看来，出于财政目的的抑商政策不仅是有害的，而且是虚伪的是："《书》'懋迁有无化居'，《周》'讥而不征'，《春秋》'通工惠商'：皆以国家之力扶持商贾，流通货币。故子产拒韩宣一环不予；汉高祖始行困辱商人之策；至武帝始有算船告缗之命，极于平准，取天下百货自居之。夫四民交致其用，而后治化兴。抑末厚本，非正论也。

果出于厚本，而抑末虽偏，尚有义，若夺之以自利，何名为抑。”（《习学记言序目》上册，中华书局1977年版，第273—274页）

在中国近代经济的发展中，长三角地区占有举足轻重的地位。促成江浙沪工商业积聚繁荣的原因，除了地理优势、“五方杂处”和历史机遇，经营者的市场经济理念也不容忽视。为什么选择在上海创业？企业家们说：“上海一埠，于全国商务为总汇，于货物流行为先驱，凡一新出品，勿论外货或国货，未有沪市不销而能通销于各地者”（《南洋兄弟烟草公司史料》，上海人民出版社1958年版，第236页）；“上海为万商云集之地，水路交通之区，设厂于是，良有以也”（《刘鸿生企业史料》上，上海人民出版社1981年版，第159页）；“上海是交通、金融中心，经济调度便利，电力没有问题”（《荣毅仁等在荣家企业史料座谈会上的发言》，上海社会科学院经济研究所藏）。

为了开拓市场，上海的企业家一方面切实加强企业管理，另一方面致力于商业道德的提升。就前者而言，美国科学管理之父泰勒的理论最初由上海的“棉纱大王”穆藕初翻译成中文，由中华书局于1916年出版，到1928年前后，随着民族企业经营规模的扩大和管理要求的不断提高，此书开始走红，中华书局在短期内就卖出了三四千部，科学管理理论成为社会各界谈论关注的热点。后来，王云五在商务印书馆推行管理改革，社会影响很大。关于后者，早在20年代初就有人撰文指出：工商业的发展不能仅仅依靠技术进步，“健全之商业”应该做到商业技术和商业道德“二者交相为用”，“以技术为经，道德为纬”，使“商人为文明之传播者”，“舍一切旧习，脱一切羁束，而日就月将”（本刊记者：《商习惯与商业》，《上海总商会月报》第3卷，第12号）。当时在上海开办的商业补习学校也以培育商业道德为宗旨之一，其主持人强调：学校的教学计划和课程安排，不仅要“使青年于公余之暇补习世界商业之知识与技能，且以增长商人之道德而稔知商业之习惯，俾他日肆应有余”（徐可陞：《商业夜校弁言》，《上海总商会月报》第4卷，第10号）。1930年，商务印书馆出版了盛在珦编写的《商业道德》一书，1936年，陈维藩的《商业道德论》问世，同时还有其他专门论述商业道德问题的文章。当时人们关注和讨论的问题主要包括三个方面：首先是商业道德的意义、宗旨、范围及其与法律的关系；其次是商人的个人道德修养；第三是商人与商人、商人与其他社会成员、商人与社会的道德维系。这些议题对规范市场经济的运行无疑具有重要的作用，但由于抗战的爆发，上海等地的经济发展进程被打断了。

抗战胜利以后，民族资本的经营环境不仅没有得到有效的改善，市场经济的运行反而受到越来越严重的干扰，因此，企业家们对当时国民党政府的一些做法表示了不满和疑虑。如荣德生在谈到接收敌伪产业政策时批评说："没收大批敌伪产业，原皆我国人民血汗，被敌攫去，转而向我榨取倾销，作经济侵略之资本，今我一旦获此，洵属可喜，但日本纱厂接收后，全部改成国营，亦是与民争利，以后民营纱厂更将不易为也。"（荣德生：《乐农自订行年纪事续编·1945年》，《申新系统企业史料》（油印本），第6编，第2期，第231页）1948年，荣鸿元进一步揭露道："今日之下，非但国营纱厂不会售给民营，反将民营纱厂逐步进而加以控制，剥夺民营事业的生产竞争权、经营自由权。出品要受控制，厂商谁有兴趣竞争生产？营业剥夺自由，又谁愿意赔蚀血本做笨伯？"（《荣家企业史料》下册，上海人民出版社1980年版，第596页）"我揣想民主立宪的今日，政府一切施政，必能顺应世界潮流，服从民意，决不致刻舟求剑，倒行逆施。然而摆在眼前的事实是怎样呢？外汇管理，进出口管理，金融管理，花纱布管理以及停止工贷等措置，都在经济戡乱适应军事戡乱的大题目下出现了。是否能够行得通？是否会招致严重的后果？却是不顾一切的不予考虑；种种施政，退向万恶的封建路线，我真要替'民主立宪'扼腕！"（同上书，第596—597页）

以上史料表明，长三角地区在社会经济的发展过程中，形成了鲜明的经济思想特点，即对市场机制的信任和对超经济强制的反对。这在中国特定的历史环境中是较为少见和弥足珍贵的。发掘和研究这一经济思想的遗产，对促进长三角地区经济的未来发展，特别是对社会主义市场经济的建立和完善，有着重要的意义和价值。

（本文由韦遨宇译成法文）

试论高速铁路与中国长江三角洲地区新型城市化

汪建丰(Wang Jianfeng)/湖州师范学院

中国高速铁路建设虽然起步较晚,比1964年世界上最早建造的日本东海道新干线要迟四十多年,但发展却非常之快。自2008年第一条真正意义上的高速铁路京津城际高速铁路建成以来,截止到2010年底,中国的高速铁路运营里程达到了8338公里,占世界高速铁路总里程超过30%,高居世界第一。中国目前已成为世界上高速铁路发展最快,系统技术最全,集成能力最强,运营里程最长,运行速度最高,在建规模最大的国家。根据中国2008年调整后的《中长期铁路网规划》:到2020年中国铁路营运里程将达到12万公里以上,其中建成高速铁路1.8万公里以上,加上其他新建铁路和现有线提速铁路,中国铁路快速客运网将达到5万公里以上,将连结全国所有省会城市和50万人口以上的城市,覆盖全国90%以上人口。高速铁路在中国这种令世人惊叹的跨越式发展,必将会广泛而深刻地影响到中国经济社会发展变化的方方面面,本文仅选取长三角地区新型城市化发展这一视角,分析高速铁路与城市化之间的互动关系,探讨高速铁路对推进长三角地区新型城市化发展的重大作用和影响。

一、铁路交通与城市化进程互动发展关系的考察与分析

在经济史上,人类社会的每一次交通运输方式的革命性变革都会深刻地影响城市的发展和空间的演变。德国人文地理学的奠基人之一F·达米尔就曾提出过"交通是促使城市得以形成之力"的著名论断。[①] 不过,在铁路出现以前,

① 许庆斌,荣朝和,马运,等.运输经济学导论[M].北京:中国铁道出版社,2006:13.

由于陆路交通的艰难而且成本高昂，最初的城市往往出现在天然港口附近，以便于利用方便的水运。后来，随着马车作为陆上交通工具被广泛使用，以及航海技术的提高和海洋航运的繁荣，在世界各地的交通枢纽、主要道路节点和沿海港口逐渐形成了大批内陆和沿海城市。

然而，真正启动世界城市化进程的强大动力还是从欧美国家率先发生的工业革命和伴随产生的交通运输革命，正是一浪高过一浪的开凿运河、修筑道路和建设铁路的热潮，催生了一批又一批的近代城市如雨后春笋般地不断涌现。在这个城市化进程中，铁路所起到的推动作用是具有特殊的重大意义的。因为铁路本身带有大规模运输的特点，造成了客货运输量的集中，所以在铁路沿线尤其是铁路枢纽地区迅速产生了许多新兴的工业和工商业城市。而且，铁路还同时给城市带来了结构和规模上的重大变化，当时所有铁路线的交合点往往都集中在城市的中心，从而形成了一种放射状的城市形态，大量的居住在城市郊区的居民可以依靠市郊铁路前往城市中心区域工作上班，这就改变了早期城市通常范围小而人口密度大的模式，使城市的空间范围被大幅度地扩展了。由于铁路的发展而引起的城市空间扩展和城市人口疏散的趋势，进入20世纪以后，被迅速普及的汽车和现代公路系统，特别是二次大战后出现的高速公路和航空运输以更大的可能性和灵活性得到了凸显和加速。

中国长三角地区从广义上讲，一般包括江苏、浙江和上海两省一市，从狭义上讲是指长江入海口形成的三角洲地区，包括上海市和江苏的8个、浙江的7个城市。从中国长三角地区城市的分布情况来看，上述传统和近现代交通运输方式影响的印记也十分明显。长三角地区的大小城市主要是沿着长江、太湖和大运河三大水系形成分布的，沿这三大水系形成了长三角地区的主要城市，并聚集了长三角地区大部分城市的非农业人口，而在沪宁、沪杭、杭甬和杭宁等重要铁路和公路交通干线以及其附近地区则分布了整个长三角地区85%的中心城市、50%的地级城市和47%的县级城市，聚集了整个长三角地区95%左右的中心城市的市区总人口和非农业人口、80%多地级城市的非农业人口和近76%的县级城市的非农业人口。①

---

① 长三角联合研究中心. 长三角年鉴2008年[M]. 南京：河海大学出版社，2008：780—788.

铁路交通与城市化进程之间存在着互动作用的关系。一方面，铁路的建设和发展催生了城市数量的增加和城市规模的扩张，也牵引着城市空间拓展的方向，密切了城市间的联系，支撑了区域经济发展，为城市化进程注入了新的活力；另一方面，城市化的快速推进所带来的人流、物流的大量增加，城市数量和规模的不断扩张，也为铁路的建设和发展提供了强有力的动力。不过，城市化推进对铁路建设和发展的需求有一个逐渐积累的过程。随着这种需求"积累"的进一步扩大，它就会突破传统的铁路交通运输系统的极限，促使新的铁路系统即高速铁路的产生和发展。世界上最早建造的日本东海道新干线就是适应城市化进程和城市群发展的需求而出现的。这条高速铁路串联了东京、横滨、名古屋、大阪等城市，将它们纳入了东京都市圈。高速铁路成为解决大通道上大量旅客快速运送问题的最有效途径。原来普通铁路列车需要 18 个小时的路程，而新干线只需 2 个小时就能到达，从而使得城市之间的人员流动变得更加方便和频繁。继日本之后，法国是又一个高速铁路成熟发达的国家，通过多条高速铁路，把地中海和大西洋沿岸的诸多城市包含进了 TGV 网络之中。日本的东海道新干线和法国的 TGV 东南线的运营，在技术、商业以及社会效益上都获得了极大的成功。特别是日本的东海道新干线成为日本经济发展的重要带动力，被誉为日本战后复兴的标志之一。

中国长三角地区高速铁路的建设也是在该地区经济社会发展需求与运能约束的双重压力下应运而生的。长三角地区是中国城市和人口分布最为稠密的地区之一，虽然区域内水陆空综合交通运输体系日臻完善，但相对而言，铁路交通运输发展缓慢，铁路交通运输多年来一直处于超负荷、低水平的状态。以浙江省为例，在高速铁路建成开通之前，全省只有 1200 多公里的铁路，每百万人只有 25.4 公里的铁路，每人只有 2.54 厘米，不到全国平均水平的一半，[①]与这个经济大省及其快速发展极不适应。而高速铁路是解决大通道上大量旅客快速运送问题的最有效途径，它可以把运力从客货混跑中解放出来，实现客货分离运输。所以，建设高速铁路就成为长三角地区完善综合交通运输结构体

---

① 张鑫曦. 沪杭高铁与"一小时经济圈"社会经济效应分析[J]. 中国储运，2010(2)：81—82.

系，适应经济社会发展和城市化进程迫切需要的关键所在。

二、中国长三角地区新型城市化的缘起与推进

库兹涅茨等经济学家及大多数的人口学家认为：城市化是由工业化引起的，伴随着工业化发展过程而产生的一种空间地域人口分布不断由农村向城市集中的过程。城市是现代文明的标志之一，是经济、政治、科技、文化、教育的中心，是社会先进生产力体现的平台，集中体现一个国家或地区的综合实力、政府的管理能力和市场的竞争能力。所以，城市化一直被认为是衡量一个国家或地区经济社会发展程度和民众生活质量水平的重大指标。

目前，中国正在经历着世界上规模最大、速度最快的城市化进程。自改革开放以来，与中国一直保持年均9%以上的经济增长率相伴随的是，中国的城市化水平也以年均接近1个百分点的幅度在递增。从1978年的19.72%增至2009年的46.59%。① 中国的城镇人口在20世纪80年代年均增加1000万人以上，到90年代年均增加到1500万人以上，进入21世纪年均增加更接近2000万人。与此同时，全国城市建成区面积在20世纪90年代（1990—2000年）年均扩大938平方公里，进入21世纪后（2000—2007年）则年均扩大至1861平方公里，几乎增加了1倍。② 根据联合国2010年3月公布的《世界城市化展望》（2009年修正版）报告，目前全球超过50万人口的城市中有1/4在中国。而且，中国的城市化进程还将持续加速发展，许多国外学者都将"中国的城市化"与"美国的高科技"并列为影响21世纪人类发展进程的两大关键因素。③

长三角地区是中国经济社会发展水平最高的地区之一，它以仅占全国1.1%的国土面积承载了6.3%的人口（不含外来人口：实际应接近10%），集聚了49.2%的国际资本，创造了18.6%的GDP、21.1%的财政收入和37%的外贸

① 潘家华，魏后凯. 2010城市蓝皮书：中国城市发展报告No. 3[M]. 北京：社会科学文献出版社，2010：1.

② 潘家华，牛凤瑞，魏后凯. 2009城市蓝皮书：中国城市发展报告No. 2[M]. 北京：社会科学文献出版社，2009：31—34.

③ 牛文元. 2009年中国新型城市化报告[M]. 北京：科学出版社，2009：64.

出口。与之相应的是，长三角地区有一个显著的特点：就是人口密集，城市密集，城镇密集，其人口密度和城镇密度是全国平均密度的10倍左右，平均每百万平方公里约分布有130多个城镇，其城市化程度也是全国最高的地区。据统计，2008年上海市户籍人口中农业人口比重只有12.54%，非农业人口比重达到87.46%，江苏和浙江两省的城市化率分别是54.32%和57.63%，高于全国平均水平10个百分点左右。①

从长三角地区城市规模等级来看，其市辖区人口超过200万的特大城市有5座，100万—200万人口的大城市有19座，50万—100万人口的大城市有23座，20万—50万人口的中等城市有4座。

但是，长三角地区快速发展的城市化进程也日益明显地受到诸多影响可持续发展的"瓶颈"约束。首先，长三角地区两省一市的行政区界横亘其间，行政色彩非常明显，而其行政区划背后的行政壁垒和地方保护主义非常突出。在现行体制下，很大程度上只能依靠市场的力量来突破行政区划的束缚，而这种区域经济一体化的努力会受到传统体制的严重阻碍。其二，长三角地区的许多城市，其人口、环境的承载能力以及资源和空间开发都已接近临界状态，传统的"高投入、高能耗、高污染"的粗放型的城市化发展模式已难以为继。以江苏省为例，2000—2005年全省新增建设用地3255.7万 m^2，已有14个县(市)人均耕地面积低于联合国粮农组织确定的533 m^2 的警戒线。同期，全省环境质量指数下降值为9.4，13个省辖市变化值在－9.2—2.5之间，2005年，全省的污水排放总量为51.9亿吨，比2000年增加17亿吨，全省工业废水排放总量为20196.6亿 m^3，比2000年增加11118.4亿 m^3。全省烟尘排放总量为45.2万吨，比2000年增加5.6万吨。② 其三，长三角地区许多城市在发展过程中并未全面准确地把握城市的功能，往往只重视物的发展，而忽视"以人为本"，对居民收入、住房条件、工作生活服务设施、教育程度、社会安全、福利水平等社会问题关注不多。统计资料表明，2008年上海市人均居住面积只有16.9 m^2，江苏、浙

① 长三角联合研究中心. 长三角年鉴2009年[M]. 南京：河海大学出版社，2009：754—760.

② 江苏省统计局. 江苏省统计年鉴(2001—2006年)[M]. 北京：中国统计出版社，2001—2006，相关数据汇总而成.

江两省分别是 32.4 m^2 和 34.33 m^2，①大量的农民工难于融入城市，处于被边缘化的境地，贫富悬殊仍在加剧。

正是长三角地区城市化进程中出现的诸多问题及其“瓶颈”约束，促使其城市化发展模式发生根本性的转型，从原先更多地注重城市数量的增加和规模的扩张转向更多地注重城市发展的质量、城市功能的提升和城市间内在关系的改善，走一条“资源节约、环境友好、经济高效、社会和谐、大中小城市和小城镇协调发展、城乡互促共进”的新型城市化发展道路。②

长三角地区新型城市化道路的应有之义至少包含三个方面：一是长三角地区城市的集约发展，就是要完善城市功能，提升城市内涵：一方面要更加明确各自城市的发展定位，发挥自身的特色优势，不断增强城市的凝聚力和吸引力；另一方面要加快基础设施建设，积极推进产业升级，不断提高城市的竞争力和融合度，以此推进和深化长三角地区经济社会一体化的进程。二是长三角地区城市的统筹发展，就是要统筹城乡经济社会发展，优化人口生产力布局：一方面要促进城市基础设施向农村辐射，建立健全以城带乡、以工促农的长效机制；另一方面要按照“人与自然协调发展”的要求加强各类规划的衔接和协调，努力实现城乡和土地等空间规划的“无缝对接”，以此促进和实现长三角地区城乡一体化的发展目标。三是长三角地区城市的和谐发展，就是要完善城市的社会管理，提高城市的生活品质：一方面，要坚持“以人为本”，不断改善居民的工作和生活条件，增加就业机会和财富收入水平，建立宜居宜业城市，提升城市居民素质，增强城市发展活力；另一方面要更新城市管理理念，完善城市管理体制，提高社会管理能力，建设“资源节约、环境友好”的生态城市，从而充分体现上海世博会倡导的“更好的城市，更好的生活”的城市发展宗旨。

三、高速铁路对中国长三角地区新型城市化进程的作用与影响

长三角地区的高速铁路是中国未来高速铁路网络的重要组成部分，是其三

---

① 长三角联合研究中心. 长三角年鉴 2009 年[M]. 南京：河海大学出版社，2009：756.

② 柳博隽. 科学发展和新型城市化[J]. 浙江经济，2006(16)：26.

大系统(环渤海地区、长三角地区和珠三角地区)之一。这一地区已建、在建和拟建的高速铁路包括上海—南京、上海—杭州、杭州—南京、杭州—宁波、宁波—温州、杭州—金华等多条客运专线和城际轨道客运系统,不难想象,这一全新的高速铁路网一旦全部建成并投入运营,必将会对长三角地区新型城市化进程产生广泛而又深远的影响。

1. 高速铁路有助于长三角地区形成"同城效应",加快经济一体化

从理论上讲,区域经济一体化的前提条件是交通基础设施一体化,根据交通经济学原理,生产要素资源的流动半径在很大程度上取决于交通条件,并不完全取决于其地理空间位置上的距离,时间距离可能更为重要。高速铁路所具有的快速便捷的优势,可以大大缩短时空距离。同时,由于高速铁路实行客货分离,普通铁路的货运能力可得到很大解放,从而有利于加快要素资源在各地间的合理流动,优化要素资源在空间上的有效配置。从高速铁路发展的历史来看,日本新干线对于日本太平洋沿岸城市群的形成、欧洲高速铁路对于欧洲经济一体化的推进都起到了重要的积极作用。

长三角地区伴随着高速铁路网的相继建成和投入运营,将使这一地区的铁路运输体系更加完善,加上高速公路网络和航运、空运等多种运输方式,已经在区域内形成了城市之间和城乡之间便捷畅通的交通基础设施一体化格局。这种交通基础设施一体化的外部性所引起的时空距离的缩短,就在长三角地区日益明显地出现了"同城化效应",各个城市的行政边界日趋模糊,一个城市的基础设施和服务功能越来越多地被其他城市分享,一个城市的人流、物流、信息流、商务流越来越突破传统的行政区域界限,在更广的城市群区域内流动、配置,由此推动城市群内部产业、就业、人口居住和城镇在空间上的结构重整,形成一个紧密联系、共存共荣的城市群或大都市经济体,大大加速城市群内部区域经济一体化进程。

在长三角地区,高速铁路和城际轨道交通的发展将为城市群内部跨城市通勤就业创造了便捷条件,促使劳动力市场真正走向区域一体化。而且,高速铁路和城际轨道交通的发展也有助于在长三角地区的大城市与周边城市之间形成以价值链为导向的产业链分工,突破原有行政区划局限,共享不同城市的资源比较优势。例如:上海的一些企业和产业园区在苏通大桥和跨海跨江工程建成后，为突破上海的商务成本瓶颈，就积极推动产业的跨空间转移。[①] 此外，随着长三角地区政府间体制、机制层面合作的愈益紧密，管理的同城化也将大大加快区域一体化的真正形成。

2. 高速铁路有助于长三角地区完善城镇体系、统筹城乡关系

学术界在对美国芝加哥和洛杉矶两个城市进行个案分析的基础上，分别推衍出城市布局理论的芝加哥学派和洛杉矶学派，他们把以集中发展为主要特征的工业化城市芝加哥作为传统城市化的典型，而把相对分散和多中心格局的、以服务业见长的洛杉矶作为新型城市化的代表。但其实这两种模式只不过是美国城市化进程中的不同阶段而已。在城市化发展过程中，都市圈是一定发展阶段的产物，是效率相对较高的一种城镇空间组织形式。在都市圈形成初期，"极化"作用占据主要地位，进入成长期后，中心城市由向心集中逐步转为外向扩展，人口和产业逐步开始向外围转移，周边城市不断发展，都市圈的城镇体系出现等级序列，除了中心城市，还出现了副中心城市等，其空间格局从"核心—边缘"结构逐步走向"中心—圈层"结构。

在长三角地区的城镇体系等级层次中已经呈现出小城镇—中等城市—大城市—特大城市—都市圈—城市带六级层级结构的特征，[②]目前正处于城市网络结构塑造和集群发展的关键时期。而高速铁路网的建设和运营将会使得长三角城市群主副中心相结合，并有多轴相连通的网络化特征日益显现，以上海为中心城市，以南京、杭州（和宁波）为副中心城市，以上海—苏州—无锡—南京为西翼发展轴，以上海—嘉兴—杭州—宁波为南翼发展轴，以南京—南通为北翼发展轴，此外，沿海发展轴、南京—湖州—杭州发展轴和杭州—金华—衢州发展轴等新的发展轴线也正在孕育形成之中。这些发展轴线是长三角地区产业和城市集中分布的主要轴线，是生产力分布的重要轴线。而这些发展轴线完全与长三角地区高速铁路线相吻合，正是在高速铁路网的串联下，以上海大都市圈为核心，包括南京都市圈、苏锡常都市圈、通泰杨都市圈和杭嘉湖都市圈、宁

---

① 王振. 长三角地区的同城化趋势及其对上海的影响[J]. 中国发展，2010(4)：101—109.

② 沈玉芳，刘曙华. 长三角地区城市化发展的态势与城镇组织模式的特征和趋势[J]. 地域研究与开发，2009(3)：47—50.

绍舟都市圈、温台都市圈等在内的各个都市圈紧密相连，相互影响，相互作用，一个由不同层次、不同类型的大中小都市圈组成的区域格局也正在形成之中。

在长三角地区的城镇体系中，小城镇是十分重要的一个环节，它是联结城乡的重要桥梁和纽带，既有作为都市圈中的城镇功能，又有农村的集聚中心的功能，在新型城市化背景下它成为城市与城市、城市与农村之间的重要节点。根据新型城市化的理念，城市发展的最高境界和最佳形态，应该是城乡一体、城乡融合，城市化应当是推动农村发展的城市化，不仅使农村人口转化为城市人口，更要使其生存条件、生活方式、生活质量实现城市化。在这方面，高速铁路主要通过发展其铁路沿线带状节点式地域来体现其积极作用。高速铁路的建设和运营在加速形成大城市连绵带的同时，充分发挥各个沿线节点城市的集聚辐射功能，带动周边城镇的集聚，促进城乡间的统筹发展。由于很多被确定造址的高速铁路场站往往都在城市外围地区，即城乡结合部未被充分开发的区段，高速铁路的建设和运营，为这些地区的发展创造了较好的条件和机遇。这些地区经过统一的规划建设，合理的开发利用，很快成为城市的对外窗口、新的经济增长区和沟通城乡的重要节点。

3. 高速铁路有助于长三角地区改善城市生态环境，提升居民生活品质

长三角地区新型城市化的根本要义是必须“以人为本”。新型城市化不仅仅是城市人口比重不断提高的过程，更应该是产业结构转型升级，城市环境日趋改善，居民生活愈益富裕，消费水平不断提高，人的整体素质日益提高，城市文明不断发展，并向广大农村渗透和传播，使农村人口城市化与城市现代化相统一的过程。

在以改善民生为根本目的的新型城市化进程中，高速铁路的贡献在于它为人们提供了更好的出行方式、更优的生活环境和更多的致富机会。

高速铁路作为一种新兴的交通运输方式，与其他常规方式相比，具有便捷高效、安全正点等比较优势。在运输能力方面，时速350公里的高速列车的载客量是时速120公里的公路大客车的4.6倍，根据日本在东海道新干线的统计分析结果，高速铁路的运能约是公路的5倍，是航空的10倍。在500公里运距范围内，高速列车的运行速度是公路大客车的3倍，在1000公里左右的运距范围内，其速度与飞机大致相当。而且，高速铁路具有较强的环境适应性，一般不受气候变化的影响，以中国已经通车运营的京津、武广两条高速铁路为例，其正点率分别达到98%和96.5%。一项高速铁路对区域可达性影响的专题研究结果表明：作为客运专线，高速铁路在改善和提高地区可达性方面的效果是非常显著的，与非高速铁路沿线的城市相比，无论是在旅行时间指标，还是经济潜力指标，高速铁路沿线城市的得分变化十分明显。①

高速铁路在节省土地和节约能源、保护生态环境方面也有明显优势。一般高速铁路的占地是高速公路的1/3，一条500公里的高速铁路的用地相当于一个大型机场，而且采用"以桥带路"的高速铁路建设每公里又可减少用地约45亩。根据国外对能耗和污染所做的一项分析，高速铁路和小轿车、大客车、飞机的能耗分别是1∶5.5∶2∶5.6，实现电气化的高速铁路的二氧化碳排放约是公路的1/4，航空的1/5。② 对生活在城市的人们来说，选择高速铁路作为出行方式，不仅可以摆脱乘驾汽车所面临的交通堵塞或事故的困扰，而且可以缓解城市环境问题。

高速铁路的建设和运营还会刺激相关产业的发展，促进产业结构的调整优化，为城乡居民增加更多的就业机会和财富收入。高速铁路也能成为市场经济以及宏观调控的有利工具，它使各种要素资源大运量送达目的地，加速要素资源的合理配置、信息技术的快速交流，从而均衡各地的经济发展，有利于缩小发达地区与落后地区的经济差距。

总之，高速铁路的建设和发展有利于长三角地区新型城市化的进程。同样地，高速铁路的建设和发展也应该遵循新型城市化的发展要求，要充分发挥高速铁路建设和发展中产生的正外部效应，避免和抑制可能带来的负外部效应，使高速铁路能够最大限度地造福于广大民众。

（本文由韦遨宇译成法文）

---

① 罗鹏飞，徐逸伦，张楠楠. 高速铁路对区域可达性的影响研究[J]. 经济地理，2004(5)：407—411.

② 张曙光. 中国高速铁路与城市化发展[J]. 未来城市，2010(3)：264—270.

北京的新定位与城市发展的思考

端木美(Duanmu Mei)/中国社会科学院

北京经历了三千多年的历史发展和变迁,从一个古人类居住点-地方城镇-邦国都会-五朝都城-历史文化名城-国家政治文化中心,不断变化着它的面貌,一步步展现在不同历史时期它的不同定位。在全球化势不可挡地推进之时,在世界格局发生根本性变化之际,一个源自远古的历史和文化传统积淀甚深的城市的全新定位以及呈现给世界的新容颜一定是世人关注的焦点。这个文化建筑遗产丰富的城市的价值何在?我们将继承什么?我们将为后人留下什么?身在北京,尽管本人研究方向为外国历史,但是对于这样与北京的新定位与城市发展有关的问题,也提出了个人粗浅的看法,与更多同行磋商。

一、古老北京历史定位之变迁

今天的北京是举世闻名的中国首都,且不说从考古挖掘看北京古人类遗迹的周口店,就从有文字记载的历史看,它经历了三千多年的历史发展和变迁,这块从古老的传说黄帝及其子孙起就称为"幽陵""幽都"之地,从商、周时期古燕国的小都城蓟城到秦朝(前350—前206)时扩大成统一后的三十六郡之一的广阳郡治所。八百多年后它的地位逐渐重要,隋朝(581—618)时成为涿郡治所,唐朝(618—907)正式称为幽州。公元10世纪北方的辽朝则以此城为陪都,称南京,又叫燕京。金朝则在1153年迁都于此,称为中都,13世纪元朝则在中都郊外建立新城号称大都,历史上北成为京真正的国都应该从此开始。1368年(洪武元年),明朝军队攻入大都,把大都改称北平府,1403年(永乐元年)称北京,经过多年准备改建,1421年明成祖从南京正式迁都北京。由此开始真正的全国政治中心的历史。1644 年明朝灭亡，清朝仍然定都北京直到 1911 年退出历史舞台。史称北京五朝都城。显然，北京作为都城的历史甚为悠远。尽管如此，北京的历史发展是动态的，不仅是城址、城垣、名称发生多次变动，导致城市总体面貌改观，而且城市功能也随着时代而发生变化。

从大量考古挖掘看到最初北京先民在这块土地上农耕畜牧，显示最初这里是普通民居聚散之地。但是在今日北京房山一带留存大量西周（前 841—前 225）古燕国宫殿建筑、贵族居所、民居市场的遗址遗物，则显示当时这里已经成为有主有民的重镇。也显示当时建筑、农业、畜牧业、手工业（青铜冶炼、冶铁、制陶、纺织等）、商业都已经相当发达。在今天首都博物馆展示的不同时期的考古挖掘成果证明从西周起这里已经是北方政治经济文化中心。而且这些物品的风格形状色彩已经体现出不同时期南北文化在这里汇合交融。我们并非要详述北京的历史，但是我们寻觅远古起北京留下的印迹，追溯它的历史变迁，领悟到它作为古老的都城的价值，才能更好把握它的历史、今天和未来的功能定位发展方向。应该说，自 20 世纪初以来历经多次城头变换大王旗的命运之后，北京在历史的记载中，直至 20 世纪七八十年代，其城市定位一直很传统，即这座富有历史文化内涵的古老的北方城市无可争议地是我国的政治经济文化中心，是历史文化名城。

北京的全部历史就写在它的变化之中。今天的北京应该就是历史上的北京的延续和发展。在 1911 年辛亥革命推翻帝制后，最后一个封建王朝的帝都北京经历了军阀混战、抗日战争、内战年代，可谓伤痕累累。但是皇城京师的气派、四合院胡同的风情依然是北京的基调。不同的时期，北京都有基本达成共识的定位，都有一批坚持保护北京历史文化遗产的守望者。就在抗日战争一结束，当时称为北平的市政府就开始都市计划研究，并在 1946 年完成《北平都市计划大纲》，明确保存故都风貌。1947 年北平市都市计划委员会成立，娶了一位法国太太的市长何思源先生确定城市规划编制中的原则是“表面要北平化，内部要现代化”①。这是保持古都历史风貌并使之发展新生的精辟理念。另一位

---

① 王军著：《城记》，三联书店，北京，2003 年，第 45—47 页。

著名建筑学家梁思成也是北京历史文化遗产的坚定守护者。他在 1948 年写的文章“北平的文物必须整理与保存”中谈及文物保护的迫切性，并指出“北平市之整个建筑部署，无论是从都市计划、历史、或艺术的观点上看，都是世界上罕见的瑰宝”，“它同时也是今日仍然活着的一个大都市，它尚有一个活着的都市问题需要继续不断地解决”①。可惜内战使得何思源先生的设计没有能够实现，梁思成先生随后的解决北京古都保护与发展的梦想也破灭。

应该指出，国共内战决战烽烟中，北京城得以保住金身，实际上也多亏国共双方对古城保护的强烈意识。中共方面时任华北军区司令员的聂荣臻将军早年留学法国和比利时，高度重视北平的命运，他建议和平解放北平，认为“我们应该努力争取和平解放北平，使北平这个文化古都免遭战祸的破坏，使人民的财产免遭损失”②。解放军甚至派人夜访梁思成教授，“请他在军用地图上标出重要的古建筑，并画出禁止炮击地区”③。与此同时，在北平的社会各界名流，也频频呼吁和平解放北平以保护这座文化名城。康有为之女康同璧起草的一份北平妇女的宣言中指出：“历史告诉吾人，北平是聚有四朝的文物，万国的精华，为千年文化的古都，又是世界第五名城，其地位之重要可想而知矣。”“吾人有此名城，而不亟求保全，将何以对后生乎。”④此外，像画家徐悲鸿、历史学家杨人緶等都在劝说呼吁中发挥作用。驻守北平的国民党傅作义将军深明大义，在 1949 年 1 月 20 日接受了和平解放北平的条件，以最小的代价保存了北平的珍贵人类文化遗产。

二、今日北京面容嬗变之缘由

20 世纪 50 年代是北京发生重大变化的开端。实际上，早在建国之初北京旧城就被国务院宣布为第一批中国历史文化名城要受到保护。考古证明，北京旧城区布局是中国元代起的最早的城市规划布局，经元明清三朝按照传统政治

---

① 王军著：《城记》，第 54 页。

② 《聂荣臻回忆录》，解放军出版社，1984 年，第 443 页。

③ 《北京史》（增订版），北京出版社，1999 年，第 443 页。

④ 王军：《城记》，第 60 页。

中心的理念所进行的城市规划扩建而完成的一座伟大的东方城市的发展史，在世界上也是少有的。这一点得到中外专家们的高度认可，被认为是："北京旧城不但是亚洲（中国）城市模式典型的实例，也是尚保存于现代城市中继续使用大面积古代城市街道规划的孤例，它在世界文化遗产上的价值，没有第二座城市可以与它相比。"①对于这样一座历史悠久，文化灿烂的古城，应该如何发展，政府和许多有识之士在几十年间都发表过许多意见。既有坚持保护的一派，也有反对保护的一派。在此，很难一一赘述。

从政府层面上看，从北平和平解放之后很快就北平的发展召开两次专家座谈会，并在5月成立北平都市建设计划委员会，当时的北平市副市长张友渔对北京的定位与发展的建议："在保持被评为文化中心、政治中心及其历史古迹和游览型的原则下，把这个古老的封建的城市变为一个近代化的生产城市。"实际上这是毛泽东1949年在河北西柏坡就全国城市而言的指示："将消费的城市变成生产的城市。"②以梁思成为首的专家们对这样的意见提出异议，特别是不同意用于北京。然而，请来的苏联专家们却按照莫斯科的经验提出：北京需要工业建设，以天安门广场为中心建设首都行政中心等等。事实证明，在这样的指导思想的推动下，北京的城市建设在缺少水和其他生产资源的情况下过度发展工业，成效很差，污染严重；先生产后生活的思想使得北京住宅问题长期无法解决，人民生活受到影响；行政中心的建立最终导致旧城区被置于难以统一保护的地步。直至1980年4月中共中央才在关于首都建设方针的指示中提出北京不一定要成为经济中心。1982年提出、1983年7月公布的关于《北京城市建设总体计划方案》中再次明确北京是"全国的政治和文化中心"，"今后不再发展重工业"，而且只在这个方案中才提出"在今后相当时期内，要扩大住宅和生活服务设施的建设"③。此后北京住宅建设的旧债在高速发展中推进，各城区计划不一，实际上也与北京保存古城风貌的愿望相左。

专家们对此看法几十年都分歧甚大，赞同派就不多说了。以梁思成教授为

---

① 徐蘋芳：《论北京旧城街道的规划及其保护》，法国远东学院北京中心编印，2002年6月，第8页。

② 王军：《城记》，第66页。

③ 王军：《城记》，第69、85页。

首的保护派对上述的意见不断提出不同建议，要求保护历史名城，在郊区开建新城区、离开老城区设置行政中心区等等。最终留学英国的梁思成与同为英国留学生的城市规划专家陈占祥教授不敌苏联专家以及国内某些主张老城区为行政中心区的同行，梁陈的“大北京”方案成为了历史的遗憾。

此后，特别是改革开放后，继 1983 年之后，十几年中国务院、北京市在不同时期都出台北京城市总体规划不同修订本，对北京历史文化名城的保护都有指示，而这期间争议也是不断，北京市整体保护还是局部分片保护的争议特别激烈。2000 年 7 月起编制的《北京旧城 25 片历史文化保护区保护规划》把北京的保护划分了清楚的界线。但是专家们对此不能完全认同，有的指出，保护历史文化名城“并不是什么都不能动，重要的是保护好城市的整体历史布局和格局风格”。[①] “老城区是一个整体，简单地划出保护区和非保护区并不能真正解决北京作为一个重要的历史文化城市的保护问题。在老城区的保护中应当用城市更新的概念取代旧城改造的概念。”[②]

诚然，改革开放三十余年来，北京认真落实国务院批复的北京城市总体规划，加大经济结构调整力度，推动首钢等一批大型企业搬迁改造和关停并转，生产性服务业、文化创意产业、高新技术产业、都市型现代农业快速发展。落实区县功能定位，努力实现城乡一体化做了大量的工作，通过举办 2008 年奥运会，赋予北京新面貌和内涵也是国内外有目共睹的。从城市面貌上看，北京的变化非常之大，但也可谓毁誉参半。

从 20 世纪 90 年代起，大规模的北京旧城改造在国内的反弹与在世界上的反弹同样令人惊异。一方面人们看到色彩日渐绚丽、大厦高楼林立的全新北京出现；另一方面，那些带着过去时光斑驳痕迹的四合院，或幽静或喧嚣的胡同成片成片地从我们视线中消失，有人不禁会问：这还是北京吗？这不是怀旧，这是一个深刻的问题。

不可否认，北京已经走向世界，正在国际舞台上扮演重要的角色。城市功

---

① 中国建设报记者赵璋访问文物界知名专家谢辰生先生文章，《华人》杂志，2002 年 3 月号，第 34 页。

② 吕舟：《北京最宝贵的资源是历史文化资源》，《华人》杂志，同上期，第 37 页。

能迅速转化，对一座古老的华北都城，它在全球化潮流中实现华丽转身是势在必然。但是要短短的三十年承载三千多年历史的责任令人遗憾和感叹的地方也在所难免。它从一个闭关锁国的政治文化中心迈向着国门开放、经济发展的大国首都、再准备成为世界城市、国际大都市，应该说道路是很漫长的。在为未来作准备的过程中，北京如何坚守中国特色同时向国际水准看齐，这是对所有愿以科学发展态度推进国际化的人们的考验。

三、未来的北京：从大国首都到世界城市

纵观北京的发展，大家热议的从中华民族的历史文化名城向国际现代化都市、“有中国特色的世界城市”①发展的话题，实际上是一个古老的不可复制的历史文明的象征符号在全球化、城市化浪潮中努力寻找可以链接自身引世人瞩目的辉煌过去和不可预知的未来的支撑点的一个彷徨的过程。历史为北京留下的最宝贵财富便是人们常说的古都风貌。当城墙城楼胡同四合院这些老北京特有的历史符号逐步消失，人们应该意识到古都风貌也就离我们越来越远。如果我们的北京要带着鲜明的中国特色跻身世界大都市行列，那么现在保护古都风貌就是迫在眉睫的任务了。

然而，正是这个举世无双的承载古代灿烂文化的城市，除了皇城故宫被完整保留下来，被联合国教科文组织承认是世界文化遗产外，整座在世界古代城市规划史上具有很高价值的古城，却因为已经无法整体保存下来而不能在世界文化遗产名录中占一席之地，这不能不说是中国文化的巨大损失。面对无可挽回的过去，显然为时已晚，但是如果向前看，我认为依然可以思考如下的问题：

（1）根据时代变化而对北京实施改造扩建的决策过程中是否对北京在古代城市规划、城市建筑史上的地位有足够的认识？特别是对于最具中国传统特色的宝贵历史文化遗产的不可再生性是否有足够的认识？在这种事关前人今人后人的共同财富的保护的共同责任中，是否应该有真正的权威能站在历史的

① 中共北京市委关于制定北京市国民经济和社会发展第十二个五年规划的建议（2010 年 11 月 30 日通过），北京日报，2010 年 12 月 6 日。

高度，在旧城改造、名城保护与大都市迅猛发展中寻找到制衡点，以确保几千年的民族共同财产的传承？

(2) 北京的迅速改换容颜是根据历史发展、根据其城市功能的不断变化而来。随着时间的推移，有形的具体的建筑物、房屋园林会受损坏甚至会消失，但是一个城市的基本格局像元大都这样留下胡同、道路、水系等鲜活痕迹，见证古人城市规划和建筑的智慧，这在世界城市规划史上都是独一无二的。今天北京在全球化大潮流中如何定位而确保它在悠久历史上担当的传承发展民族优秀文化的独特地位？又如何在这个与世界多民族交往对话的时代借鉴其他国家民族的优秀文化而不迷失自己？

面向世界和未来时，我们的后代需要一个明确的关于北京的前景的答案。在各方共同努力下、在不断的城市发展的推进中，我们是否会在“十二五”规划中得到满意答案，只有怀着希望拭目以待。

记得早在80年代末90年代初，北京一位生在胡同热爱胡同的翁立先生就出版一本广受欢迎的书《北京的胡同》。他在书中作了很好的调查，指出“明朝北京共有街巷胡同约一千一百七十条，其中直接成为胡同的约有四百五十九条”。“清朝时大约已有街巷胡同二千零七十七条，其中直接成为胡同的约有九百七十八条之多。”到了1944年日本人多田贞一指出北京有“三千二百条胡同”。到了1986年，统计北京各城郊区的街巷胡同村等，平均六千一百零四条(个)，“其中直接成为胡同的约有一千三百一十六条”①。那么今天又如何？据2010年9月9日北京晚报第四版报道：1949年北京旧城胡同有3250条，2003年只剩下1571条，目前划定的33片平房保护区内仅有600多条胡同。当然，报上登的是“市政协提出保护古都风貌5项建议”，不仅涉及胡同，而且也提到“322处室及以上文保单位过半被占用”等。应该说，如果继续下去，北京特色将岌岌可危。因此，在北京提出新的定位方向时，对于在保存古都风貌的同时建设世界城市，无疑是一个巨大的挑战。

最新的消息是，《北京晚报》一篇“古都保护将扩至全市”报道披露了“北京

---

① 翁立：《北京的胡同》，北京燕山出版社，1992年，第10—11页。

历史文化名城'十二五'保护规划"预计于2011年3、4月间出台，将提出"京杭大运河整体保护"、"打造'一轴一线一带多片'历史文化名城发展格局"以及"旧城人口疏散特殊政策"等计划。第二点特别引人注意："'一线'指加强朝阜路沿线历史文化资源的挖掘与整治。'一带'指促进长安街至前三门大街之间带状区域的融合发展和历史文化资源的创新利用。'多片'指每个区县至少选取一个重点项目，比如西郊清代皇家园林历史文化保护区、石景山模式口历史文化保护区、丰台宛平城历史文化保护区以及密云县古北口老城等区域。"[①]显然，新政策将会引起更多的热议讨论，也会为北京的城市发展带来新的影响。

作为中国的首善之区，北京的发展不仅引发国民关注，也是国际社会的聚焦点之一。因此，在北京举办2008年奥运会以及庆祝了2009年共和国六十诞辰之后，2010年在经济高速发展变化的基础上编制北京市发展的十二五规划，显然有深远的历史和现实意义。与此同时，在具有悠久的历史文化传统的中国，一切经济社会发展过程都会带上深刻不可磨灭的历史印迹。这样也要求我们能够尽可能重新思考、认识和理解早在2001年7月时为国务院副总理的温家宝先生在中国市长协会上提出的要求："办事情、作决策要对历史负责、对人民负责、对子孙后代负责。"[②]作为历史学工作者看来，这句话至今仍然意味深长。

（本文由韦遨宇译成法文）

---

① 北京晚报，2010年12月3日第2版。

② 人民日报，2001年7月25日"在中国市长协会第三次代表大会上的讲话"。

近代南京城市化略论

潘兴明(Pan xingming)/华东师范大学

南京位于长江南岸，江南富庶之地。自2400多年前建城以来，作为政治和文化名城享誉海内外，先后在此建都的有东吴、东晋、宋、齐、梁、陈、南唐和明等朝代。历史上先后还有冶城、越城、金陵、秣陵、石头城、建业、建康、白下、上元、升州、江宁、集庆、应天、天京等名称。15世纪明后期，南京发展到历史最大规模，著名的意大利传教士利玛窦(Matteo Ricci)1595年到南京，描述道："在中国人看来，论秀丽和雄伟，这座城市超过世上所有其他城市；而且在这方面，确实很少有其他城市可以与它匹敌或胜过它。它到处都是殿、庙、塔、桥，欧洲简直没有能超过它们的类似建筑。在某些方面，它超过我们的欧洲城市。……此城一度是全国的都城和几百年来古代帝王的驻跸地。尽管由于前面提到的理由已移位北方的北京，但南京没有失掉它的雄壮和名声。"[①]经过两千多年的发展，南京到明代中叶已基本定型，清代则无太大的变化。只是进入近代，特别是1927年中华民国在此建都后，整个南京城市的风貌始发生巨大变化。同时，南京在近代数次遭战火洗劫，尤其是抗战期间发生的"南京大屠杀"，被称为中国的"殉难"之城。

一、政治中心：特有的城市化

近代以来，南京在中国城市中的突出地位主要体现在其政治方面。它由清

---

① 利玛窦，金尼阁：《利玛窦中国札记》，中译本，何高济等，译，北京：中华书局，1983年，第286—287/288页。

代两江的地区政治中心，到太平天国的统治中心，再到民国的全国政治中心；经济上则远没有上海、广州、天津等沿海城市发达。中国在1840年代初的鸦片战争中战败，南京是中英不平等条约——《南京条约》的签署地。但南京作为长江中下游的区域政治中心，是两江总督的驻扎地，所以虽被辟为通商口岸，却并未设立租界迅速西化，反而保留了城乡杂处、低屋窄巷和小桥流水的传统风貌，市中心仍然在城南的秦淮河畔夫子庙和城中的总督府一带。城北除下关一带小块地方外均为农田菜地和荒地。当时城市的具体布局情况为：城东、城中为政治区；城北为军事防御区；城南是手工业区与普通居民住宅区。

辛亥革命成功后，孙中山在南京宣布成立中华民国临时政府。1927年起成为民国都城。民国时期，南京基本上是一个政治都会和消费型城市。南京城市化在民国定都南京后有了较快的发展。以南京人口为例，从19世纪中叶到20世纪20年代后期，人口甚至出现了负增长。1927年南京市人口仅36万人，1934年增加到近80万人，1935年11月才突破百万大关，达到1 013 320人。①

南京市历年人口统计表(1921—1935年)②

年　份	人口数	年　份	人口数
1912	269 000	1924	395 500
1913	269 000	1925	395 900
1914	377 120	1926	395 900
1915	368 800	1927	360 500
1916	378 200	1928	497 526
1917	377 549	1929	540 120
1918	376 291	1930	577 093
1919	392 100	1931	653 948
1920	392 100	1932	659 617
1921	380 200	1933	726 131
1922	380 900	1934	795 955
1923	401 500	1935(9月)	981 087

① 《侵华日军南京大屠杀档案》，南京：江苏古籍出版社，1987年，第706—707页。转引自：赵洪宝："'南京大屠杀'前后的南京人口问题"，《民国档案》，1991年第3期。

② 《南京社会》(调查统计资料专刊)，第85页。

作为一个特殊类别的城市，南京的城市近代化具有自己的显著特色：

第一，政府作用突出。政府积极推动城市化进程，尤其重视城市的脸面，因此南京城市规划和建设是在民国政府的主持下进行的。南京定都后进行了系统的城市规划，先后共有两次：第一次是1928年的“首都大计划”。该规划主要集中在城市分区和道路规划两大方面。在分区规划方面，确定了旧城区、行政区、住宅区、商业区、工业区、学校区和园林区等7个分区，其中行政区与学校区是南京近代规划以来首次增添的新内容。在道路规划方面，拟定了市内主要道路中山大道和子午路的走向和位置，并将道路宽度等级分为：50米、40米、30米、24米。第二次是1929年的《首都计划》。这是中国近代最完备的城市规划，也是一部最能体现南京城市近代化主旨的纲领性文件，由国都设计技术专员办事处负责制订，并聘请美国人基兰(Murphy Henry Killam)和古力治(Ernest Goodrich)为顾问。《首都计划》细分为：中央政治区地点、道路系统之规划、港口计划、首都分区条例草案等28项，拟定紫金山南麓为中央行政区；傅厚岗一带为南京市行政区；明故宫旧址一带为商业区；鼓楼、鸡鸣寺一带为学校区；沿江两岸规划为工业区，另设立住宅区多处。道路系统方面，将城市道路分为干道、次干道、环城大道、林荫大道、内街5种类型，其中林荫大道平均宽度达到100公尺，此外还计划开辟8条市郊公路干线以及铁路干线。南京的城市建设更是政府城市建设的重中之重。首都建设委员会主席是蒋介石，常务委员为孔祥熙、宋子文、孙科、赵戴文，秘书长刘纪文，成员组成中各级政府官员占了大半。而且，城市建设的资金也主要由政府负责解决，中央和地方政府联合筹集的资金份额高达90%以上。① 南京城内的法国梧桐林荫大道是城市的标志之一，受到居民和来访者的称赞。哈佛大学柯伟林(William C. Kirby)教授指出：“南京是中国第一个按照国际标准、采用综合分区规划的城市……如果南京今天可以称作‘中国最漂亮、整洁而且精心规划的城市之一’的话，这得部分归功于国民政府工程师和公用事业官员的不懈努力。”②

---

① 《首都计划》，国都设计技术专员办事处，1929年12月。

② 柯伟林：《中国工程科技发展：建国主义政府1928—1937》，转引自《首都计划》《导读》第1—2页。

第二，文化和教育发达。南京的民国文化在全国历史文化名城中独具特色。南京民国建筑既弘扬了古都风韵，又注入了现代性的理念，它既融合了中西建筑的特色，又参酌了中国南北不同建筑风格，体现了中国建筑文化由传统向现代的转变。最有代表性的是中山东路一带民国时期的政府办公建筑，自西向东有军需部、中央医院、励志社、国民党中央党史史料陈列馆、国民党监察院、中央博物院等。其外型都是中国传统的民族形式或以民族形式为主的，即使是那些采用西式造型的建筑，在重点部位也多施以中国传统的构件装饰和彩绘图案，而其内部的设施则以西式的实用性设计为主，并有分工明确的生活设施和良好的通风采光设备，建筑技术也多采用西方先进的钢筋混凝土。此外，金陵大学和金陵女子大学的建筑也是这类建筑的代表，其中以后者最为完备和突出。南京的现代教育在民国时期有了显著的发展，著名的教育和科学研究机构有中央大学、金陵大学、金陵女子大学和中央研究院等，其中中央大学是国立大学中的佼佼者和南方的最高学府。1928 年，国民政府在南京成立了国立中央研究院，到 1936 年时，该院发展成为拥有物理、化学、天文、气象、地质、心理、历史、语言、工程、社会科学、动植物研究所的大型研究机构。中研院汇集了一大批优秀的科学技术人才，使南京成为中国科学技术的中心。

第三，经济发展水平较低。由于南京的地位是全国政治中心，所以经济并不发达，无论是工业、商业、贸易、航运、陆路交通，均滞后于其他大城市。其经济实力，既不如北方的天津、大连、青岛，更不如南方的上海、广州，甚至逊色于中部的武汉。近代化的核心内容之一是工业化，南京的近代工业肇始于 1865 年（同治四年）由李鸿章创办的金陵机器制造局（今晨光机器厂的前身）。民国期间建立的大企业主要有 1934 年由著名实业家范旭东创办的永利化学工业公司、浦镇机厂（今浦镇车辆厂）、中国水泥厂、江南水泥厂、首都电厂（今下关电厂）和从事猪牛宰杀及蛋品加工的英商和记洋行（今肉类联合加工厂）等。1934 年，南京的工厂和手工作坊总共只有 847 家，工人和手工业者也只有 6456 人，在百万人口的城市中所占比例极小，不到 1%。① 南京市的工业产品主要有面

① 《中国经济志》（南京市），《弁言》，第 2 页。

粉、手工丝织品、砖瓦以及少量的煤炭、机制布匹、绸缎、毛巾、肥皂、洋烛等，全部工业的年营业额为1483万余元。[1] 直到“1949年在全市仅有的888户私营小企业中，30人以上使用129动力的工厂仅36家，占企业总数的4%，其余均为手工业作坊。1948年，全市有人口90万，其中产业工人不足2万人，商业、服务行业从业人员有30万人”[2]。

最后，社会风尚中西合璧。南京与其他通商口岸不同，其政治中心城市的地位决定了西方的影响会受到一定的限制。民风较为传统和保守，与长江下游的其他城市比起来显得不够时尚，甚至有些土气，南京人常常自嘲为“大萝卜”就是明证。但由于孙中山和蒋介石均在日本生活或学习过，而且民国政府与美国等西方国家关系良好，所以西方和日本的影响依然清晰可见。以建筑为例，国民政府的办公楼的外形多为中式的大屋顶结构，内部结构和装潢则以西式为主。而民国官员的外国使领馆及外交官集中居住的颐和路公馆区更是彻头彻尾的西式洋房别墅样式建筑。同时，明城墙保留了下来，旧时皇城的遗风犹在。此外，其中南北方交汇的地理位置和人口移居变动的频繁，造就了十分宽容和大度的城市文化。南京的方言就是历史上南北文化交汇的产物，以北方方言为主，不同于长三角大部分城市通用的吴语，与外界交流起来更加便利。在江南一带城市中，南京的包容性更是超过其他城市。

二、战火之地:城市化的中断

南京的近代城市化的道路尤为曲折，多次遭到重创，为国内城市之罕见。1840年代以来多次受到战火摧残，城市化进程被中断，出现了严重的倒退。这也是造成南京虽然在民国时期贵为国都，而城市化水平一直低于其他主要城市的原因之一。直到1970年代，南京城内依然有不少菜地，与居民楼比邻。陈西滢先生在民国初年大赞南京的那种乡村气息犹存:“我爱南京就在它的城野不分明。你转过一个热闹的市集就看得见青青的田亩，走尽一条街就到了一座小

---

① 《中国经济志》(江宁、当涂、芜湖)，《江苏省江宁县》，第12页。

② 南京市地方志编纂委员会办公室:《南京简志》，南京:江苏古籍出版社，1986年，第313页。

小的山丘，坐在你的小园里就望得见龙蟠的钟山，虎踞的石头。”[①]

南京遭受的战火蹂躏，以晚清和抗战期间的两次最为严重。第一次是太平天国运动。1853 年，从太平军攻占南京城，更名为天京起，直到清军于 1864 年打败太平军，重占南京城为止，一直是战争的中心。南京在战火硝烟中度过了整整十一个年头。城内许多建筑被毁，人口损失更是十分巨大，总人口下降幅度惊人。当时住在金陵南门外西街的士子王杰的记载为：“城中户口，有册可稽者，二三百万生灵，尽遭涂炭。”[②]太平军攻入南京对城内居民，尤其是对守城的八旗及家属大肆杀戮，据陈作霖：《金陵通纪（二）》记载：太平军“屠驻防婴孺无遗，复驱隐匿之妇女出聚宝各门尽于桥上杀之，河水皆赤”[③]。普通市民中除忠于清朝者纷纷自杀外，另遭杀戮者不在少数。《孙亦恬金陵被难记》的记载为：“统计城中之人被戕者、自尽者不下数十万。”[④]《金陵省难纪略》记载与之相似，称：“数百万生灵，城初破死者盖已不下数十万矣。”[⑤]而南京所在的江宁府在 1851 年的人口约为 452.9 万人，1865 年减少到约 108.7 万人，净减少约 344.2 万人，人口减幅竟达 76%。[⑥] 另根据葛剑雄、侯杨方、张根福在《人口与中国的现代：1850 年以来》一书中对太平天国战争中的人口损失的考证，太平天国战争给湖北、江西、安徽、江苏、浙江五省直接造成的死亡人口至少达 5400 万。而就全国范围而言（加上受战争波及的湖南、广西、福建、四川等省），太平天国战争给中国带来的人口损失至少在 1 亿以上，直接造成的过量死亡人口高达 7000 万。[⑦] 这个数字与二战中的死亡人数相比（同盟国 4400 万、轴心国 1100 万，共 5500 万[⑧]），甚至还要高出不少。由于南京的战场中心位置，其人口必受惨重损失无疑。这样，南京城正常的城市生活和工商活动受到毁灭性打击，一时间陷

---

① 陈西滢：《西滢闲话》，上海：新月书店，1928 年。

② 南京市文献委员会通志馆编：《南京文献（7）》，上海书店 1948 年版，第 105 页。

③ 陈作霖：《金陵通纪（二）》卷三，第 545 页。

④ 太平天国历史博物馆编：《太平天国史料丛刊简辑》第 5 册，第 87 页。

⑤ 中国史学会编：《太平天国》第 4 册，第 695 页。

⑥ 曹树基：《太平天国战争对苏南人口的影响》，《历史研究》，1998 年 2 期。

⑦ 葛剑雄、侯杨方、张根福：《人口与中国的现代：1850 年以来》，上海：学林出版社，1999 年，第 109 页。

⑧ Earl F. Ziemke, “World War II”, *Encarta Encyclopedia Standard Edition 2004*, Redmond WA,: Microsoft, 2003.

入萧条和停滞之中。

第二次就是震惊中外的“南京大屠杀”。1937 年 7 月 7 日，二战欧洲战场尚未开战之际，日本就对中国发动了全面的侵略战争。12 月 13 日，日军攻占了民国首都——南京，开始了惨绝人寰的“南京大屠杀”。之后的 8 天，日军实施了大规模的集体屠杀，大部分杀戮都发生在这个时段。12 月下旬至 1938 年 1 月上旬，屠杀继续，城内外幸存者人数有限，杀戮扩大到郊区一带。直至 2 月上旬，零星的杀戮仍时有发生。1946 年 6 月，远东国际军事法庭中国检察官顾问、向哲浚在法庭的开庭词中指出，“日本军队所犯的这些反人类罪行发生在其所占领的中国的每个省份，时间从 1937—1945 年。这些行为的一个突出的例证是发生在 1937 年 12 月 13 日南京陷落后。在中国军队方面的所有抵抗都已经停止，而且城市已经完全由被告松井石根将军指挥的军队所控制后，暴力和犯罪开始发生，并逐渐减弱地持续了 40 天”[①]。

南京被俘的军人和被集体搜捕的平民，在中华门、清凉山、江东门、花神庙、石观音、小心桥、扫帚巷、正觉寺、方家山、宝塔桥、下关草鞋峡等处遭集体屠杀，另在中华门、下关码关、东岳庙、堆草巷、斩龙桥和城郊等处，被零星残杀，尸体经慈善团体掩埋者达万人以上。日军屠杀的手段包括集体枪杀、刺杀、活埋、火烧、弹炸、水淹、奸杀等等，其“恐怖的程度，实在不是笔墨所能形容”[②]。南京市人口从 12 月 13 日之前的 65 万人以上减少到约 36 万人，被杀害中国军民总数达 30 万人之多。[③] 另据孙宅巍《南京大屠杀与南京人口》一文的考证：“南京市在沦陷前夕，实有常住市民万人以上，滞留守城官兵万人以上，聚集外地难民、伤员数万人，总数在万人以上。这使日本侵略军完全有可能在南京这片土地上，进行屠杀万数无辜人民的罪恶表演。”[④]

汉口《大公报》在社评《为匹夫匹妇报仇》中指出：“南京之事，则外侨所传，

---

① 杨夏鸣、张生编：《国际检察局文书·美国报刊报道》，南京：江苏人民出版社、凤凰出版传媒集团，2007 年，第 92 页。

② (英)田伯烈：《外人目睹之日军暴行》，杨明译，南昌：江西人民出版社，1987 年，第 4 页。

③ 《侵华日军南京大屠杀档案》，南京：江苏古籍出版社，1987 年，第 692 页。转引自：赵洪宝：“‘南京大屠杀’前后的南京人口问题”，《民国档案》，1991 年第 3 期。

④ 孙宅巍：“南京大屠杀与南京人口”，《南京社会科学》，1990 年第 3 期。

世界所知，仅此一端，已构成日本帝国主义万劫不复之罪状，何况南京如此，江南各地实际皆然……凡敌军所到，其凶淫惨杀，都是与南京一样。”[①]这种对已放下武器的俘虏和手无寸铁的平民的大规模屠杀为近代以来历史之最为残酷之暴行，是对人类文明和国际法的公然侮辱和侵犯。日本宣称建立“大东亚共荣圈”和为亚洲驱赶殖民者的谎言不攻自破。世上绝没有与杀害自己亲人和同胞“共荣”的受害者。大洋彼岸的美国《纽约时报》的一篇评论同样严厉抨击了日军暴行：“中国人的口号可能有 50 条。但他们实际上只需要一条就够了，那就是‘牢记南京’……1937 年 12 月，日本人在南京树立了一个征服的模式，他们随后都是切实地按照这个模式行事的。南京暴行之后，人们对日军随后的任何暴行不再感到惊讶。”[②]

日本军队在南京的暴行不仅仅是屠杀，对妇女的性暴力和侵犯更是令人发指。远东国际军事法庭调查认定在南京市内发生的强奸案件是 2 万起左右。而据台湾一位史学家李恩涵估计，大约有 8 万妇女被强奸和被肢解。[③] 强奸不仅在光天化日之下进行，往往伴随着肆无忌惮的杀戮，而且日本人还有奸尸、摧残女性性器官等极为恶劣的变态行为。日军不仅实施强奸和轮奸，甚至命令父亲与女儿、同胞兄妹之间当众性交，不从者立即处死。日军在强奸时还强迫受害妇女的家人观看，当众羞辱，企图摧毁人们的斗志。受辱妇女身心受到严重摧残，不少人自杀，还有一些人神经失常，罹患性病或妇科疾病者也不在少数。

南京大屠杀使得南京城丧失了极大比例的劳动力人口，使南京的社会生产遭到了极大的破坏。此后南京市人口很长一段时间内，都没有能恢复到战前约 100 万人的水平。1945 年 8 月，南京“光复”时，人口仅为 60 余万。

结语

近代以来，南京与中国其他城市一样，在西方入侵的外来刺激和作用下，开

---

① 张生编：《外国媒体报道和德国使馆报告》，南京：江苏人民出版社、凤凰出版社，2005 年，第 469 页。

② 杨夏鸣、张生编：《国际检察局文书・美国报刊报道》，第 566—567 页。

③ 张纯如：《南京大屠杀》，北京：东方出版社，2005 年，第 27 页。

启了城市化的进程。其政治和文化城市的属性，制约了经济的发展，其经济发散力的羸弱在江南一带城市中绝无仅有，倒是与北方的一些城市相类似。

民国定都于南京，给这座城市带来了绝好的机遇。由于政府方面的大力投入，规划和建设水平在全国城市中首屈一指。在受到西方影响的同时，南京较好地保留了中华文化的根本和传统，南京的明城墙大部分保留至今，这在全国中心城市中独一无二。

南京的近代城市化受到战乱的中断，影响十分巨大，导致其城市化的发展程度落后于其他江南城市。晚清和抗战期间的两次战火摧残，南京受到的打击可谓伤筋动骨，使得它一蹶不振、元气不再。尤其是南京大屠杀，使南京成为二战中的"殉难"之城。西方学者将之与英国的考文垂和德国的莱比锡相比拟。而实际上，南京受到的重创，特别是精神上的重创要远远超过上述两城。考文垂和莱比锡受到的打击均来自于空袭，而且前者并未受到敌军的侵入。南京的受难则是全方位的，大规模的屠杀加上强奸暴行，生命、财产、身体和精神都受到了耸人听闻的巨大摧残。

总之，南京的近代城市化有其显著的特色。其政治和文化性强于经济性，包容外来文化和人口。这些都给这座城市打下了深深的烙印。

（本文由韦遨宇译成法文）

1949年以来中国的城市发展与市民身份的变迁

王加丰(Wang Jiafeng)/浙江师范大学

1949年以来,中国的城市发展走过了一条十分曲折的道路。在改革开放前的30年,与当时的城市发展政策相配套,中国发展起一套严格区分市民和非市民的户口制度,表面上制止了城市贫民区的形成,使城市市民有一定的生活保障。改革开放后,这种制度越来越成为经济发展的障碍,但打破这一制度所造成的城乡居民的不合理区分及取消城市居民所持有的种种福利并非易事。尽管如此,由于政府高度重视,近年来在这方面已经取得实质性的进展,特别是在经济比较发达的东南沿海省市,城乡居民的融合正在加速进行,但依然有不少问题需要解决。

一、六十多年来中国城市化的曲折道路

1949年中华人民共和国成立后,虽然在大规模的经济建设中形成了一些新的工商业城市,原先的许多城市的规模也有了较大发展,但此前已经在进行城市化过程的一些地区却被打断了,一些已经出现农副产品专业化生产的区域也趋于萎缩或几乎消失。比如,明清以来的一些江南市镇就是这样。

不过在计划经济时期,中国也曾有过一次简短的城市化浪潮,那是1858年的大跃进造成的。这次城市化浪潮虽修建了一些大楼和马路(由于缺乏建筑材料和技术,质量普遍很差),但在众多中小城镇中,主要是把许多手工商业者集中到乡镇和县城里面来,给予居民身份,要他们组织成集体企业,在城镇里集中经营。由于大跃进很快就成为一场灾难,这场短暂的城市化浪潮很快就寿终正

寝，这些人也很快因政府的精简政策而回到农村，恢复农民身份。到1961年，全国被精简的职工已有873万人（不包括他们的家属）。“仅在1960年秋到1961年春，新增加农业生产劳动力2913万人。”[①]这些被精简或被下放到农村的人中还包括原先的一些市民或各种犯错误人的，如右派分子。

对中国的城市化来说，有一点很幸运的是市场经济受到全面打击的时间不到30年，所以1978年改革开放开始的时候，原先经历过市场经济的人中有许多还活着，都知道市场是怎么回事。也就是说这些人的商业基因都还在，所以原来工商业发达的地方开始迅速崛起。大体上讲，现在浙江的发达之地，大体上都是在1949年前工商业比较发达的地方。这些地方之所以发展，是因为它们是最有利于发展商品经济；这些地方的商业经济的基因虽然经受了30年的打击，但依然存在，在适宜的条件下，会马上萌发并开花结果。

市场不等于城市，在改革开放后，虽然各地的市场迅速发展，但如何发展城市仍然是个大问题。由于大跃进时期盲目扩大城市规模的教训，中国的学者与官员对此记忆犹新，在改革开放后很长一段时间内都对要不要大力发展城市犹豫不决。20世纪80年代后期和90年代上半期，人们一直在讨论中国要不要发展汽车和城市。当时一种一度占主导地位的意见是这样的：西方的汽车已经成了祸害了，西方的市民已经不愿再住在城市里了，稍有钱的人都设法住到郊区去，所以我们中国不要再走西方的老路，要控制城市的发展，要设法做到“离土不离乡”。至于发展汽车，反对派的理由是中国人太多，如果像西方那样大家都有车，道路将不胜负担。那时唯一可作为反证的是日本，当然还有中国学者一度总是挂在嘴边的亚洲“四小龙”。日本的人口密度其实比中国还大，但它的人均汽车拥有量与西方国家差别不大。

这样，改革开放后近20来年间，中国的城市发展目标缺乏总体上的认识，有些自行其是、杂乱无章。20世纪90年代末开始，特别在中国东南较发达地区，各级政府面临工商业活动井喷造成的大量问题，于是下决心发展城市。在浙江省，人口早已大量集中到原先的城镇、乡镇及国道、省道两边，形成众多的

---

① 何沁主编：《中华人民共和国史》，高等教育出版社，1999年第二版，第161页。

工商业中心，"国道街道化"的现象到处出现，但公共基础设施很少或几乎没有，交通条件极差（浙江省第一条高速公路杭甬高速公路要到 1996 年才建成通车），根本不能适应大量人口集聚和提高经营档次的需要，同时旧的户籍制度也严重束缚着农民入城进程。1998 年，在浙江省第十次党代会上省委书记张德江（现为国务院副总理）在《报告》中号召："要顺势应时，把城市化作为浙江省经济社会发展新一轮发展的主要载体。"发展城市从此成为各地政府的一项重要任务。2000 年张德江视察义乌（县级市）时又强调："义乌市要朝建设现代化商贸名城的方向，朝超过 50 万人口的大城市发展，义乌能发展多大就发展多大，能发展多快就发展多快。"[①]现在，类似的主张几乎已成为中国许多城市领导人的共识，当然少数特大型城市如北京、上海例外。

近十多年来，中国各地都在大兴城市建设，这当中出现了许多偏差，浪费了许多资源和土地，还有的地方城市规划朝令夕改等等，造成极大的浪费；不过总体上讲，中国的城市化正在走上正轨。当然，这里所说的正轨，可能正是西方人已经走过的因而是他们已经或正在抛弃的做法。

二、"居民"身份的意义

上面讲到了旧的户籍制度，它的正式建立是在 1953 年，是中国极有特色的城市人口控制制度。它在几十年间至少表面上避免了城市贫民区的出现，但它也严重制约着城市的正常发展。这种户口制度把中国的公民分成两大类，一类是市民，中国的老百姓习惯上称为"居民"，另一类是非市民，通常称"农民"。属于市民的人相对说来享有种种好处，比如，生活、就业还有医疗等基本有保障，他们中也包括在农村工作但由国家正式发工资的政府各部门正式工作人员或各国营企业的正式从业人员及部分家属。农民是农村某个公社或生产队的社员，与其他社员共同拥有某些土地，通过共同耕种或共同从事畜牧业生产而获得生活来源。他们不能享受市民的各种好处，不管是到城市里做小工或做小生

① 方青云：《张德江在义乌调研时对义乌城市化提出要求：建设高水平高质量高品位现代化的商贸名城》，2000 年 11 月 7 日《金华日报》。http://www.yw.gov.cn/glb/ywgl/ywkf/2000/csfzp/200710/t20071018_82217.html

意，也不管他们是否住在城市或小城镇里。小城镇里的“居民”与农民的划分其实是自愿形成的。土改时，愿意从事农业的人由政府分给一定的土地，有其他生活来源的则纳入“居民”的管理范围。由于当农民可能分到一份土地，所以开始时很多人愿意做农民。但到后来大家才知道不做农民好得多，因为他们的粮食及就业都有保障，比如国营企业或一些集体企业招工，只有“居民”才有权利参加。

改革开放前的30年间，中国的“居民”与农民的区别，颇像西欧中世纪市民与农民的区别，而且对农民转成市民的控制远比西欧中世纪要严格。西欧中世纪行会里的帮工和学徒很多可能来自农村，而中国城镇的所有单位招工，只能招收“居民”。农民即使在工厂里工作，也只能算是临时工，或者非正式工人，因为不可能在粮食户口上转正为“居民”，即使名义上已是正式工人，有机会转成正式工人或“居民”也是凤毛麟角，因为这方面的指标受极为严格的控制。到文革后期，一些正规的国营单位早已经有许多这样的临时工，“正式工人”大多成了工头。这时临时工拿的是临时工资，约为正式工人的1/2或更少。工资双轨制实际上在改革开放以前很久就开始了，一直延续到现在(甚至中国当前一些高校都盛行这种制度)。

长期来各级城市中都有许多兼有“居民”和农民两种身份的家庭，这种情况在中小城镇特别普遍。追溯一下造成这种现象的原因，可更深刻地理解当时中国户口制度的特点。根据当时的规定，大中专毕业生均能自动取得“居民”户口(不管在什么地方工作)，军队干部转业后也自动获得这种资格(参军前来自农民也一样)，另外“文革”中有一段时间普通军人复员后也由国家安排工作，有“居民”户口，但由于当时的学生中男的多，女的少，所以上述学生和复员军人有许多必须在农村找对象。这样组合起来的家庭生下的孩子只能算农民户口，不管男方女方，只要有一方是农民，孩子就是农民，上学和高考都必须在户籍所在地进行，无法享受城市里优质教育资源和较高的升学指标。以上情况可看成是改革开放前中国最重要的流动制度，但又有严格限制。“文革”期间，中国暗中还曾有这么一种说法：所谓无产阶级专政，其实就是户口、粮食专政。那时饭店里或小吃摊上，凡属粮食做的食品，包括糕点，都需要用粮票才能购买。一个没有粮票的农民是无法在城市里或在离开家乡以外的地区生存的，除非他有常人无法想象的办法，可以从黑市弄到粮票。

市民身份与农民身份的差别的产生，主要是因为政府一方面要体现社会主义的优越性，使每个市民都有生活保障，至少看起来都过着一种安定满足的生活，但另一方面当时中国的经济还相当落后，没有能力让全体居民都过上有一定保障的生活，所以农民的生活保障只以交给农民自己处理，即由公社或生产队自行负责。把不到20%的城市居民与80%以上的农民分开是一条权宜之计，但它客观上造成了公民的分裂，分裂成两种身份的人。有学者讨论这一过程时说道："正因为如此，户口制度就必定会成为一种将物质利益捆绑在一起的制度安排……特别从20世纪50年代末到70年代末为止，由于物资供应越来越紧张，许多日常生活用品成为城市居民的特供品，附加在户口制度上的物质待遇的差别就更加扩大。由于城乡户口不可移易，二者之间的经济上的差别被固定下来，这也就造成事实上的身份制度，二元社会由此形成。"[①]这里讲的身份制度，有的学者又称为"权利差异制度"，认为它是"城乡隔离的罪魁祸首"[②]。政府对"右派"等的惩罚也往往是把他们送到农村去接受改造，户口也同时转到农村（大城市的一些"右派"有的被送到东北等地的国营农场劳动，所以他们有的保留了"居民"身份）。农村（包括国营农场）、边疆或矿山往往成为改造诸如"右派"分子那样的"罪人"或犯有严重错误的人的地方。由大跃进造成的三年困难期间，农民有饿死的，但"居民"中这种情况要好得多，因为对他们的粮食供应虽然也减少了，但一般不至于饿死。

到"文革"结束时，中国的城乡差别或农民与"居民"的差别之大，已经很难想象。比如，20世纪80年代上半叶，上海许多优秀的中学生都不愿进复旦等名校，而只愿进上海的地方院校，因为复旦属教育部主管的部属院校，毕业后要进行全国统一分配，一些人可能分到外省去，要失去上海的户口，而地方院校是由地方自己分配的，毕业后不会离开上海。这种情况要到后来国家不包分配工作

---

① 杨聪：《对户口制度及其改革思路的再思考》，《中国农业大学学报》（社会科学版），第27卷第3期，2010年9月，第163—164页。

② 李昌平：《户口制度是个冤大头》，《北京农业》2010年4月中旬刊，第36页。

后才发生变化。从全国来看，居民身份造成的差别，一直到现在依然存在。当前我国媒体经常在讨论农民工与原有城市居民的"同城待遇"问题，正说明这个问题还相当严重。进城务工的农民处在非市民的地位，他们工资低，又享受不到任何城市人的待遇，而且必须花城市人若干倍的价钱才能把孩子送到城市里的公办学校读书。许多人承担不起，只得进他们的同乡在城市郊区或城乡结合部办的民办幼儿园和中小学，但这些幼儿园和中小学因为不符合标准屡遭封闭。

总之，1949年后的30年间，城市居民享有一定的特权。这些特权分为两类：一类是粮食等生活必需品的票证供应；另一类与户口相关，如招工或在城市学校接受教育的资格。第一类特权在20世纪90年代初取消粮票及其他生活品的票证（如油票、糖票、烟票、肥皂票）后已没有多大意义（像自行车票、缝纫机票、手表票等等是随商品经济的发展而自行退出人们的生活的）；第二种特权在私企多的地方（如浙江温州）也正在失去意义，但在许多城市中，特别是在上海、北京等大城市，城市户口仍然有重要作用，特别体现在就业和教育上。许多城市对本市生源的学生有许多就业和教育上的优惠，大城市特别是这样。

三、改革开放以来"居民"和"农民"的身份隔阂逐渐走向瓦解

1978年后，居民和农民的身份隔阂开始走向瓦解。造成这种瓦解的原因，首先是市场经济需要人才和劳动力的流动，这种流动与僵化的户口制度不相容，所以打破这种区分的最初动力来自经济特区的建设。比如，当时来到深圳的各类建设者，许多人是自行脱离原有工作单位来到这里的，由深圳有关部门给他们重新建立档案和户口，可以说，没有这方面的举措，就没有深圳这样的特区。同样，各开放城市和开发区大都采取此类政策，否则就无法获得所需要的人才，甚至今天中国的许多大学依然用这种方法招揽师资。具体的做法是：为聘用的人才重新建立户口档案，不管其所在地的单位或户口管理部门是否同意。特区、开发区或一些大学和企业中，不少人曾拥有或现在依然拥有两个以上地方的户口身份。当然，许多离开原单位的人总是千方百计去获得自己先前的个人户籍和档案，但往往要通过千辛万苦的努力。附带说一下，这些人原先

的工作岗位不放人，有两种情况。一种主要不是出于领导“爱惜”人才，而是因为那些领导怕别人指责他们不爱才。另一种是他们原有的单位确实想把他们留下来，但出于经济原因，难以拿出能留住人才的物质条件。近年来人才“孔雀东南飞”的现象，主要是由这个原因造成的，因为中国沿海和内地的差距有些方面太大了。

但当前真正促使中国政府重视解决城乡差别、消除城乡居民不合理的身份区分的，恐怕还有更深层次的原因，那就是为了扩大内需。由于城乡差别和工农差别不断扩大，农民普遍比较穷，农村的购买力相当有限。要提高农民的购买力，就必须提高他们的收入；而要提高他们的收入，打破原来的户口制度是重要环节。

此外，随着现代化的进行，厂矿企事业越来越需要更高素质的工人，农村是中国劳动力的主要来源，农民的生活水平不提高，他们的教育水平不提高，中国的产业最终也将难以提升。破除城乡隔阂的旧的户籍制度是这方面工作的一个抓手。

自 1990 年以来，上海、深圳、广州、西安、厦门等一批城市相继实行了“蓝印户口”的政策，以便在现有户口制度下尽可能适应大量农民工流动和其他人才流动的需要。2001 年国务院批转公安部《关于推进小城镇户籍管理制度改革的意见》，也是这方面的努力之一。但 2002 年时，中国社会科学院依然有学者指出：“直至目前我国户口管理的基本制度和特殊功能几乎没有根本改变。”[①]人们还发现，改革开放 20 多年后，城乡差别有些方面不是缩小而是扩大了。比如，劳动力市场就是这样：“在建立市场经济体制的同时，我们又将劳动力市场分割为性质完全不同的两个部分：适用于城市居民的是正式的劳动力市场（formal labormarket），而适用于农民工的则是非正式的劳动力市场（inform al labormarket）。”[②]城乡差距如此之大，从主观上看，是多年来严重阻碍农村发展

---

① 夏先良、王迎新：《中国户口制度改革的理论分析》，《城市发展研究》第 9 卷，2002 年 4 期，第 15 页。

② 杨聪：《对户口制度及其改革思路的再思考》，《中国农业大学学报》(社会科学版)，第 27 卷第 3 期，2010 年 9 月，第 164 页。

的一些问题未得到充分重视，特别是长期来政府投资过分往城市倾斜，向农村、农业的投资不成比例。比如，城乡里的基础设施，如用电和教育设施，全是国家承担的；而农村的基础设施，包括交通道路建设和校舍建设甚至老师的工资等，有一部分或甚至全部需要农民自己投资或承担，许多农村地区的农民没有这种能力，越是贫困的地方越无法筹集到所需要的资金。20世纪90年代末以来，中国政府和中国的学者越来越强烈地意识到，扩大内需必须提高农民收入，没有农民和农村的现代化，中国就没有真正的现代化。中国政府网上有一篇文章就是这样写的："没有农业的现代化，就没有国家的现代化。因为没有农业的现代化，是残缺不全的现代化，是潜藏着巨大风险的现代化、不可持续的现代化。"①

1998年中国政府决定在全国推行农村电网改造和农村用电管理体制改革。在江西省，这一改革工作于2003年基本结束。2003年，江西新闻网上有这么一篇文章，讲的是江西省下属的赣县的一个偏远小山村的用电情况。1998年时，"全村90%以上的电杆用的是木头和竹子，低压供电半径达3公里，碰到刮风下雨，经常停电，电价高达每千瓦时5元钱。有的群众干脆重新点起了煤油灯。"该文章还强调，在1998年前，这种现象在农村"并不鲜见"②。要知道，在城市中，电价一般是每度5至6角钱。愈贫穷的地方，农民所用的电的价格愈贵，而且不是一般地贵，而是贵若干倍。造成这种现象的原因是投资体制，那就是农民的用电与输电的设施要由地方政府与农民自己负担。这里讲的情况可看成是1998年前中国农村用电情况的一个缩影。

相对说来，用电是一个比较容易解决的城乡差距过大的问题，教育等方面的问题也许更为严重，解决起来决非几年时间所能奏效。多年来，"希望工程"的影响虽然很大，但那主要是一种民间行为，从整体看，起的作用有限。1985—1994年间中国在农村基础教育中推行"三级办学，两级管理"体制，其要害是把教育经费的筹措部分责权下放到乡镇和村，事实证明贫困地区没有这种能力。1994年政府又决定把教育经费筹措的责权收回到县一级，但贫困县也根本没有

---

① 江夏等：《希望田野斑斓画卷—探寻中国特色农业现代化道路》(原载2010年11月18日《人民日报》)。http://www.gov.cn/jrzg/2010-11/18/content_1747796.htm

②《电价：走出城乡"剪刀差"》。http://jiangxi.jxnews.com.cn/system/2003/07/03/000461059.shtml

能力解决偏远农村孩子的教育问题。近几年，政府加大了支持贫困地区教育的力度，如向贫困地区的中小学生免费提供教材等等，但由于教育资源长期大规模向城市集中造成的失衡现象相当严重，这方面问题的解决或缓和尚需作出更大的努力。

缩小城乡差距，消除两种公民身份的差别，涉及面很广，当前这已成为中国和谐发展的关键问题之一。一些比较发达的省市前几年已高度重视这个问题。2004年底，时任浙江省委书记的习近平(现国家副主席)主持出台了《浙江省统筹城乡发展推进城乡一体化纲要》的文件。经过几年的实践，浙江的"城乡统筹"开始进入一个新的阶段。不久前，浙江省一位领导撰文指出："当前，我省统筹城乡发展已从'全面破除城乡分割'进入到'全面推进城乡融合'的新阶段，'三农'发展出现了一系列具有阶段性特征的重大变化：基本形成了现代农业加快发展的态势，基本完成了公共服务向'三农'全面覆盖的任务，基本建立了劳动就业城乡平等对待的机制，基本构建了以工促农、以城带乡的发展机制和党政各部门共同参与的"三农"工作格局。"[①]这里讲的是浙江城乡差别在缩小的情况。在这种发展态势下，一个人是"居民"还是"农民"的意义已经不大，农民也已经纳入城市街道的管理模式。

总的说来，在中国比较发达地区或在中小城镇，城乡差距在某些方面已迅速缩小，但问题依然不少。在浙江这样的地方，最突出的恐怕是中小学教育优质资源高度集中于城镇的问题。有钱的农民有能力把孩子送进最好的地处城镇的中小学，但一般的农民很难做到。冲破权势的武器开始时首先是金钱，这是符合历史规律的，但这不能解决教育平等的问题，许多农村孩子所得到的教育水平依然远远落在城市孩子后面。有钱的农村孩子进入城市里的中小学，要花费高昂的择校费，这是一般农村孩子无法承受的；而且如果他们都承受得起，城市的学校也无法接受这么多的人。当前，浙江的"择校热"仍有愈演愈烈之势，因为富裕起来的农民越来越多，想挤进城镇优质学校的农村孩子也越来越多，尽管他们没有城镇户口，每年都要交一笔不小的择校费。现在还不清楚浙

① 夏宝龙：《全面提升统筹城乡发展水平》，《今日浙江》2010年第5期，第12页。

江的教育部门如何解决此类问题，我们看到的只是城镇学校数量和规模的扩大及农村学校的萎缩，这就是解决问题的办法吗?

就全中国来说，要达到浙江这样的水平，还需要较长的时间；就浙江来说，解决择校热等问题，恐怕也不是三五年所能解决的。特别是，中国还存在另一种城乡差别：同一张高考试卷，北京的考生比浙江或其他省的考生低几十分甚至一百多分就可进入北京大学、清华大学。这是因为北京、上海等地高校多，各名牌大学在当地的招生比例高。在网上能不断看到对这种不合理现象的抗议，北京人对此也非常清楚。不久前，北京有部分高中生呼吁让在北京读书的民工子女以北京人的身份参加北京高考，但“他们的举动受到了很多人的质疑：‘此举是不是会让外地生源分享北京的种种高考优惠政策，增加北京当地生源的竞争压力?’”[①]这里的“很多人”当然主要是北京人。这种质疑将会在相当长的时间内存在下去。但有一点可以肯定的是：不实现教育上的及其他方面的充分平等，中国的城乡关系决不可能是和谐的，中国也决不可能有真正意义上的现代化。

综上所述，中国似乎正在走西方城市走过的老路，即扩张、拥堵、治理、郊区化等，这是不是意味着，在城市化过程中，一定要先经历西方人走过的道路，然后再来修正他们的城市化过程中造成的各种弊病？有可能一开始就避免他们的弊病吗？看来很困难，反正一直到现在，中国人大体上都是在重蹈西方人走过的道路。即使有些事情想改一下，也很难，如在贫富混居的问题上就是这样。

1949年以来，中国通过特有的居民划分或户籍制度而避免了城市贫民区的出现，至少表面上是这样(这里先不考虑一些迅速发展的城镇的城乡结合部比较混乱的问题)，这对中国的城市发展和劳动者的生活意味着什么？比如改革开放以来许多农民工都是单身在城镇务工，家属在老家务农，有些农民工就住在工棚里，这对他们的生活和家庭及子女教育有什么影响？这些当前已经受到

---

① 邵媛菲、李新玲：《北京高中生联合呼吁让农民工子弟在京参加高考》(原载2010年10月19日《中国青年报》)。http://acftu.people.com.cn/GB/12990112.html

关注的“留守孩子”、“留守妻子”、“留守老人”等中国的旧户籍制度产生的问题，如果放在世界各国相关过程的背景下来考察，对这些问题的认识可能会更深刻。

1991年的一幅照片引起了国人对农村教育现状的高度关注。1991年4月6日，《中国青年报》摄影记解海龙在安徽省金寨县桃岭乡张湾村小学拍到了该小学一年级学生苏明娟抬头望向黑板时的照片。这幅照片上，小明娟一只手握着铅笔、两眼直视前方，充满对知识的渴望，后来题名为《我要上学》，社会上称这为“大眼睛照片”。照片发表后很快被国内各大报纸杂志争相转载，并成为中国希望工程的宣传标志。2005年苏明娟大学毕业后成了安徽一家银行的职员。

（本文由韦遨宇译成法文）

结论

于格·戴和特(Hugues Tertrais)/巴黎第一大学

对城市问题进行深入思考的诸般条件业已具备。一方面,从全球的角度看,人类城市化的进程似已不可逆转,因为世界人口的一半生活在城市中。虽然这在西方已经是一个历史悠久的事实,然而在今天的世界上,特别是亚洲和中国,城市化却已经成为正在实施中的进程,例如中国,城市化率已经在2011年达到了50%的水平。另一方面,在全球排名第九的世界性大都市上海,常住人口已经达到2300万。2010年,上海主办的世界博览会正是围绕着"城市,让生活更美好"这一主题而展开。每年秋季在上海举办的中法历史文化研讨班,旨在向中国的年轻学者介绍法国及欧洲人文科学与社会科学领域内的最新研究成果与方法,自然合乎逻辑地而且不失时机地紧扣《空间概念的表征》这一主题加以研讨。一如前几年中法历史文化研讨班主办者所不断践行的那样,我们在浙江省湖州市举行了一场中欧国际学术研讨会,就上海2010年世博会与地区经济社会发展之间的关系问题进行了全面而深入的探讨。在中国这样一个城市建设不断推进的年代,重要的不仅仅是研究其城市化进程的诸构成要素,而且还在于将这些要素置于历史的长时段发展过程中加以考察。

无论使用何种研究方法,无论是用数据举证还是以城市的现实图景说明问题,一切都在表明中国正经历一场城市化的革命性历程。据中国国家统计局于2011年发表的人口统计数据,城市人口总数为69100万,而农村人口为65700万,因而首次城市人口超过了农村人口。农村人口大量涌入城市的趋势虽然并不总是必然不可逆转的现象,然而在中国,这一现象正呈现出高潮的性质,因为它与中国的经济建设,尤其是公共工程的大量举办密切相关。构成中国经济增长支柱的工业发展带依然是将乡村人口吸引至城市空间的主要引力场。30多年以前，中国刚刚开启现代化进程之时城市化率仅为20%，然而从现在起在不到20年的时间内，也就是说在2030年，城市化率将达到75%。法国的城市化率稳定在77%的水平，美国城市化率为79%，而日本则为86%。另一个指标也颇能说明问题：人口超过500万的城市数量在2008至2025年之间将翻一番，即达到220座大城市的数量。正在拔地而起的城市，正在不断扩建的城市以及正在形成的成片的城市区域构成了中国城市化的风景。在大部分中国城市中，旧城区正在被夷为平地，代之而起的是数不尽的高楼。一方面各城市高楼建筑千篇一律，另一方面与之形成对比的亦有一些城市建筑设计与城市规划的大胆新奇的作品。

虽然欧洲与中国城市化进程的历史各不相同，然而一切都在表明，似乎欧洲在数百年以前出现的城市化变革正在中国重新出现，而且是以"更快的速度"出现。例如，直至1931年前后，法国人口中的大多数依然为乡村人口。然而大城市的形制与规模却早已在19世纪下半叶借助于巴黎这样的大都市确定了下来。此前半个世纪开启了奥斯曼城市改造规划的巨大工程，而在法国举办的多次世博会也为此进程作出了巨大贡献，建于1889年的埃菲尔铁塔即是历史见证。自此以后，欧洲城市，特别是欧洲都城，一直处于不断整治的过程，同时也在不断吞噬城市周边的空间，将城郊延伸至无穷远的地区并在那里安置下大多数城市人口。

而在中国，似乎这一切都在同步进行：乡村人口占人口总量大多数的比例的终结，城市中心地带的推倒重建，高楼组成的混凝土森林向四周无限延伸。中国的城市建设进程逐渐使每一座城市的面貌均不同程度地发生变化。率先崛起的是80年代中国南部的经济特区深圳。昔日与香港毗邻的深圳，从一个小渔村发展演变成今日拥有一千万人口的大都市，其城市与郊区人口总和已经远超前英国殖民地香港的规模。其后是中国中部长江沿岸诸城市的快速发展。尤其是上海。上海外滩似乎曾使该城市风貌定格于30年代的光景，然而自90年代起，黄浦江东岸的浦东新城迅速崛起，而且其建设规模似远超人们的想象。再后是扩展至中国北部地区的城市化进程。相邻的两座大都市北京和天津，城区人口分别为1100万和700万，其城市建设发展的速度与规模令人倍感日新月异，今非昔比。中国的内陆城市也在经历同样的城市化进程。

在此一全新的城市快速扩张的背景下，不仅城市空间以几何级数增长，而且面貌一新的中国亦围绕着这些新的城市空间得以建构，新的空间流动方式得以组织起来。各地城市及其边缘地区（虽然边缘的概念尚难以确定）正变成一个巨大的社会融合的试验场，一个前所未有的区域经济发展运行模式的试验场，一个面临诸多挑战的治理模式的试验场。这些挑战不仅表现为土地资源管理方面的挑战，不仅表现为如何确保经济要素的快速流通方面的挑战，也表现为如何保护历史文化遗产方面的挑战。的确，如何处理历史留给我们的城市遗产？在城市中心为迎接高速火车而建设起来的超大型火车站更令人目眩。每一个人都会为此惊叹不已。而我们若将时间跨度纳入考量，若采用比较研究的方法，那么我们所获得的直接印象便会得到理性的解释。

正因为如此，2009年与2010年中法历史文化研讨班连续两年的学术研究成果汇集到了这第二本论文集之中。其间，在巴黎布朗芒都（Blancs-Manteaux）人文科学图书博览会上，我们首度推出了本论文集《时空契阔》的第一卷，同时用法文与中文出版。中文版由上海华东师大出版社编辑出版，而法文版则由巴黎人文科学之家出版社编辑出版。在2010年初巴黎布朗芒都人文科学图书博览会期间，我们的中国学术同行来到巴黎共襄盛举，不仅介绍了他们的学术研究成果，而且参与了多场学术讨论会。而目前的这本用法文与中文编辑出版的《时空契阔》第二卷，则将中欧学者关于空间的表征与空间的现实的研究汇于一集，以便更好地理解中国新的空间形态。

在这个学术层面上，可以进行比较研究与缜密思考的课题不胜枚举。例如空间的观念；传统的城市形态与城市规划意义上、社会学意义上的城市现实之间的关系；城市改造的时间跨度问题和城市空间多极化的问题；城市改造进程与社会演变，政治决策之间的关系问题；人类社会如何无需通过将乡村人口转入城市而实现城市化的问题；历史上和今日人们亲历这些社会变革的方式等等。由于人们无法完全保留历史留下的遗迹，甚至无法弘扬这些遗迹的历史文化价值，因而所有的城市，无论是巴黎还是香港，都给人们留下了极为丰富的想象空间，同时也给占统治地位的空间表征系统提供了一个现实框架。而与此同时，每一座城市亦具有历史上发生的剧变的标志，尤其是欧洲城市更是如此。如大伦敦市，从某种意义上讲，便是第二次世界大战的产物，而柏林既是东西方冷战的城市博物馆，也是冷战结束后新的城市活力的结晶。

尽管人们也许会认为居住在城市中十分孤独与悲凉，然而城市毕竟是一种占统治地位的空间形态，并且会给人们带来新的中心和另一种方式的流动性。城市迫使人们去创造出新的交通与通信方式，会产生出新的流程，新的社会实践与政治程序。在这一过程中，人们同时在从物理意义上凝重的空间表征形态过渡到数字化的虚拟的空间形态。因此，一个与传统形态完全不同的城市文化正在形成。

（韦遨宇　译）

跋

沈坚(Shen Jian)中国法国史研究会、浙江大学

时隔两年,《时空契阔——中欧学者论集》第2辑如期出版,可喜可贺!

如果说《时空契阔——中欧学者论集》第1辑是中欧学者多年学术交流积累的结果,《时空契阔——中欧学者论集》第2辑则是2009年和2010年两季中法历史文化研讨班(法文直译“秋季大学”)及学术研讨会成果的瓜熟蒂落,表明我们中国法国史研究会与欧洲学者之间的学术交流已经达到轻车熟路、心领神会的程度,可以说进入了学术交流的条理化和常态化。

本文集主要以“空间”为主题,不论是第一编的“空间表征”还是第二编“世博会和区域社会经济发展”均以“空间”为研究对象。“空间”作为研究题目是人文学术界近20多年来的热门,它包含着认识论上的重大改变,这在历史学方面表现得尤其明显。19世纪,在近代科学的影响下,研究者将研究对象置于一个独立于我们意识之外的空间中加以研究,历史学家与物理学家一样,与研究对象保持一定的距离,并用冷静客观的眼光去分析研究对象,研究者与被研究者似乎不处于同一空间之中。人们研究的是处在“空间”里的人物、物体和事件,而不是研究“空间”本身。20世纪,人们开始认识到,一般知识,尤其是人文和社会科学的知识不能完全排除人的主观情感、利益和兴趣的影响,研究者本身也处在空间之内,过去的事件实际上被移植到现时的空间,对它的认识受现时空间的制约,因此,正是从这一认识出发,意大利历史学家克罗奇(Benedetto Groce)提出,一切历史都是当代史。于是,人们开始关注对“空间”本身的认识,人们研究理念上的“空间”(空间观念和空间表征),也研究各种实质空间:公共的和个人的、男性的和女性的、经济的和政治的,既关心空间的扩展

(extension),也考察时间的延续(durée)。

本文集以“空间”为它的研究对象,但从另一角度看,文集本身不也是一个“空间”吗?

该空间集中反映出中欧学者对研究对象的浓厚兴趣。参与讨论的有历史学家,也有文学家和作家;有社会学家,也有经济学家;有建筑师,也有城市研究者。大家讨论的题目是如此广泛:从中国传统思想中的空间观念到美国的地缘政治,从前工业化时代的城市和领地到后工业时代的数字城市和互联网空间。可谓古今中外、纵横捭阖,令人目不暇接。读着这些论文,就如品味着法国的红葡萄酒,味醇香浓,余味无穷。

该空间同时也是中欧学者多年学术交往空间的延展。学术交往空间始于中法历史文化研讨班(秋季大学)。还在 2002 年,中国法国史研究会端木美会长就与法国巴黎人文科学之家基金会主席莫里斯·埃玛尔先生达成在中国举办中法历史文化研究合作暑期班的意向,本来计划首期于 2003 年开班,后推迟至 2004 年 7 月,第一期研讨班分别在上海华东师范大学和浙江大学举办。在研讨班上,由欧洲和中国的学者以讨论的方式,向中国的研究生传授有关法国和欧洲历史文化方面的知识和研究成果。第二期研讨班改在秋季举办(自此改名秋季大学),巴黎第一大学加入,给秋季大学注入了重要动力和活力,于格·戴和特先生成为主要的组织者之一,秋季大学确定以华东师范大学国际关系研究院为主办地,并设浙江大学为分会场(以后又增加浙江师范大学为分会场)。随后不断有中欧大学参与到中欧历史文化研讨班的建设之中,学者涉及多个国家,除了法国和中国以外,还有瑞士、意大利、德国、奥地利、英国、俄罗斯、波兰等国的历史学家、社会学家、政治学家等。在秋季大学成功的鼓舞下,主办者决定将研讨班这一空间向外扩展,同时举办一年一度的国际多边学术讨论会。2007 年春,首先在广州华南师范大学举办了“纪念《罗马条约》签订 50 周年国际学术研讨会-亚欧对话”;2008 年,研讨班与学术研讨会同时进行,还有文学家和作家(两仪文舍)一起参与,主题是对过去和未来的表述(历史与记忆);随后这一形式常规化了,2009 年的主题为“空间的表征”,2010 年围绕着上海世博会,讨论城市和区域经济。《时空契阔——中欧学者论集》第 2 辑正是后两次秋季大学和学术讨论会成果的汇编。

除了学术的交流，在此空间里发生的人生邂逅也常常让人回味无穷。我在90年代初，曾在巴黎进修留学，师从罗伯特·弗兰克教授，十多年后，弗兰克教授成为中欧历史文化研讨班最积极的推动者之一，我们有幸一年一会，重叙师生之情朋友之谊。我年轻时请教过的老师米歇尔·马尔盖哈兹先生，也与我在2010年我的家乡湖州不期而遇，巴黎见面时我们尚年轻，而此次重逢均已开始迈向老年，不禁让人慨叹光阴荏苒，而促成此次相会的又是我们的研讨班。我因此还有缘结识了一些我仰慕已久的法国历史学家，如克里斯多夫·夏尔勒和让-弗兰索瓦·西里内利等，深感荣幸。2004年暑期，法国汉学家蓝克利先生(Christian Lamouroux)，社会学家克里斯蒂安·托巴洛夫(Christian Topalov)一家，《年鉴》杂志编辑部主任让-伊夫·格尔尼埃(Jean-Yves Grenier)以及翻译韦遨宇先生在讲课之余，到我家做客，大家一起品尝韦遨宇先生所包的饺子。若干年后，在巴黎人文科学之家的图书馆里，偶遇蓝克利先生和格尔尼埃先生，分外亲切；在巴黎，我还在离我居所不太远的小超市撞见了托巴洛夫夫人和孩子们。我们常说，世界很小，看来不得不信！

在秋日的阳光下，翻阅着这些论文，往日的情景历历在目，我自己觉得，我们一起携手推动中欧秋季大学和学术研讨会发展的中外学者已经建立起一种亲情，彼此似乎组成了一个大家庭。随着成果的不断出版，又仿佛使人感到，我们在春天播种，现在已经到了秋天收获的季节。在丰收的季节里，我们不会忘记那些在这片土地上撒下辛勤汗水的耕耘者，这里有我们研讨班的开创者莫里斯·埃玛尔先生和端木美女士，有法国朋友于格·戴和特先生，齐福乐先生，安妮·居里安女士，我尊敬的老师罗伯特·弗兰克先生，多年来不曾缺席的翻译韦遨宇先生等，同时还有为推动中欧秋季大学作出重大贡献的中国学者冯绍雷先生、李宏图先生、王加丰先生等，这个名单很长，在这里不可能一一列举。这些耕耘者也包括一些学术团体和大学，如法国巴黎人文科学之家基金会、巴黎第一大学、塞尔日·蓬图瓦兹大学、瑞士弗里堡大学，中国的华东师范大学、浙江大学、浙江师范大学等，还有为学术讨论会付出辛勤努力的大学，如南京大学、华南师范大学、湖州师范学院等，这个名单也很长，我们中国法国史研究会在其中也作出了我们的贡献，我们深感光荣。总之，这块空间是中外学者多年努力，精心培育的结果，我们应该珍惜它，爱护它，让它继续鲜花盛开，果实累累。

让人感到欣慰的是，本书编辑出版之时，我们第八期中欧秋季大学已经成功举办。与秋季大学同期，我们还在南京大学举行了有关共和主义的学术讨论会。而且，主办者们已经开始着手明年的秋季大学和学术研讨会的规划。因此，在结束这篇后记之时，我已经在展望《时空契阔——中欧学者论集》第 3 辑的问世了。

（本文由韦遨宇译成法文）

图书在版编目(CIP)数据

时空契阔:中欧学者论集. 第2辑/端木美,(法)戴和特主编. —上海:华东师范大学出版社,2012.8
ISBN 978-7-5617-9804-1

Ⅰ.①时… Ⅱ.①端…②戴… Ⅲ.①社会科学—文集
Ⅳ.①C53

中国版本图书馆 CIP 数据核字(2012)第 178853 号

时空契阔——中欧学者论集(第二辑)

主　　编　端木美(中)　于格·戴和特(法)
组编单位　中国法国史研究会
　　　　　中国华东师范大学
　　　　　法国巴黎第一大学
　　　　　法国人文科学之家基金会
封面题字　周　斌
策划编辑　周　洁
审读编辑　崔　攀
责任校对　乔惠文
装帧设计　高　山

出版发行　华东师范大学出版社
社　　址　上海市中山北路 3663 号　邮编 200062
网　　址　www.ecnupress.com.cn
电　　话　021-60821666　行政传真 021-62572105
客服电话　021-62865537　门市(邮购)电话 021-62869887
地　　址　上海市中山北路 3663 号华东师范大学校内先锋路口
网　　店　http://hdsdcbs.tmall.com

印 刷 者　上海商务联西印刷有限公司
开　　本　787×1092　16 开
印　　张　20.25
字　　数　292 千字
版　　次　2012 年 9 月第 1 版
印　　次　2012 年 9 月第 1 次
书　　号　ISBN 978-7-5617-9804-1/Z·043
定　　价　39.80 元

出 版 人　朱杰人

(如发现本版图书有印订质量问题,请寄回本社客服中心调换或电话 021-62865537 联系)